Touren für Entdecker

Wandern in Wien

Erholsame Touren im Grünen, am Wasser und zu kulturellen Highlights

Andreas Adelmann

J. BERG

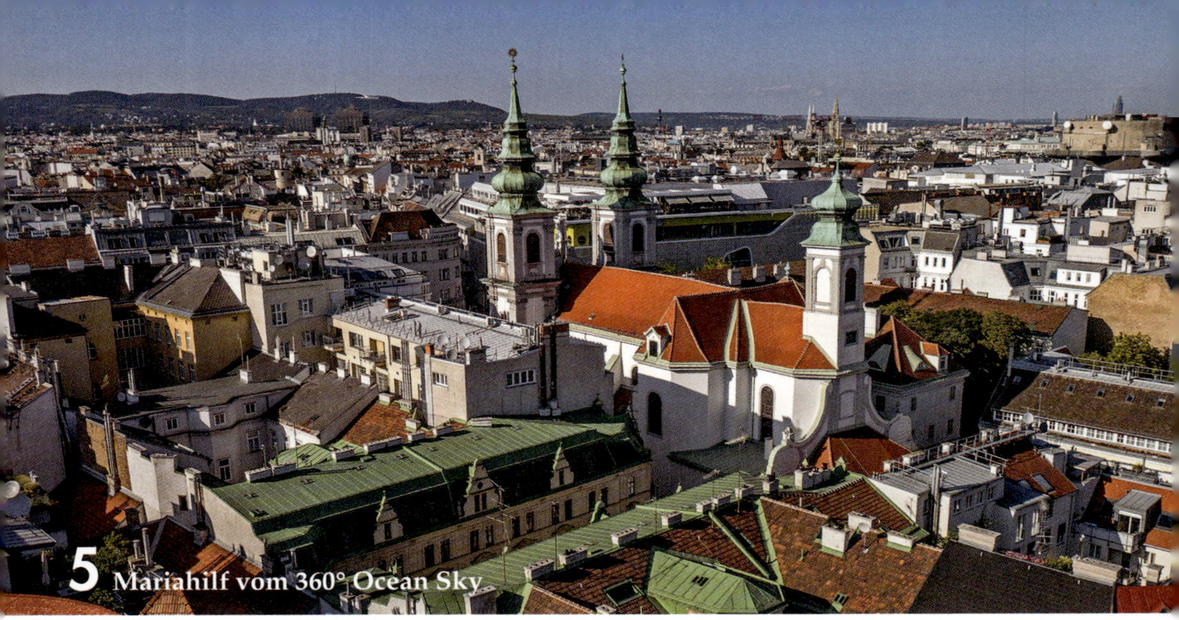

5 Mariahilf vom 360° Ocean Sky

Inhalt

Touren in Transdanubien 54

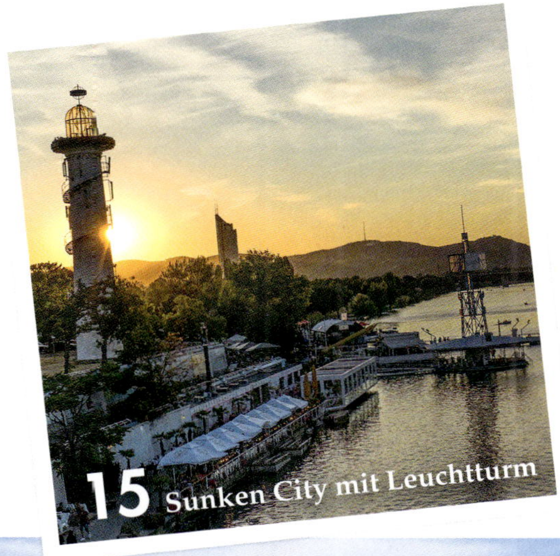

15 Sunken City mit Leuchtturm

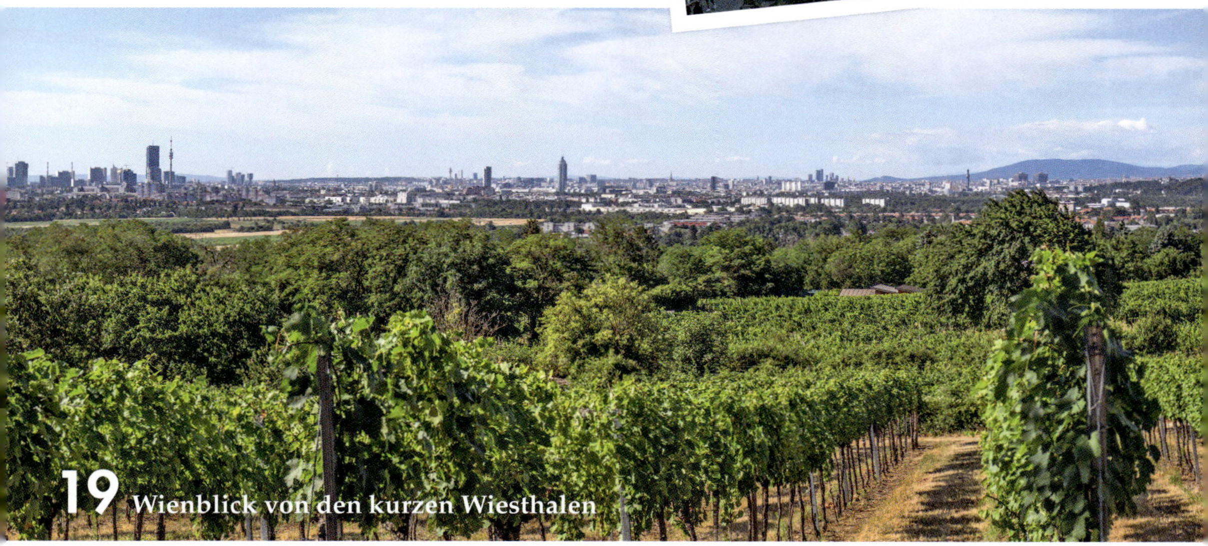

19 Wienblick von den kurzen Wiesthalen

Touren in Wiens Nordwesten 86

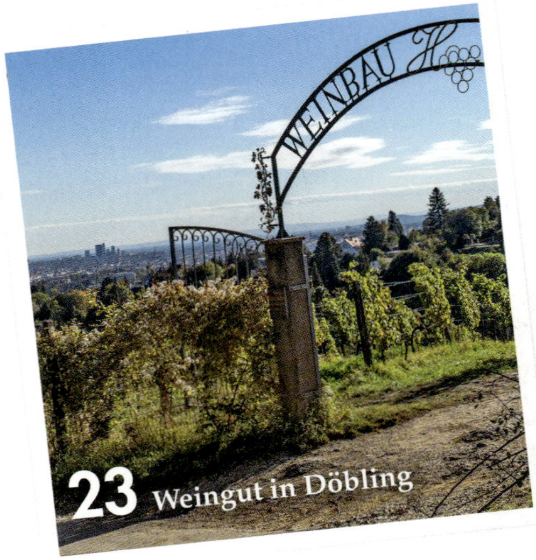

23 Weingut in Döbling

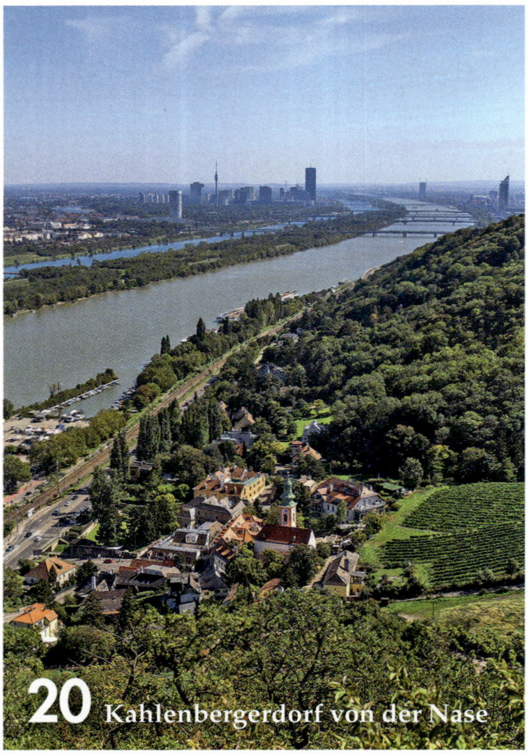
20 Kahlenbergerdorf von der Nase

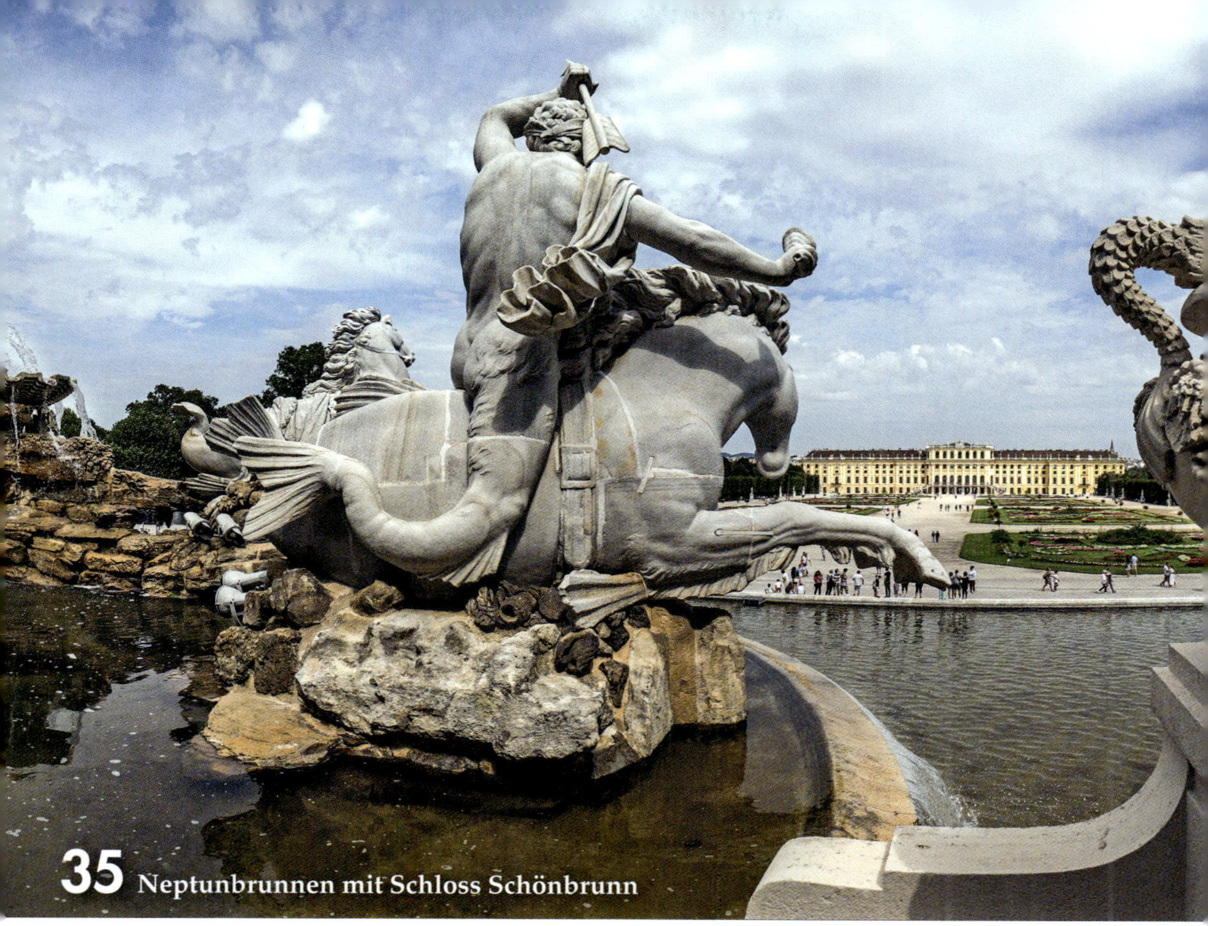

35 Neptunbrunnen mit Schloss Schönbrunn

Tourenüberblick

Tour		km	Hm							
1	Vom Votivpark zum Burggarten	4,5 km	30 Hm	1.30 Std.	●	●	●	●	●	
2	Innenstadtrunde	5,2 km	45 Hm	1.45 Std.	●	●	●	●	●	
3	Donaukanal und Stadtpark	6,0 km	70 Hm	2.00 Std.	●	●	●	●	●	●
4	Am Alsergrund	2,4 km	30/10 Hm	1.00 Std.	●	●	●	●	●	
5	In Mariahilf	3,4 km	30 Hm	1.00 Std.	●	●	●	●	●	
6	Vom Karlsplatz zum Naschmarkt	1,6 km	10 Hm	1.00 Std.	●	●	●	●	●	
7	Vom Botanischen Garten zum Belvederegarten	3,7 km	40 Hm	1.30 Std.	●	●	●	●	●	
8	Vom Augarten zur Rossau	3,2 km	10 Hm	1.00 Std.	●	●	●	●	●	
9	In den Praterauen	5,6 km	20 Hm	2.00 Std.	●	●	●	●	●	●
10	Südliche Donauinsel	5,0 km	50 Hm	1.45 Std.	●	●		●	●	●
11	Durch die Obere Lobau	7,9 km	40 Hm	2.30 Std.	●	●		●	●	●
12	Rundweg Untere Lobau	7,6 km	30 Hm	2.30 Std.	●	●		●	●	●
13	Am Unteren Mühlwasser	5,4 km	30 Hm	1.45 Std.		●		●	●	●
14	Zum Hirschstettener Teich	3,7 km	20 Hm	1.15 Std.	●	●		●	●	●
15	Von der Alten Donau zum Copa Beach	5,7 km	35 Hm	2.00 Std.	●	●	●	●	●	●
16	Donaupark	3,8 km	20 Hm	1.15 Std.	●	●	●	●	●	
17	Wasserpark und Obere Alte Donau	3,7 km	30 Hm	1.15 Std.	●	●		●	●	●
18	Am Marchfeldkanal	6,7 km	35 Hm	2.15 Std.		●		●	●	
19	Am Bisamberg	8,0 km	185/190 Hm	2.30 Std.	●	●		●	●	
20	Leopoldsberg	5,3 km	300 Hm	2.00 Std.	●	●	●	●		

Tour			km	Hm							
21	●	Am Nussberg	7,0 km	205 Hm	2.15 Std.	●	●		●	●	
22	●	Heiligenstädter Parks	3,5 km	85 Hm	1.20 Std.	●	●	●	●	●	
23	●	Von Grinzing zum Cobenzl	5,8 km	210 Hm	1.30 Std.	●	●	●	●	●	
24	●	Sternwarte- und Türkenschanzpark	3,1 km	65/50 Hm	1.00 Std.	●	●	●	●	●	
25	●	Sieveringer Panoramatour	4,4 km	180/210 Hm	1.30 Std.	●	●	●	●	●	
26	●	Hermannskogel	4,7 km	230 Hm	1.30 Std.	●	●	●	●		
27	●	Am Schafberg	5,1 km	190 Hm	1.30 Std.	●	●	●	●		
28	●	Vom Schwarzenbergpark in den Wienerwald	6,9 km	225 Hm	2.00 Std.	●	●		●		
29	●	Über die Sophienalpe zur Mostalm	5,5 km	130 Hm	1.45 Std.	(●)	●	●	●	●	
30	●	Zur Jubiläumswarte	6,0 km	265 Hm	2.30 Std.	●	●	●	●		
31	●	Rückhaltebecken Auhof	4,8 km	35/30 Hm	1.40 Std.	●	●		●	●	
32	●	Lainzer Tiergarten	11,0 km	330 Hm	2.45 Std.	●	●	●	●		
33	●	Im Maurer Wald	4,8 km	125 Hm	1.30 Std.	●	●	●	●		
34	●	Zur Mizzi-Langer-Wand	4,7 km	130/140 Hm	1.30 Std.	(●)	●		●		
35	●	Schlosspark Schönbrunn	6,6 km	105/100 Hm	2.30 Std.	●	●	●	●	●	
36	●	Liesingbachbegleitweg	4,3 km	35 Hm	1.30 Std.	(●)	●	●	●	●	
37	●	Am Wienerbergteich	4,4 km	90/70 Hm	1.20 Std.	●	●		●	●	●
38	●	Kurpark Oberlaa	4,4 km	105 Hm	1.30 Std.	●	●		●	●	
39	●	Am Zentralfriedhof	6,1 km	45/30 Hm	2.00 Std.	●	●	●	●	●	
40	●	Im Laaer Wald	5,1 km	80/75 Hm	1.45 Std.	●	●	●	●		

Warum dieses Buch?

In Wien gibt es 14 beschilderte Stadtwanderwege (12 mit zwei Varianten) sowie einen 120 Kilometer langen »rundumadum«-Rundwanderweg in 24 Etappen um Wien. Warum also sollte ein Buch mit Wandertipps notwendig sein? Um ehrlich zu sein, habe ich auf meinen Recherchen entdeckt, dass die angebotenen Wanderwege oft die schönsten, interessantesten Orte gar nicht berühren. In diesem Buch habe ich versucht, all die Highlights zu beleuchten, die man hier finden kann, unabhängig von markierten oder unbeschilderten Zugängen.

Verborgenes entdecken

Und warum sollte man gerade mitten in der Stadt wandern? Manche Bergfexe vergleichen die Stadt mit einer Betonwüste. Doch auch im verdichteten Gebiet sorgen Parks oder begrünte Innenhöfe für Grünflächen, auch wenn es aus der Distanz gesehen nicht so aussieht. Eine Felswand wirkt auch oft aus der Ferne

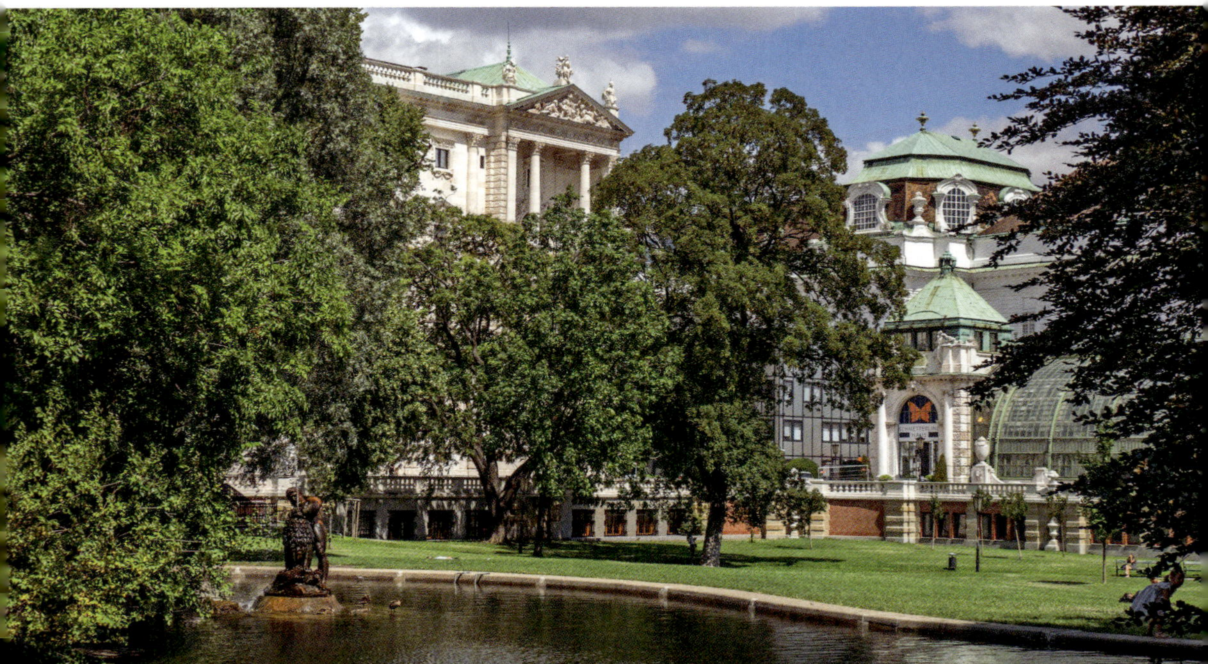

Herkulesbrunnen im Burggarten (Tour 1)

unbezwingbar, jedoch aus der Nähe eröffnen sich oft nicht erwartete Möglichkeiten. Genauso verhält es sich in der Stadt: Unbekannte Durchgänge, versteckte Innenhöfe und 990 Parkanlagen laden ein, entdeckt zu werden. Mit mehr als 50 % Grünflächen zählt die Stadt Wien zu den grünsten Millionenstädten der Welt. Aber natürlich gibt es auch manche dicht bebaute Winkel in der Stadt ohne viele Grünflächen.

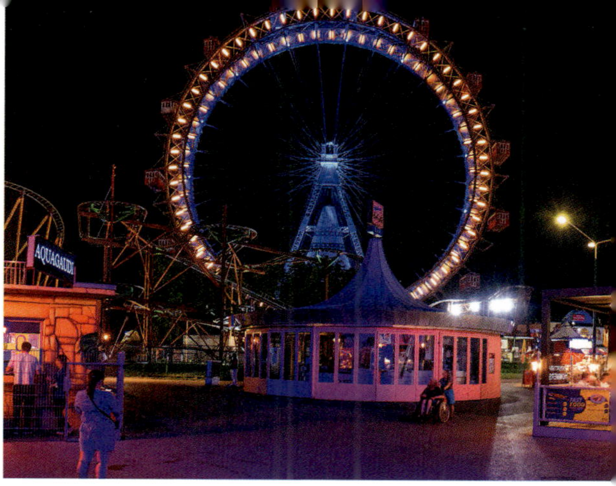

Im nächtlich illuminierten Volksprater mit dem berühmten Riesenrad (Tour 9)

Spielerisches Kennenlernen

Auch das Panorama von der Ferne auf die Stadt ist nicht immer gleich. Oft macht es Spaß, bestimmte Baulichkeiten aus der Ferne zu erkennen und zu benennen, vor allem, wenn man schon einmal dort war und diese aus der Nähe gesehen hat. »Wer weiß, wo der Stephansdom liegt?« kann durchaus eine spielerische Note haben, womit man auch Kinder animieren kann, die Stadt besser kennenzulernen. Aus diesem Grund habe ich auch von besonderen Aussichtspunkten das Panorama auf die Stadt beschrieben.

Nachtwandern

Manche Wege können auch gut bei Dunkelheit absolviert werden. Vor allem in der Blauen Stunde, wenn die angehenden Lichter ein Gefühl der Wärme erzeugen und der Horizont noch in kühlen Blautönen erstrahlt, bekommt die Stadt mehr Farbe und Glanz. Das wusste schon der berühmte Maler Vincent van Gogh zu schätzen. Prädestiniert für Nachtwanderungen sind vor allem die Innenstadt und Orte, die gut beleuchtet sind. Man kann aber auch mit Stirnlampe ausgerüstet einen nächtlichen Spaziergang unternehmen. Bei sommerlicher Hitze tagsüber kann das durchaus eine gute Option darstellen. Allerdings sollte man besser nicht völlig allein unterwegs sein. Wien ist zwar eine relativ sichere Stadt, dennoch muss man (Klein-)Kriminelle ja nicht provozieren. In meinen Tourenvorschlägen habe ich auch versucht, Hinweise auf geeignete Touren in der Nacht zu geben.

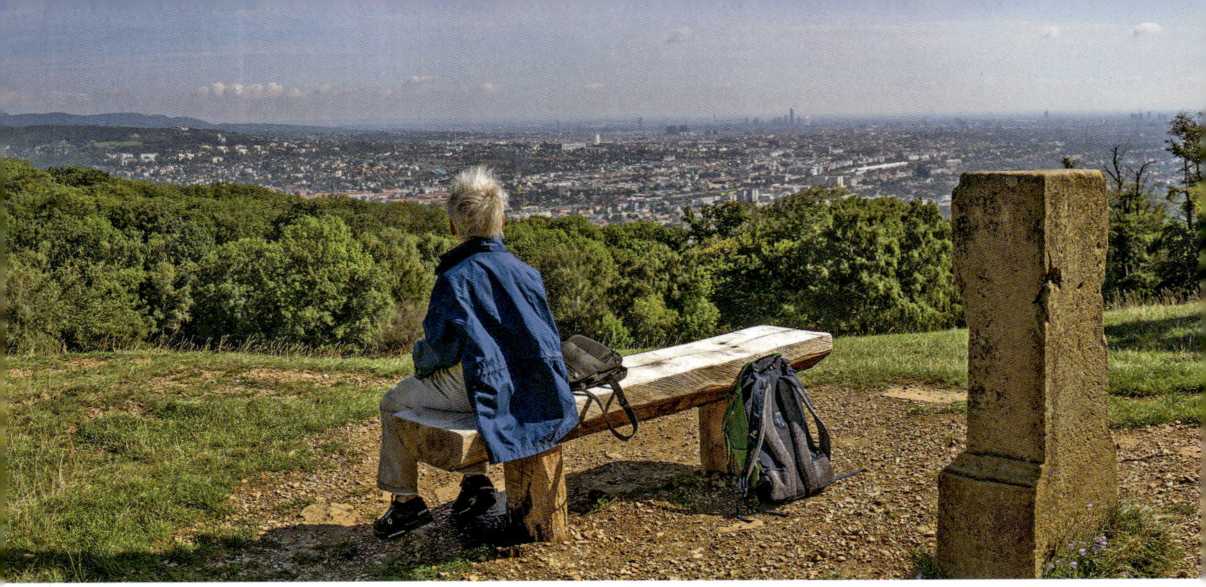

Wienblick von der Baderwiese (Tour 32)

Praktische Informationen

Tourenlänge und Höhendifferenzen

Manchmal erscheint mir auch die Auswahl der von der Stadt Wien angebotenen Wege eher für ausdauernde Streckenwanderer geeignet zu sein. Mir dagegen ist es auch wichtig, ältere Leute oder Kinder nicht mit zu langen Touren zu überfordern, sondern zu motivieren, um Neues zu entdecken. In diesem Sinne habe ich all die Kenntnisse, die ich als gebürtiger Wiener seit frühester Kindheit an über Wien erworben habe, neu überarbeitet und dabei selbst viel Neues kennengelernt. Im Gegensatz zu klassischen Bergwanderungen haben die Wanderungen weit geringere Höhendifferenzen und können auch bei Einbruch einer Schlechtwetterfront leicht und schnell mit Hilfe der öffentlichen Verkehrsmittel abgebrochen werden. Auf der anderen Seite braucht man nur einen Stadtplan, um eine Tour zu verlängern, falls sie zu kurz anmutet.

Strecken und Zeiten

Bei den angegebenen reinen Gehzeiten ohne Pausen gilt grundsätzlich, dass man in der Stunde eine Strecke von 4 Kilometern schafft. Bei Höhendifferenzen rechnet man mit 15 Minuten für 100 Höhenmeter. Diese Werte treffen zu, solange man halbwegs sportlich unterwegs ist. Wanderer mit Kindern im Gefolge oder Leute mit konditionellen oder anderen körperlichen Einschränkungen brauchen selbstverständlich etwas länger. Deshalb habe ich pro Kilometer bzw. pro 100 Höhenmeter 20 Minuten angesetzt. Sportliche Wanderer werden daher die angegebenen Zeiten unterschreiten. Allerdings ist Sport nicht alles und schließlich sollte man auch Ausblicke genießen und Rasten einlegen sowie Zeit für Sehenswürdigkeiten einplanen. In diesem Sinne kann man eine zweistündige Wanderung leicht auf vier Stunden ausdehnen. Die in diesem Wanderführer enthaltenen Touren sind freilich nur Vorschläge, die man nach eigenem Geschmack anpassen, verlängern oder verkürzen kann.

Karten und Stadtpläne

Während im Umland Wiens, wie z.B. im Wienerwald, noch Karten im Maßstab 1:50.000 genügen, so ist im bebauten Gebiet ein größerer Maßstab sinnvoll.
Von Kompass sind folgende Karten verfügbar:

- 205 Wien und Umgebung 1:50.000
- 208 Wienerwald 1:25.000
- 433 Stadtplan Wien 1:15.000 mit Innenstadtplan 1:10.000 und Ausflugskarte 1:200.000

Freytag & Berndt bietet folgende Karten:

- WK 011 Wienerwald 1:50.000
- WK 013 Nationalpark Donau-Auen 1:50.000
- Großraum Wien Städteatlas 1:20.000
- City Pocket Stadtplan Wien 1:15.000

Über das Portal der Stadt Wien (www.wien.gv.at/verkehr/zufussgehen/fusswegekarte.html) kann man kostenlos die Fußwegekarte Wien 1:35.000 inkl. 1:10.000 für Innenstadt bestellen.

Natürlich gibt es auch online nützliches Kartenmaterial:

- Mobiler Stadtplan Wien: www.wien.gv.at/stadtplan, mit vielerlei Filteroptionen, z.B. für öffentlichen Verkehr
- Mapy.cz: https://de.mapy.cz (auch als App), sehr gut für unmarkierte Wege
- OpenTopoMap: www.opentopomap.org, mit Openstreetmap und daraus generierter topografischer Karte zur Auswahl
- Google Maps: www.google.com/maps (auch als App)

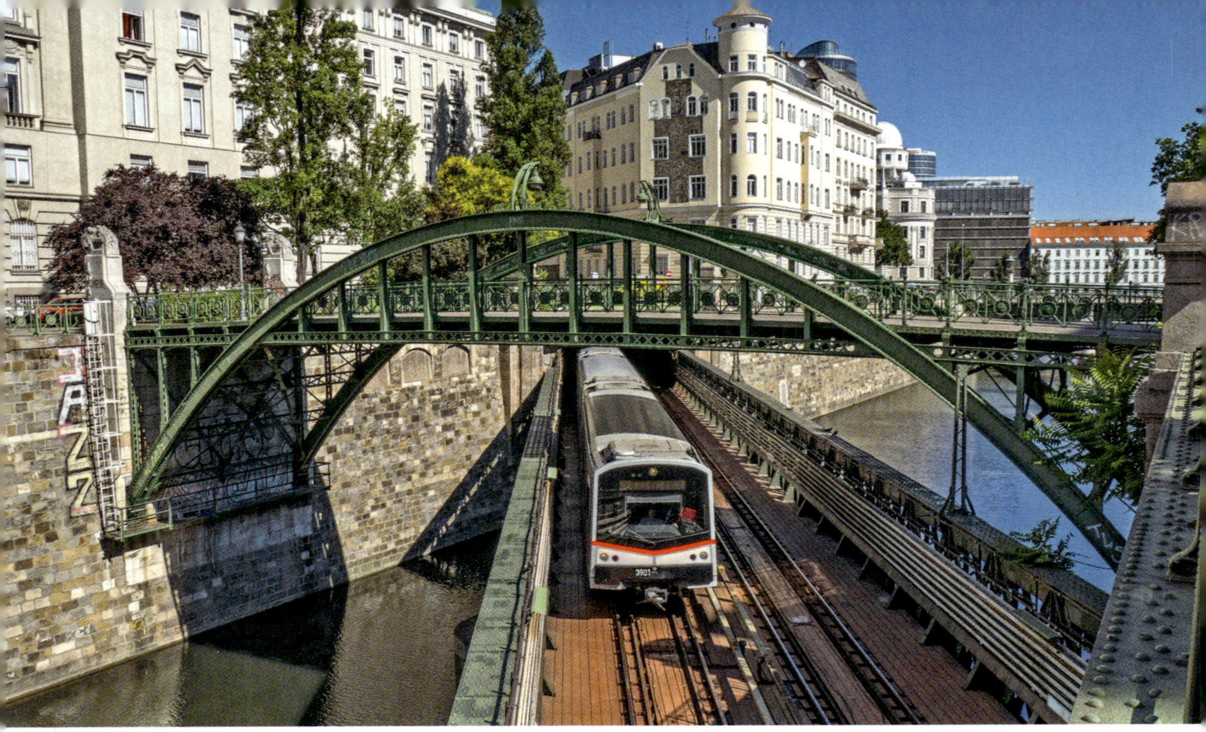

Mit U-Bahnen kommt man in Wien am schnellsten von A nach B (Tour 3).

Wie komme ich hin?

Nachdem in Wien die Öffentlichen Verkehrsmittel eine sehr gute Erreichbarkeit von Zielen innerhalb des Stadtgebietes gewährleisten, basiert die Anreise zum Ausgangspunkt immer auf der Benützung Öffentlicher Verkehrsmittel. Natürlich kann man aber auch viele Ziele – besonders am Stadtrand – mit dem eigenen Auto erreichen. Einzig allein die Tour Nr. 12 durch die Untere Lobau ist besser mit dem Auto erreichbar als mit Öffentlichen Verkehrsmitteln. Als Ausnahme von der Regel liegt hier der Ausgangspunkt bereits am Rande Niederösterreichs, während das restliche Tourengebiet innerhalb der Wiener Stadtgrenze liegt. In Zukunft wird ganz Wien zu einer Kurzparkzone werden und damit wird das Parken innerhalb der Stadtgrenze immer unrentabler. Bus, Bahn oder Tram haben zudem den Vorteil, umweltschonender zu sein und ermöglichen Streckenwanderungen, wobei man nicht zum Ausgangspunkt zurückkehren muss. Zur Erleichterung der Planung, wie man die An- und Rückreise am besten durchführt, gibt es hilfreiche Webseiten, wie z.B.:

- Verkehrsverbund Ost-Region (VOR): www.vor.at, mit Fahrplänen, -preisen und Routenplaner (AnachB, auch als App)
- Wiener Linien: www.wienerlinien.at, mit Ticket- und Fahrplaninfos sowie Routenplaner (auch als WienMobil-App)

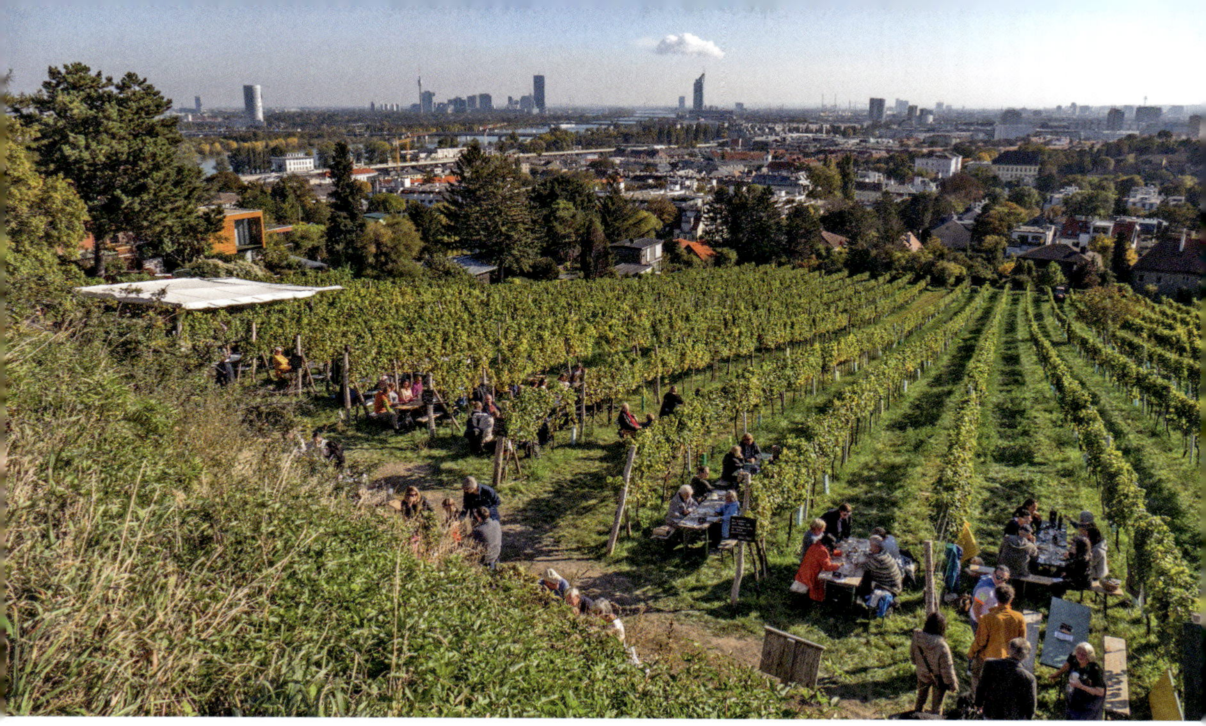

Verpflegung und Einkehr

Heuriger in den Nussdorfer Weinbergen (Tour 21)

Bei den meisten vorgeschlagenen Touren braucht man nur einen kleinen Rucksack für Regenschutz und Wasser, weil es in den überwiegenden Fällen Möglichkeiten zur Einkehr gibt. Besonders in Zeiten der Corona-Pandemie ist es aber oft schwierig, gültige Öffnungszeiten anzugeben, da sich diese entweder ständig ändern oder das Lokal geschlossen bleibt oder nur Abhol-/ Lieferservice anbietet. Im Sinne eines guten Tourenmanagements sollte man im Vorfeld der geplanten Tour im Internet nachlesen, ob es aktuelle Infos zu Öffnungszeiten gibt.

Im verbauten Wiener Stadtgebiet sind sogenannte Schanigärten sehr beliebt zur Einkehr. Dort sitzt man üblicherweise an vom Gastronomiebetrieb bewirteten Tischen auf öffentlichem Grund, in der Fußgängerzone oder am Gehsteig, oft durch Container-Zierpflanzen abgeschirmt. In den Außenbezirken findet man öfters Heurigenlokale oder Buschenschänke. Zur Traubenreife und Sturmzeit wird auch oft mitten in den Weingärten ausgeschenkt. Manche Beach Bars am Copa Beach oder Donaukanal bieten zur Einkehr mit südländischem Flair Liegestühle auf Sandboden an. Relativ neu sind Nebelduschen zur Milderung der Sommerhitze in der Stadt. Diese kommen derzeit auf der Donauinsel, z.B. am Copa Beach, oder im Esterhazypark zum Einsatz.

Natur- und Landschaftsräume in und um Wien

Am Rande der Ostalpen trifft der Wienerwald als letzter Gebirgsausläufer auf die Terrassenlandschaft des Wiener Beckens. Der Wiener Anteil am **UNESCO-Biosphärenpark Wienerwald** erstreckt sich auf sieben westliche Gemeindebezirke mit einer Fläche von 9900 Hektar (Touren 20, 21, 23, 25–30, 32–34). Ein Großteil der Wiener Stadtwanderwege führt durch die waldreiche »Grüne Lunge« der Wiener. Damit kommt dem Landschaftsraum neben der Bedeutung als wertvoller Lebensraum für rund 5000 Tier- und 2000 Pflanzenarten auch eine wichtige Stellung als Erholungsgebiet der Städter zu. Am Rande des Wienerwaldes wird seit Jahrhunderten Weinbau betrieben – schon zur Zeit des römischen Militärlagers Vindobona. Mit 645 Hektar Anbaufläche ist Wien die einzige europäische Hauptstadt mit nennenswerter Weinproduktion. Einige Wiesenflächen und Aussichtspunkte am Rande des Wienerwaldes ermöglichen die besten Ausblicke über die Bundeshauptstadt. Ebenso befindet sich im Wienerwald die höchste Erhebung im Wiener Gemeindegebiet: der 542 Meter hohe Hermannskogel mit der Habsburgwarte. Geologisch unterscheidet man nach den Zonen des Untergrundes den Sandstein-Wienerwald vom Kalk-Wienerwald, wobei letzterer nur im äußersten Südwesten Wiens vorkommt. Während der Sandstein- oder Flysch-Wienerwald hauptsächlich Laubwald trägt, kommen in der Kalk- oder Karbonatzone vermehrt Schwarzkiefern hinzu. Auch in der Wasserführung gibt es Unterschiede: Kalk lässt Wasser in Spalten und Klüften versickern, der Boden ist daher trockener. Flysch dagegen verhält sich wasserstauend, weshalb die Bäche im Sandstein-Wienerwald schnell Hochwasser führen können.

Geologisch setzt sich der Wienerwald auch nördlich der Donau mit dem **Bisamberg** fort, auch wenn dieser Naturraum nicht mehr zum Wienerwald gezählt wird, sondern zum Schutzgebiet Wald- und Wiesengürtel. Der Bisamberg ist als Landschaftsschutzgebiet und als Europaschutzgebiet Natura 2000 ausgewiesen (Tour 19). Vom Leopoldsberg trennt ihn die **Wiener Pforte**, an der sich die Urdonau einst durchgegraben hat. Markant sind die mächtigen Lössdecken über tertiären Terrassenschottern, die aus Flugsandablagerungen während der Eiszeit entstanden sind und in urigen, steilwandigen Kellergassen zutage treten.

Im Nordosten schließt das flache **Marchfeld** als Landschaftsraum an. Dieses erstreckt sich über die jenseits der Donau gelegenen, nördlichen Bezirke und wird wegen der fruchtbaren Böden zumeist landwirtschaftlich intensiv genutzt. Wegen der Grundwasserentnahmen für Bewässerungen wurde zur Grundwasseranreicherung im Marchfeld der **Marchfeldkanal** (Tour 18) gebaut, der vor allem von Radfahrern und Joggern als Erholungsgebiet genutzt wird.

Ein bedeutender Landschaftsarchitekt in diesem Bereich war aber der Donaustrom selbst. Bis zum Jahr 1870 war die **Donau** unreguliert. Katastrophale Hochwässer, Eisstöße und fortwährende Umlagerungen der Donauarme waren Anlass zur Donauregulierung. Durch den Bau des Marchfeldschutzdammes wurden Donauarme abgetrennt und der Donaustrom in ein neues Bett gezwängt. Neuerliche Hochwässer führten danach zum Bau eines Entlastungsgerinnes (Neue Donau) und der **Wiener Donauinsel**. Die Erholungswirkung dieses linearen, am Reißbrett entworfenen Erholungsgebietes kommt eher Radfahrern und Sonnenhungrigen entgegen als Wanderern – mit Ausnahme des Toten Grundes (Tour 10), einem Altarmrelikt, und des Copa Beach (Tour 15), der durchaus Urlaubsflair aufkommen lässt. Als Veranstaltungsort des dreitägigen Wiener Donauinselfestes mit verschiedenen Musik- und Kabarettbühnen ist die Donauinsel allerdings berühmt. Zahlreiche Altarme, die von der Donauregulierung abgetrennt wurden, wie die Altarme der **Lobau**, erfordern zusätzliche Dotationen, um nicht vollständig zu verlanden. Diese Maßnahmen sollen in den nächsten Jahren initiiert werden. In der **Alten Donau** (Tour 15, 17) ernten eigene Mähboote die Unterwasserpflanzen, um einen ungestörten Bade- und Bootfahrbetrieb zu ermöglichen. Bis 2700 Tonnen Pflanzen pro Jahr werden auf diese Weise entnommen. 1996 wurde nach der Aubesetzung anlässlich des geplanten Kraftwerkprojektes Hainburg der **Nationalpark Donau-Auen** ins Leben gerufen. Wien hat mit der **Lobau** einen 2300 Hektar großen Anteil an diesem Nationalpark, in dem mehr als 800 Pflanzenarten, 30 Säugetier- und 100 Brutvogelarten sowie 60 Fischarten beheimatet sind (Tour 11, 12). Der Plan, den Umfahrungsring um Wien mit dem Lobau-Tunnel zu schließen, bewegte Umweltschützer im Jahr 2021 erneut zu einer Aubesetzung. Südlich der Donau findet man in den **Praterauen** (Tour 9) ebenfalls Reste alter Donaualtarme. Lobau und Prater zählten seit dem 16. Jahrhundert unter Kaiser Maximilian II. zu den bevorzugten kaiserlichen Hofjagdgebieten und waren bis Mitte des 18. Jahrhunderts ausschließlich der Aristokratie zugänglich. Doch auch danach blieben die Jagdrechte noch lange bei der kaiserlichen Familie der Habsburger.

Südlich der Donau wird der Natur- und Landschaftsraum in Wien durch das **Wiener Becken** geformt. Geologisch wird dieses Gebiet durch die **Stadtterrassen** gegliedert, die mit der Nussbergterrasse einerseits am Ufer des Pannonischen Meeres gebildet und später durch sechs Schotterterrassen der Donau während der Eiszeiten aufgeschüttet wurden. So liegt die Praterterrasse am untersten Niveau und die Laaerbergterrasse am höchsten (z.B. Touren an Geländesprüngen: 4, 22, 39). Früher wurden die Tone am Laaerberg und Wienerberg in zahlreichen Ziegelgruben abgebaut und die Gruben danach als Mülldeponie genutzt, sodass die Landschaft im Süden Wiens noch in den 1970ern einer Mondlandschaft glich. Doch es gelang, die Flächen naturnah aufzuforsten und in die heute beliebten Erholungsgebiete umzuwidmen (Tour 37, 38, 40). Die dabei gewonnenen Erkenntnisse waren auch bei der Bepflanzung der Donauinsel nützlich. Im Jahr 1905 beschloss der Gemeinderat die Umsetzung eines **Wald- und Wiesengürtels**, um Erholungsräume und ein Luftreservoir für die Wiener Bürger sicherzustellen. Zur nachhaltigen Sicherung wurden die Grünräume der Stadtregion im Stadtentwicklungsplan aktualisiert und eingearbeitet. Laut dem Statistischen Jahrbuch der Stadt Wien gibt es im Jahr 2021 90.745 Straßenbäume und 990 Parkanlagen. Die historisch wertvollsten Parkanlagen – wie Augarten (Tour 8), Belvederegarten (Tour 7), Hofburggärten (Tour 1) und Schlossgarten Schönbrunn (Tour 35) – werden durch die Bundesgärten verwaltet.

Die schönsten Parkanlagen und Naturräume Wiens bilden auch die Grundlage der Tourenvorschläge in diesem Buch.

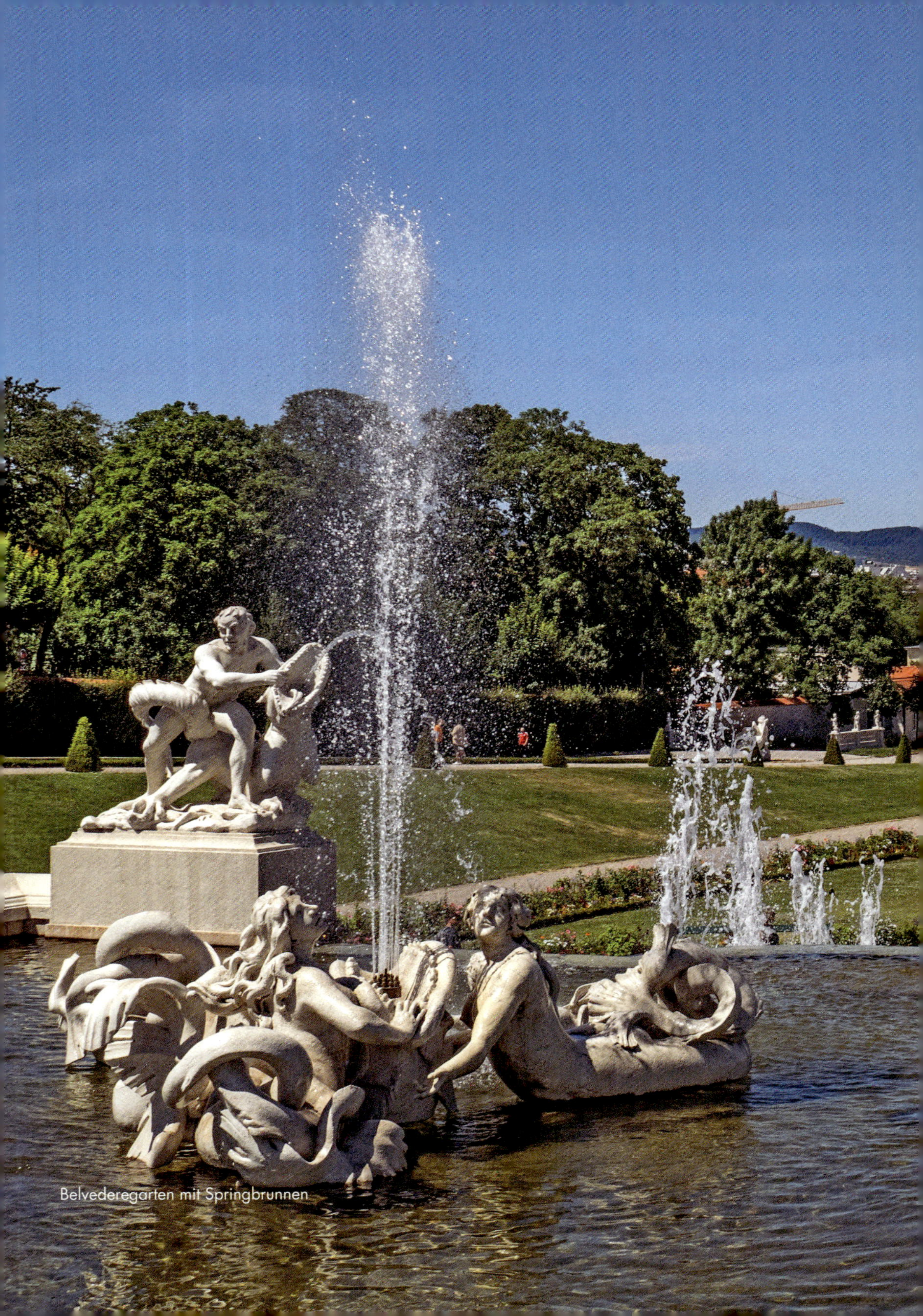

Belvederegarten mit Springbrunnen

Touren im Zentrum von Wien

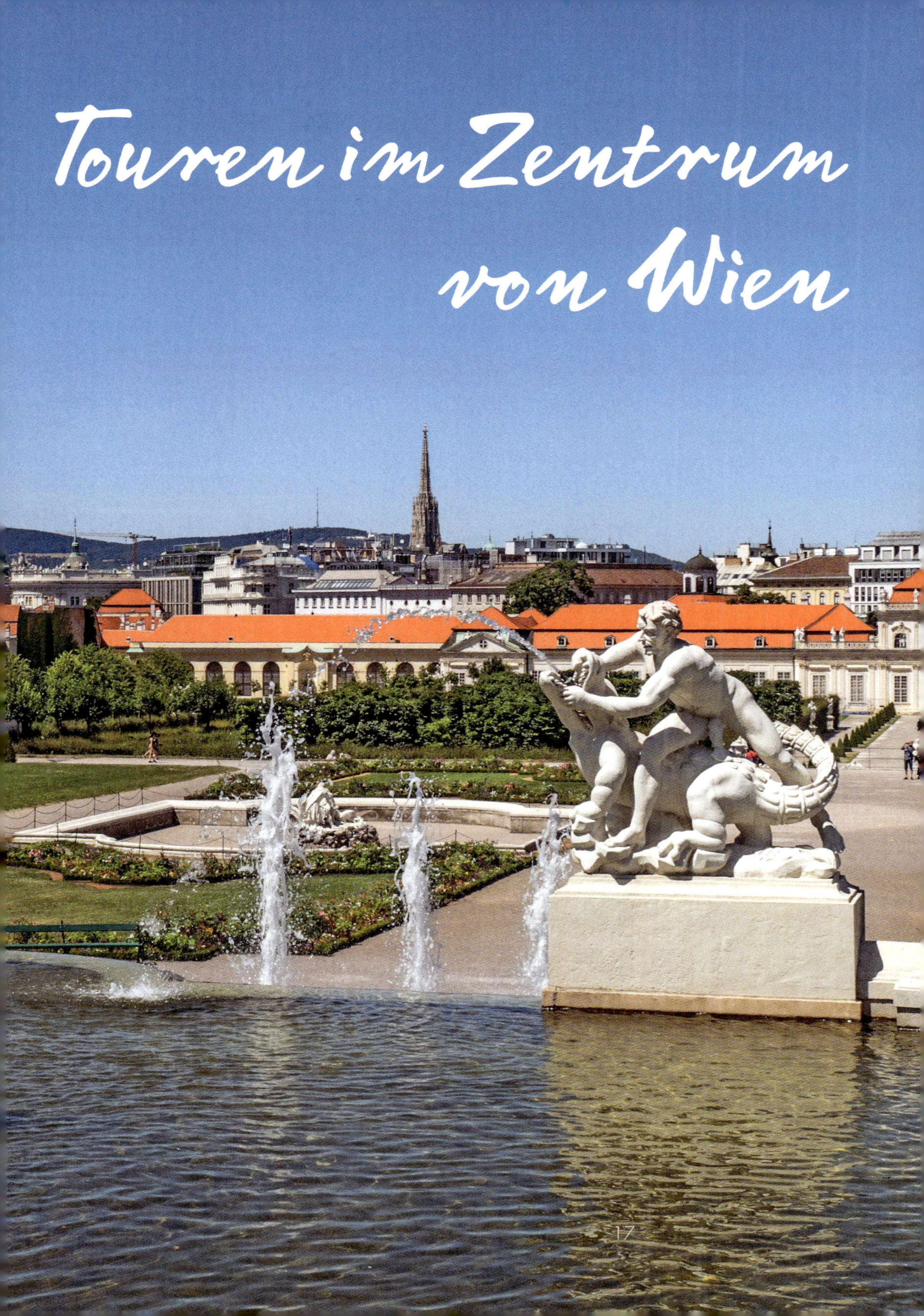

1 Vom Votivpark zum Burggarten

Parkanlagen und Prunkbauten

Leicht	4,5 km	30 Hm	1.30 Std.

Tourencharakter
Überwiegend Asphalt- und Pflastersteinwege

Ausgangspunkt
U-Bahn-Station Schottentor (Linie U1). GPS: 48.2146722, 16.3617706

Endpunkt
U-Bahn-Zugang Opernpassage (Linie U1, U4)

VOR
Am Universitätsring zwischen Rathauspark und Burgtheater kann die Tour mit den Straßenbahn-Linien 1, 71, D, U2Z unterbrochen werden.

Einkehr
Restaurant Vestibül (im Burgtheater, hochpreisig), Café-Restaurant Palmenhaus (im Burggarten), diverse weitere Einkehrmöglichkeiten am Weg

Info
www.wien.info; Votivkirche: www.votivkirche.at; Volksgarten, Burggarten und Schmetterlingshaus: www.bundesgaerten.at/hofburggaerten.
Im Sigmund-Freud-Park, im Volksgarten und Burggarten gilt Hundeverbot, im Rathauspark Leinenpflicht. Radfahren ist in den Bundesgärten und im Sigmund-Freud-Park verboten.

Einst lag das Glacis als freie Fläche zwischen Vorstädten auf der einen Seite und den Stadtbefestigungen auf der anderen Seite. Seit dem Bau der Ringstraße prägen anstelle Glacis und Festungsanlagen nunmehr Parkanlagen und Prunkbauten das Stadtbild.

Durch den Votivpark zum Rathauspark Wir verlassen die U2-Station Schottentor in Richtung »Universität« über den Stiegenaufgang »Währinger Straße« und wechseln am Fußgängerübergang zum **Sigmund-Freud-Park** hinüber. Angesichts der mächtigen, 99 Meter hohen **Votivkirche** nehmen wir einen verkehrsabgewandten Weg in Richtung der zweithöchsten Kirche Wiens und wechseln über einen weiteren Fußgängerübergang hinüber in den **Votivpark**, wo wir den neugotischen »Ringstraßendom« gegen den Uhrzeigersinn umrunden. Dabei kommen wir an einem Spielplatz und danach am **Antonio-Vivaldi-Denkmal**

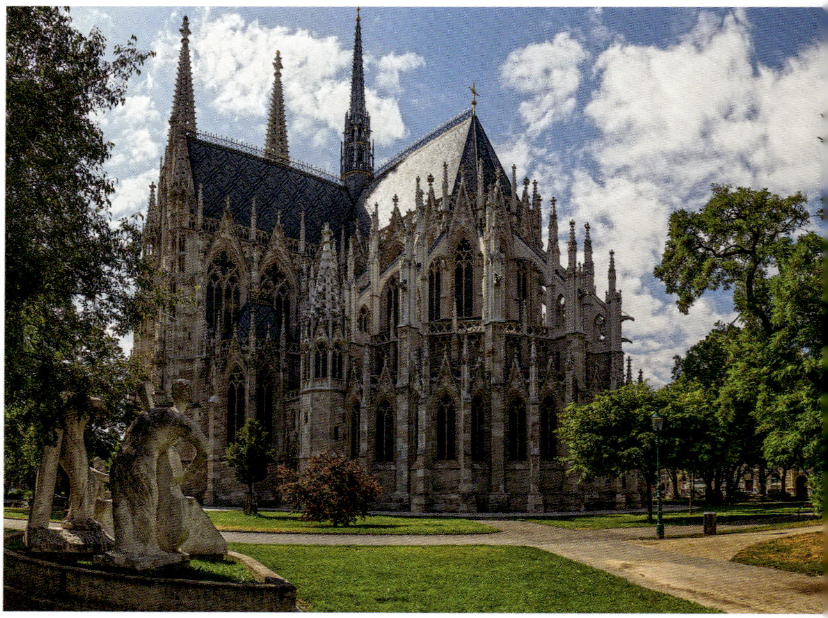

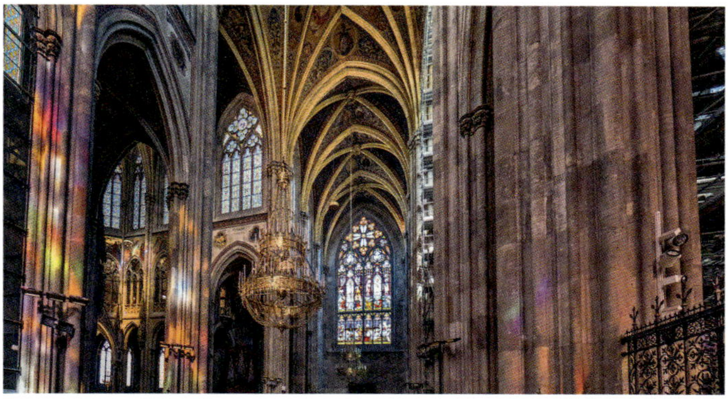

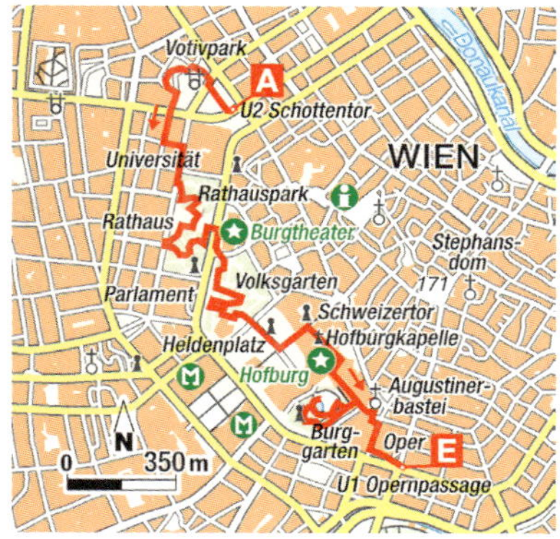

Die neogotische Votivkirche von Innen (oben) und von außen mit dem Vivaldi-Denkmal davor (linke Seite)

vorbei. Der berühmte Opernkomponist verstarb 1741, zehn Monate nach seiner Ankunft in Wien. Vorbei am Südportal biegen wir nach rechts in südlicher Richtung ab, wo wir an einem versteckten Brunnen vorbei gelangen. Rechts leitet ein Weg aus dem Votivpark, wo wir zur Cafeteria Maximilian kommen. Dort wenden wir uns zum Fußgängerübergang über die stark befahrene Universitätsstraße und setzen über die einmündende Ebendorferstraße unsere Richtung nach Süden fort. Bei der nächsten Querstraße wechseln wir nach links, dann wieder rechts mit dem 103 Meter hohen Rathausturm im Blickfeld. Über einen Fußgängerübergang erreichen wir schließlich den nördlichen **Rathauspark**. Der Park wurde anlässlich der Errichtung des Rathauses vor rund 150 Jahren angelegt und birgt heute einige unter Naturschutz stehende botanische Raritäten, wie drei alte Platanen, eine kaukasische Flügelnuss und einen Tulpenbaum.

Am einstigen Paradeplatz der k.u.k. Armee Gleich hinter dem Eingang teilt sich der Weg: Links befindet sich ein Spielplatz, rechts kommt man an einer öffentlichen Toilettenanlage vorbei. Bei letzterer biegen wir nach links, wo wir zum **Ferdinand-Waldmüller-Denkmal** kommen, dem berühmten Maler der Biedermeierzeit. Nach einer Rechts-rechts-links-Wegekombination stehen wir vor einem Springbrunnen, den wir in Richtung Süden passieren. Nun befinden wir uns in der Hauptachse des **Rathausplatzes**, den Denkmäler historischer Persönlichkeiten säumen. Hier wenden wir uns dem Rathausturm zu. Der Platz davor wird im Jahresverlauf für verschiedene Events genutzt: im Winter als Standort des beliebten Christkindlmarktes, im Sommer findet hier u.a. das Filmfestival mit Musikfilmen diverser

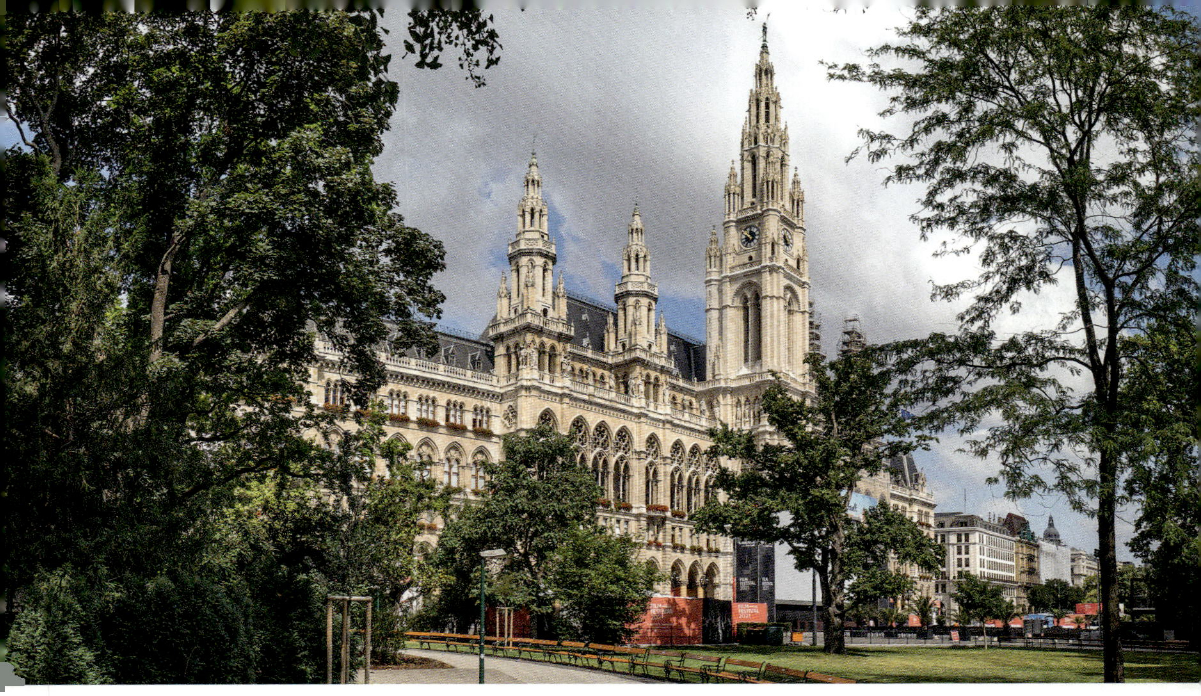

Im Rathauspark

Genres statt. Entlang des südlichen **Rathausparks** gehen wir bis zur Ecke Lichtenfelsgasse, wo wir den gegenüberliegenden Parkweg benutzen. Nach einer Links-links-rechts-Wegekombination kommen wir zum zweiten Springbrunnen, den wir in östlicher Richtung zum Universitätsring hin verlassen. Dort wenden wir uns wieder zur Hauptachse des Rathausplatzes nach Norden, um den Fußgängerübergang zum Burgtheater hin zu erreichen.

Vom Burgtheater zum Heldenplatz Das **Burgtheater** ist ein weiterer Prunkbau im Stil des Historismus aus der Wiener Gründerzeit. Einst konnte der Kaiser mit der Kutsche über einen unterirdischen Tunnel von der Hofburg zu den Vorstellungen gelangen. Vom Burgtheater schlagen wir wieder die südliche Richtung ein, wo wir schräg über den Josef-Meinrad-Platz das Eingangstor zum **Volksgarten** erreichen. Dies war der erste öffentlich zugängliche, höfische Park, der bereits während der Befestigungsanlagen im Jahr 1823 bestand und später erweitert wurde. Bekannt ist er vor allem wegen der über 200 Rosensorten. Vom Tor gehen wir halb rechts zwischen Rosen- und Blumenbeeten bis zum bunt bepflanzten Oval, wo wir auf die linke Seite zum **Theseustempel** wechseln, einem klassizistischen Bauwerk aus dem Jahr 1823, in dem das Kunsthistorische Museum bisweilen zeitgenössische Kunst präsentiert. (Bei meiner Begehung war im Inneren eine Installation von herabhängenden Fäden zu sehen.)

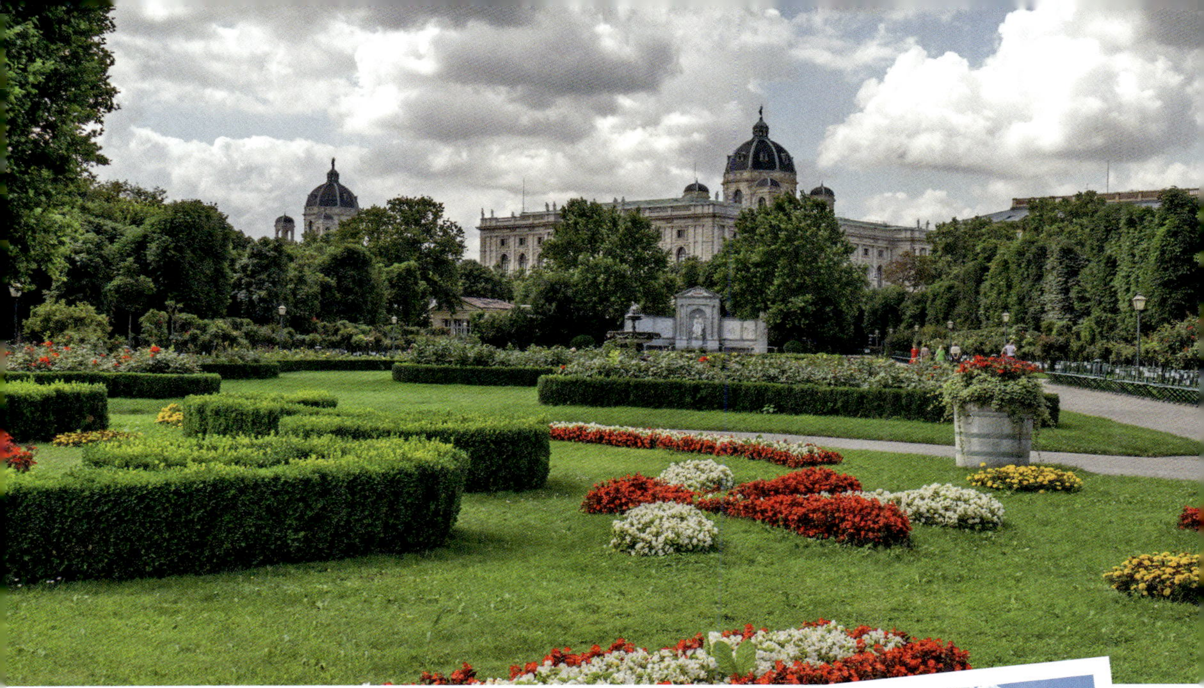

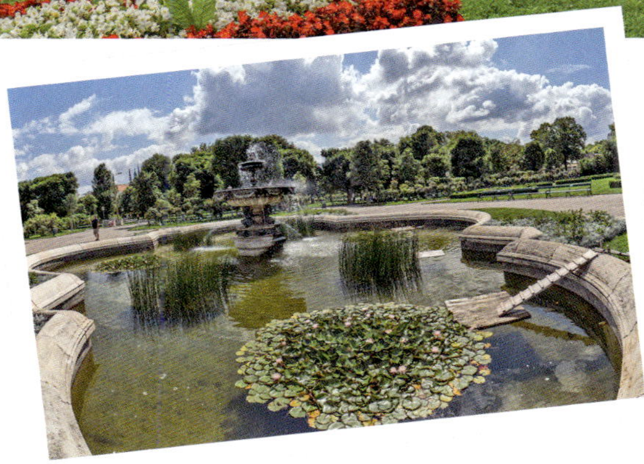

Danach umgehen wir das halbkreisförmig angelegte Beet und wechseln zurück zum barocken Rosengarten mit seinem ornamentalen Blumenschmuck. Beim hübschen **Volksgartenbrunnen** hat man sowohl einen guten Blick zurück zum Burgtheater als auch voraus zum Grillparzer-Denkmal mit den dahinterliegenden Kuppeln des Natur- und des Kunsthistorischen Museums. Wir umrunden den Springbrunnen und suchen uns einen Durchgang nach Südosten, wo wir auf den Triton- und Nymphenbrunnen treffen. Durch ein Tor verlassen wir den Volksgarten und streben nun über den **Heldenplatz** der Neuen Burg zu, wo die Nationalbibliothek, das Papyrus- und Ephesosmuseum untergebracht sind. Zwischen den Baracken des Parlaments hindurch erreichen wir zuerst die Reiterstatue des Erzherzogs Karl, der in der Schlacht bei Aspern über Napoleon 1809 triumphierte. Die zweite Reiterstatue am Heldenplatz stellt Prinz Eugen von Savoyen dar, der sich in zahlreichen Kämpfen gegen das osmanische Heer verdient gemacht hatte. Wir biegen aber noch davor in den von den Fiakern benutzten Fahrweg nach links und durchschreiten einen Durchgang von der **Neuen Burg** zum Inneren Burgplatz.

Der Volksgartenbrunnen

Ganz oben: Im Volksgarten mit Blick auf die Museen

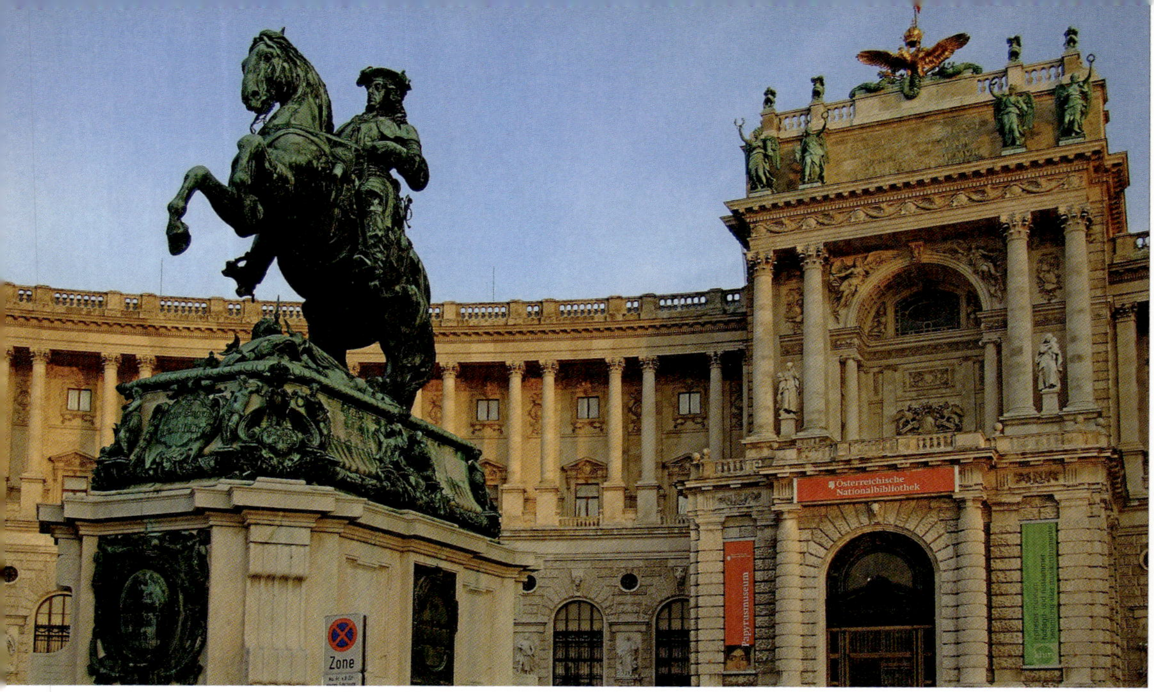

Hofburg mit Reiterstatue des Prinzen Eugen von Savoyen

Durch den ältesten Trakt der Hofburg zum Burggarten Im rechten Durchgang kann man noch ein Stück Mauerwerk des ehemaligen Widmertores der Stadtmauer erkennen. Den gepflasterten **Inneren Burghof** beherrscht das Denkmal von Kaiser Franz I. Hier wenden wir uns nach rechts durch das Schweizertor (1552) in den **Schweizerhof** des ältesten Traktes der Hofburg, der einst von vier Ecktürmen überragt wurde und seit dem 13. Jahrhundert im Besitz der Habsburger war. Heute birgt der Schweizertrakt die **Kaiserliche Schatzkammer** und die 1296 erstmals urkundlich erwähnte gotische **Hofburgkapelle**. Letztere kann man unentgeltlich über die Stiegen auf der rechten Seite besichtigen. In einer Nische neben dem Schweizertor befindet sich der Schweizerhofbrunnen (1552), der bereits durch eine Wasserleitung aus der Vorstadt gespeist wurde. Wir setzen unseren Weg über einen Durchgang in den schmalen **Kapellenhof** fort. Dort wenden wir uns zur Kirchenapsis, wo wir einen gegenüberliegenden Gebäudetrakt zum **Bibliothekshof** hin durchschreiten. Vor uns sehen wir nun einen weiteren Parlament-Pavillon, den wir am besten von der linken Seite umgehen, sodass wir zum **Schmetterlingshaus** gelangen, wo man rund 500 frei fliegende Schmetterlinge in einem tropischen Ambiente erleben kann.

Das Palmenhaus am Nordrand des Burggartens

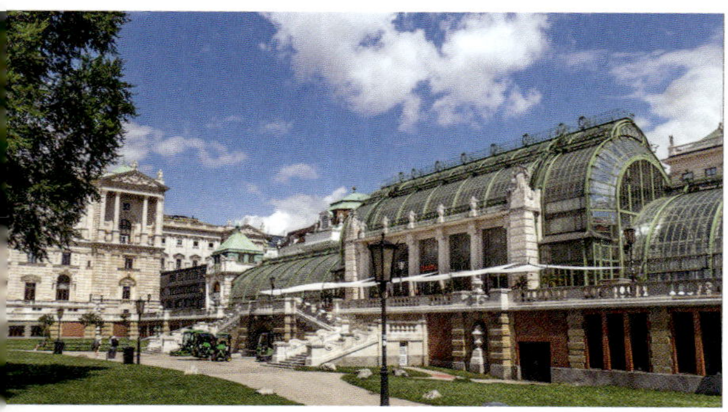

Wegen der Absperrung des Burggartens durch mobile Bauzäune waren die üblichen Zugänge im Sommer 2021 sowohl vom Palmenhaus, als auch von der Neuen Burg nicht passierbar. Daher führt uns der Weg am **Café-Restaurant Palmenhaus** vorbei zum Südosttor, wo wir einen Zugang zum **Burggarten** finden. Vor dem Tor biegen wir nach rechts und gehen über die Stiegen hinunter. Unser nächstes Ziel ist der Teich mit dem **Herkulesbrunnen**, den wir am kreuzenden Weg nach links erreichen. Von der anschließenden Wiese ergeben sich hübsche Blicke zum **Palmenhaus**, einem Glashaus im Jugendstil aus dem Jahr 1906. Anschließend nehmen wir den äußeren Parkweg in Richtung Neue Burg am **Kaiser-Franz I.-Denkmal** vorbei und drehen eine Runde zum **Franz-Joseph I.-Denkmal**, das inmitten eines Steingartens steht. Am äußeren Parkweg gelangen wir schließlich an einer prächtigen Zeder vorbei und zurück zum Südosttor des Burggartens.

Stiegenabgang an der Albertina

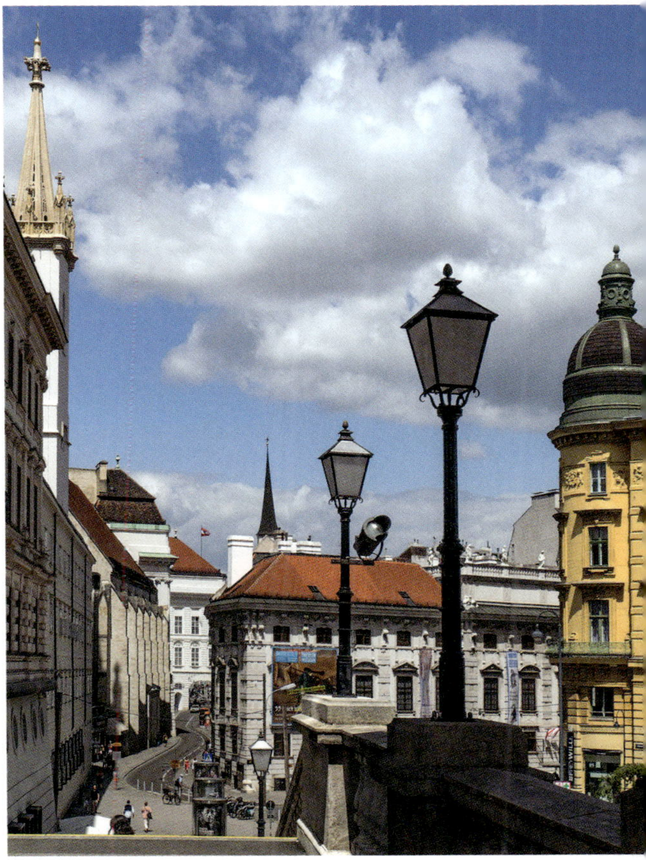

Albertina und Staatsoper Am Ausgang sehen wir schräg gegenüber eine Stiege, die zur **Augustinerbastei** hinaufführt und die wir als nächstes erklimmen. Oben angelangt, orientieren wir uns am Reiterdenkmal von Kaiser Franz Joseph I., wo uns eine erhöhte Balustrade der **Albertina** einen instruktiven Blick zur Staatsoper schenkt. Die Albertina ist berühmt für ihre bedeutenden grafischen Kunstsammlungen. Eine aussichtsreiche Stiege leitet uns schließlich hinunter zur Augustinerstraße. Dieser folgen wir zurück in Richtung Staatsoper, wo wir am Albrechtsbrunnen vorbeikommen. Nun überqueren wir die Hanusch- und Operngasse über Fußgängerübergänge und begeben uns in den westlichen Laubengang der **Staatsoper** (1869), der uns bis zum Opernbrunnen und zum Opernring leitet. Entlang eines südseitigen Durchgangs an der Oper gelangen wir schließlich zu den U-Bahn-Zugängen der U1 und U4.

2 Innenstadtrunde

Vom Stephansplatz durch das alte Wien

Leicht | 5,2 km | 45 Hm | 1.45 Std.

Tourencharakter
Überwiegend Asphalt- und Pflastersteinwege

Ausgangs-/Endpunkt
U-Bahn-Station Stephansplatz (Linie U1). GPS: 48.20868, 16.372060

VOR
In der Herrengasse (U3 Bahnstation Herrengasse), am Mölker Steig (Station Schottentor der Linien U2, 1A, 1, 71, D, U2Z) und bei der Griechengasse (Station Schwedenplatz der Linien U1, U4) kann die Tour unterbrochen werden.

Einkehr
Zahlreiche Restaurants, Cafés und Konditoreien am Weg

Info
www.wien.info; Stephansdom: www.stephanskirche.at

Dieser Altstadtspaziergang verbindet bekannte historische Orte in Wien mit einigen Geheimtipps, versteckten Gassen, Durchgängen und Innenhöfen. Auch wer die Stadt bereits kennt, wird sicher einiges Neues entdecken können.

Vom Stephansplatz durch das Blutgassenviertel Wir verlassen die U-Bahn beim Ausgang Stephansplatz und wenden uns sogleich dem »Steffl« zu, dem 136 Meter hohen Südturm des **Stephansdoms**, und begeben uns zur Ostseite des imposanten Wahrzeichens Wiens. Beim Stephansplatz 5a befindet sich ein Durchhaus, das den Durchgang zur Domgasse erlaubt. Schräg gegenüber dem **Mozarthaus** (Mozart logierte hier von 1784 bis 1787) mündet die **Blutgasse** von rechts ein, der wir nun weiter folgen. Der Name erinnert an ein Massaker, das der Legende nach im Jahre 1312 an Tempelrittern verübt wurde. Bei der Hausnummer 3 betreten wir einen der schönsten Pawlatschenhöfe der

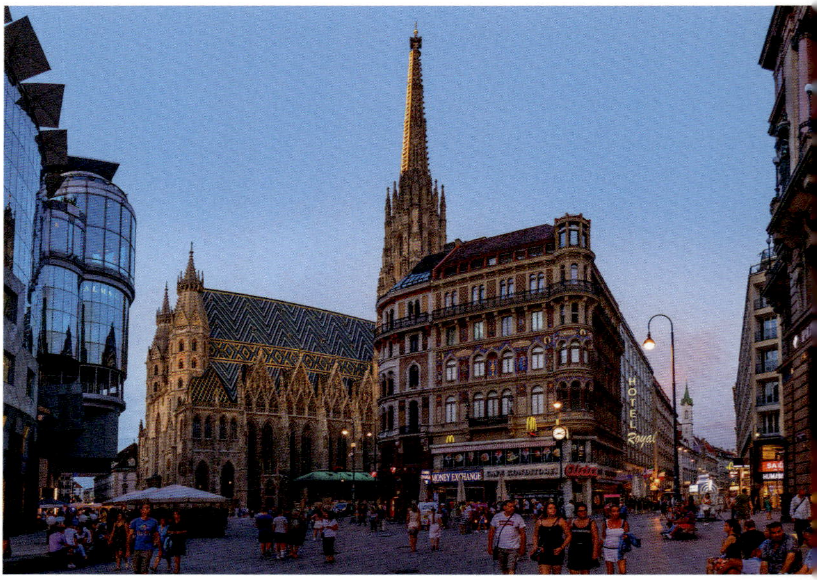

Stephansplatz vom Graben aus gesehen

Stadt, die durch umlaufende, offene Gänge zwischen den Wohnungen im Hof charakterisiert sind. Es folgen einige Stufen abwärts in einen hinteren Hof, den wir sogleich durch einen Durchgang rechts wieder verlassen. So erreichen wir den **Fähnrichhof** mit seiner rund 250 Jahre alten Platane. Bei der Nummer 9 in der Südwestecke verlassen wir den Hof durch einen verwinkelten Durchgang an einem schaurigen Kellerabgang vorbei. Unter den Schwibbögen der Blutgasse hindurch erreichen wir die querende Singerstraße. Links und rechts um die Ecke kommen wir zum **Franziskanerplatz**.

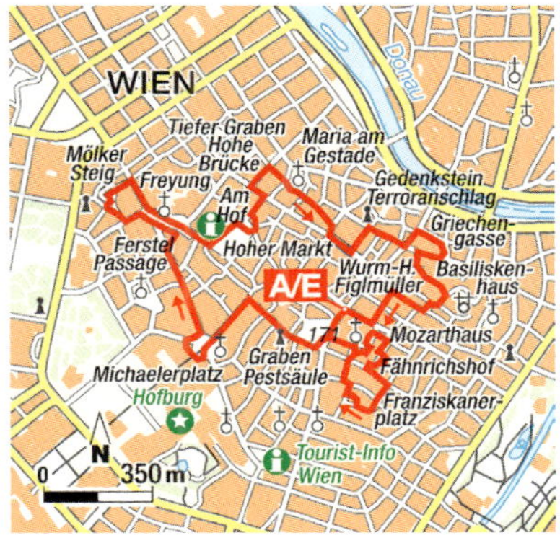

Durch die Ballgasse zurück zum Stephansplatz

Im Sommer gibt es um den Mosesbrunnen beliebte Schanigärten, die zur Rast einladen. Die südlich gegenüber der Franziskanerkirche gelegene Mündung der **Ballgasse** könnte man fast für ein Durchhaus halten. Ihr enger, gewundener Verlauf widerspiegelt Grundmauern aus dem Mittelalter. Vorüber an der Tischler Herberge aus 1772 halten wir uns an der Straßengabelung rechts. Auch hier, um den **Stadtheurigen Gigerl**, trifft man sich gerne in den Schanigärten. Nach einer Rechts-links-rechts-Kombination sehen wir vor uns wieder den Südturm des Stephansdoms über der Liliengasse aufragen. Wir unternehmen aber noch einen kurzen Abstecher zum **Deutschordenshaus**, das wir bei der Einmündung der Singerstraße schräg gegenüber sehen. Durch einen gewölbten Durchgang erreichen wir den stimmungsvollen kleinen Hof. Auch hier wohnte Wolfgang Amadeus Mozart für kurze Zeit. Im nächsten Hof gehen wir nach links und erreichen beim Gastgarten des **Haas & Haas Teehauses** einen Durchgang links zum Stephansplatz.

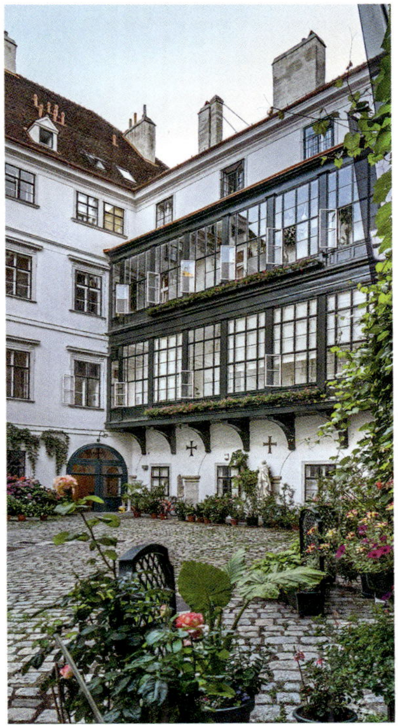

Das Deutschordenshaus wurde im 17. Jahrhundert errichtet.

Über den Graben zum Michaelerplatz

Nun spazieren wir wieder am Südturm des Stephansdomes vorüber mit dem verspiegelten **Haas-Haus** vor Augen. Dann wenden wir uns nach links an der Café-Konditorei Aida vorbei zum **Stock-im-Eisen-Platz**. An der Ecke der einmündenden Kärntner Straße achten wir auf die Glasvitrine mit dem sagenumwobenen Nagelbaum aus dem 15. Jahrhundert. Dieser war mit einem Schloss versehen, das niemand öffnen konnte. Wir setzen unsere Wanderung in nord-

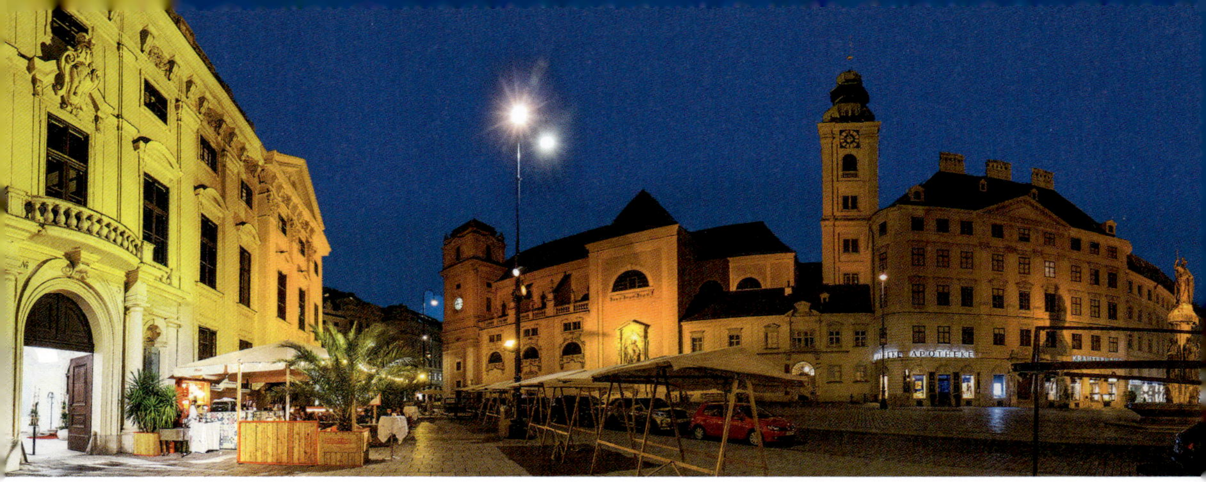

Palais Harrach und Schottenstift umrahmen den Platz an der Freyung.

westlicher Richtung über den **Graben** fort. Ein Schanigarten reiht sich hier an den anderen. Vorbei an der 21 Meter hohen, barocken **Pestsäule** (1679) übersieht man fast die prächtige **Peterskirche** rechts in einer Nebenstraße. Am Ende des Grabens biegen wir nach links in den **Kohlmarkt**. Auf Nr. 14 liegt der k.u.k. Hofzuckerbäcker Demel, eine der bekanntesten Café-Konditoreien Wiens. Am **Michaelerplatz** öffnet sich der Blick auf den prunkvollen **Michaelertrakt der Hofburg** sowie zur **Michaelerkirche** (1221). Unter der romanischen Kirche befindet sich die Michaelergruft mit teilweise mumifizierten Leichen. Vor der Hofburg achten wir auf archäologische Ausgrabungen mit Resten der römischen Vorstadt des Legionärslagers Vindobona, die von Angehörigen der Soldaten bewohnt wurden. Sehenswert sind auch die beiden monumentalen Brunnen zu beiden Seiten des Michaelertraktes.

Michaelerplatz mit der illuminierten Fassade der Hofburg

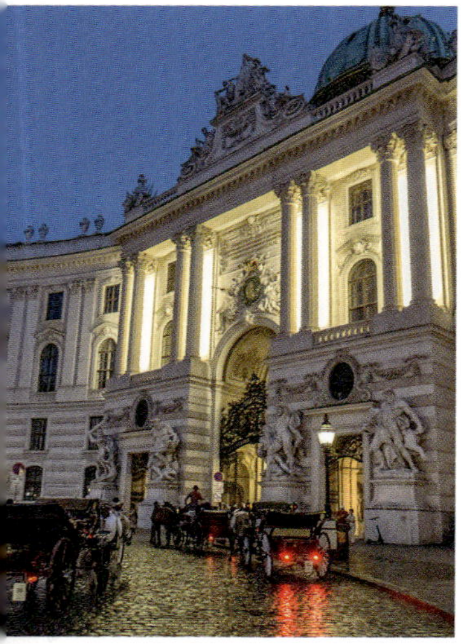

Vom Widmer- ins Schottenviertel

Wir verlassen den Michaelerplatz über die **Herrengasse**, deren Adelssitze noch heute vom früheren Hofstaat zeugen. Besonders prunkvoll ist das **Palais Ferstel**, das ursprünglich ein Börsenhaus war. Wir erreichen es mit dem berühmten **Café Central** an der Ecke Strauchgasse. Ein paar Schritte weiter folgt auf Nr. 14 die **Ferstel-Passage**, einer der schönsten Durchgänge Wiens. Gleich zu Beginn begegnen wir im Basarhof dem Donaunixenbrunnen, gefolgt von einer Gourmetpassage. Wir durchschreiten das Durchhaus in gerader Richtung zur **Freyung** hin, die von der **Schottenkirche** dominiert wird. Der Name erinnert jedoch nicht an schottische, sondern an irische Mönche, die vom Babenberger Herzog Heinrich II. Jasomirgott um 1200 ins Land geholt wurden. Der lateinische Begriff »scoti« bezeichnete im Mittelalter alle Gälen.

Eine Runde über den Mölker Steig Gleich nach dem Portal der Passage biegen wir links ab und spazieren in nordwestlicher Richtung weiter. Wir überqueren das Ende der Herrengasse, biegen aber sogleich links in die Teinfaltstraße ein. Nach dem Irish Pub schwenken wir nach rechts in die Schreyvogelgasse, wo sich Durchblicke zur Universität Wien ergeben. Dem Wegweiser »Beethoven Pasqualatihaus« folgend gelangen wir zum **Mölker Steig**, einem stillen, aber urigen Winkel Wiens oberhalb der Mölker Bastei. Stiegen führen wieder abwärts. Wer Eisspezialitäten mag, findet sie beim **Eis-Greissler** aus Krumbach noch vor der querenden Schottengasse. Wer gern in urigem Ambiente isst, dem sei der **Melker Stiftskeller** (rechts ums Eck) empfohlen. Wir aber queren die Schottengasse und finden bei Haus Nr. 2 der Helferstorferstraße einen Eingang mit gewölbtem Durchgang zu einem grünen Innenhof, der von einem Café und dem beliebten **Biergarten Zattl** als Gastgarten genutzt wird. In der Folge verlassen wir das Schottenkloster in südlicher Richtung durch einen Schranken und wandern an der **Schottenkirche** vorbei zum **Heidenschuss**.

Vom Hochhaus in der Herrengasse fällt der Blick auf Peterskirche und Stephansdom.

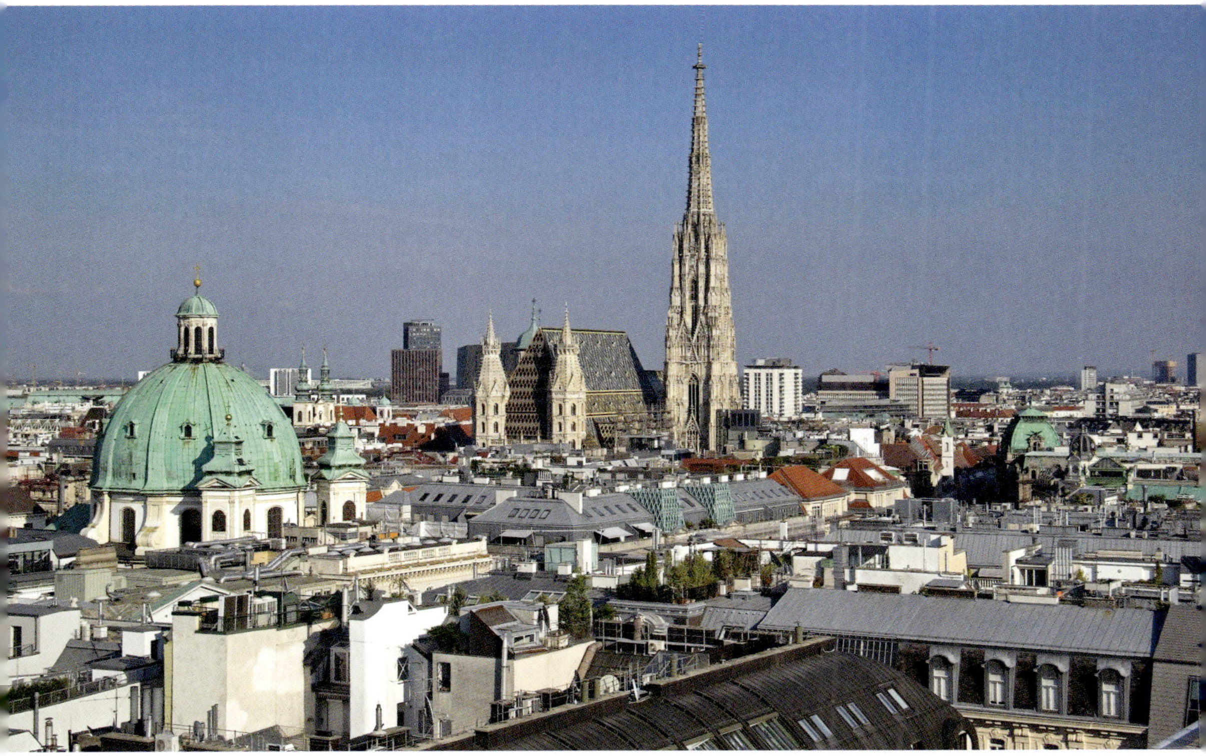

Zum Hohen Markt An der Ecke zur Strauchgasse fällt eine osmanische Reiterfigur an der Fassade auf, die an die Entdeckung eines vorgetriebenen feindlichen Stollens während der ersten Türkenbelagerung im Jahre 1529 erinnert. **Am Hof**, wo sich einst die Babenberger-Residenz und ein Marktplatz befanden, biegen wir nach links ab. Am Ende des Platzes gehen wir am **Generali-Haus** mit der vergoldeten Türkenkugel aus der Zweiten Türkenbelagerung (1683) vorbei und biegen in die Drahtgasse ein. Noch vor dem Judenplatz nehmen wir links den engen Durchgang am Ledererhof. Über die Färbergasse gelangen wir zur Wipplinger Straße, die wir sogleich über einen Stiegenabgang zum **Tiefen Graben** verlassen. Unter der Hohen Brücke hindurch kommen wir zum Stiegenaufgang von **Maria am Gestade**. Die gotische Kirche, eine der ältesten in Wien (urkundlich 1137), lag einst an der Steilböschung zum unregulierten Donauarm. Rechts neben der Kirche setzen wir in der Salvatorgasse fort. Sobald wir die querende Marc-Aurel-Straße erreichen, wenden wir uns nach rechts und überqueren die Straße hinüber zum **Hohen Markt**.

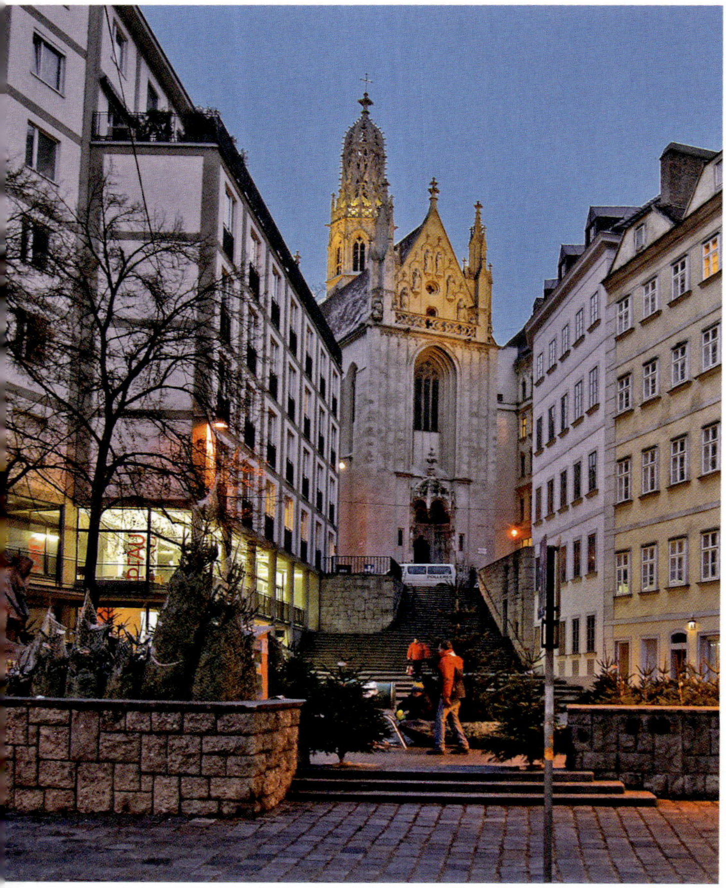

Die römisch-katholische Kirche Maria am Gestade

Über das Bermudadreieck Am Hohen Markt befand sich zur Römerzeit (1. bis 5. Jh. n. Chr.) das Legionärslager Vindobona, später ein mittelalterlicher Markt, sowie die Schranne – ein Gerichtsgebäude mit Richtstätte. Wir kommen an der sehr guten **Gelateria Hoher Markt** vorbei, am **Römermuseum** und **Vermählungsbrunnen**. In der Jugendstil-Ankeruhr am Übergang zweier Gebäude des **Ankerhofes** wechseln stündlich historische Figuren aus der Geschichte Wiens. Beim Brunnen verlassen wir den Hohen Markt in nördlicher Richtung durch die Judengasse.

Diese führt in das sogenannte Bermudadreieck, ein bei Jugendlichen besonders beliebtes Lokal- und Szeneviertel. Schräg gegenüber der einmündenden Sterngasse könnte man fast den **Gedenkstein** für die vier Todesopfer und 23 Verletzten des Terroranschlages durch einen IS-Sympathisanten im November 2020 übersehen. Angesichts des trutzig wirkenden **Kornhäuselturmes** steigen wir über die Jerusalemstiege hinab zum Fleischmarkt. Wir gehen bis zur querenden **Rotenturmstraße** vor und biegen dort links ab.

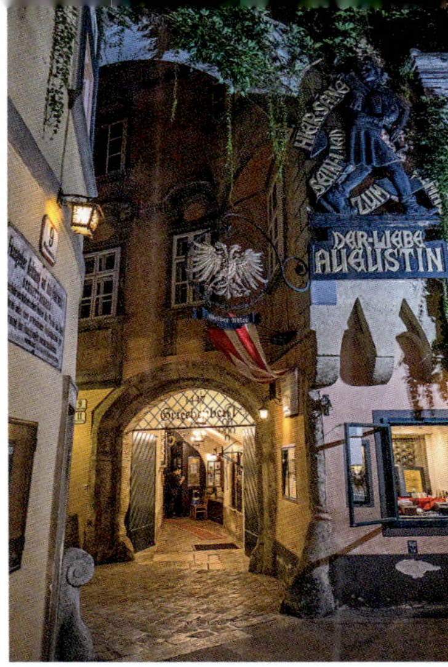

In der Griechengasse mit der Traditionsgastwirtschaft Griechenbeisl

Durch das Stubenviertel Nach dem **Hard Rock Café** auf Nr. 25 biegen wir rechts in die **Griechengasse** ein. Diese leitet rechts durch einen der schmalsten Durchgänge der Wiener Innenstadt zum legendären **Griechenbeisl**, einem der ältesten Gaststätten Wiens, wo der sagenumwobene Dudelsackpfeifer Augustin im 17. Jahrhundert aufgetreten sein soll. Dieser wurde in alkoholisiertem Zustand irrtümlich in eine Pestgrube geworfen, überlebte jedoch. Am Fleischmarkt halten wir uns rechts, dann gleich bei der Querstraße links und nochmals links, wo wir den **Heiligenkreuzerhof** durchschreiten. Am Ausgang kommen wir in die gewundene Schönlaterngasse zum legendären **Basiliskenhaus**. Hier soll im Jahr 1212 ein sagenhaftes, giftiges Wesen im Hausbrunnen eines Bäckers durch List getötet worden sein. Wir folgen der Schönlaterngasse nach Südwesten zur Sonnenfelsgasse, setzen aber sogleich schräg gegenüber unsere Tour fort bis zur **Bäckerstraße**, wo wir rechts weitergehen. Sofern bei Nr. 7 das Haustor offen ist, lohnt es sich, einen Blick in den Renaissancehof zu werfen, wo man schöne Arkaden und Nischen für die Pferdetränke besichtigen kann. Danach erreichen wir das Lugeck mit dem Durchgang zum **Figlmüller**, dessen Restaurant das »berühmteste Schnitzel Wiens« anpreist. Der Durchgang leitet durch den **Schmeckenden-Wurm-Hof**, der (ebenso wie beim Basiliskenhaus) von einem übel riechenden Ungetier heimgesucht worden sein soll. Kurz wird unser Durchgang von der Wollzeile unterbrochen, ehe wir durch den Zwettlhof zum **Stephansplatz** zurückgelangen. Am Fiaker-Standplatz vorbei umrunden wir nun den **Stephansdom** von seiner Nordseite zum U-Bahn-Abgang.

Monsterszene im Fenster des Restaurants Zum Basilisk

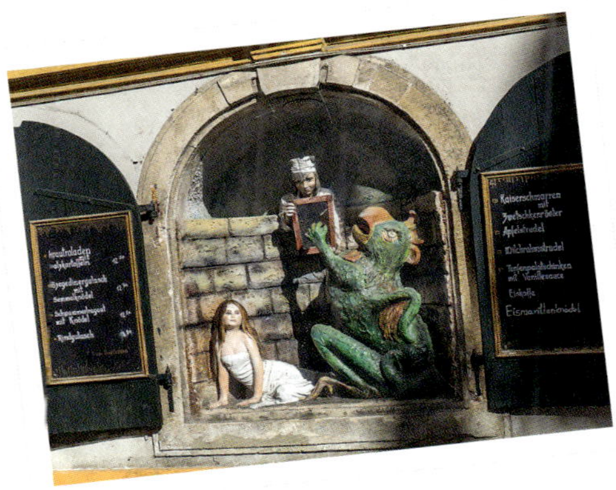

3 Donaukanal und Stadtpark

Eine Runde vom Schwedenplatz

Leicht	6,0 km	70 Hm	2.00 Std.

Tourencharakter
Überwiegend Asphaltwege

Ausgangs-/Endpunkt
U-Bahn-Station Schwedenplatz (Linie U1, U4). GPS: 48.21148, 16.37814

VOR
Man kann die Tour an folgenden Haltestellen unterbrechen: Wienfluss-Einwölbung/Station Stadtpark (U4), Franzensbrücke (Tramlinie O).

Einkehr
Meierei Steiereck, Café-Restaurant Motto am Fluss, Eissalon am Schwedenplatz, u.a.

Info
Stadtpark: www.wien.gv.at/umwelt/parks/anlagen. Man könnte aus der Stadtparkrunde auch eine eigene Tour machen. Im Stadtpark gilt Radfahr- und Hundeverbot; Hundezone entlang der Wienflusspromenade.

Um den Wassertransportweg und den Hochwasserschutz zu gewährleisten, bändigte man einst den »Wiener Arm« der Donau und den Wienfluss in einem Kanal. Wie hier abends das bunte Leben am Rande der Innenstadt erwacht, ist schon verblüffend.

Vom Schwedenplatz zur Urania Vom U-Bahn-Ausgang Schwedenplatz halten wir uns in nordöstlicher Richtung und überqueren den Fußgängerübergang zur Schwedenbrücke. Abends kann man jenseits des Donaukanals in den obersten Stockwerken des Media- und Design Towers die neongrell beleuchteten Rooftop Bars (Juwel Wien und das Loft) erkennen. Wir überqueren nun die **Schwedenbrücke** in östlicher Richtung zum Abgang der **Wolfgang-Schmitz-Promenade** am südlichen Ufer des Donaukanals. In der Nacht erglüht die Seite der Brücke in einem intensiv roten Licht. Tagsüber muss man auf die Radfahrer achten, die hier desöfteren im Temporausch rasen. Wir passieren die Anlegestellen der Blue Danube und des fix verankerten **Badeschiffs**. In der Dunkelheit sorgt die Medienfassade am gegenüberliegenden Uniqa Tower für Aufmerksamkeit. Wir unterqueren die **Aspernbrücke** und wandern die Rampe seitlich der **Urania** – mit

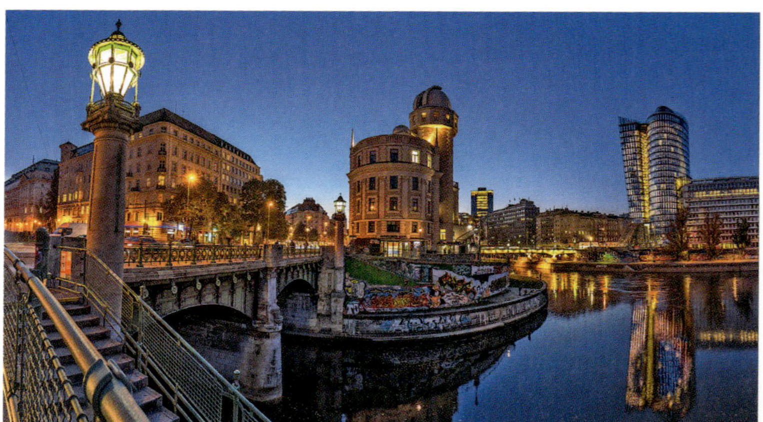

Urania an der Mündung des Wienflusses in den Donaukanal

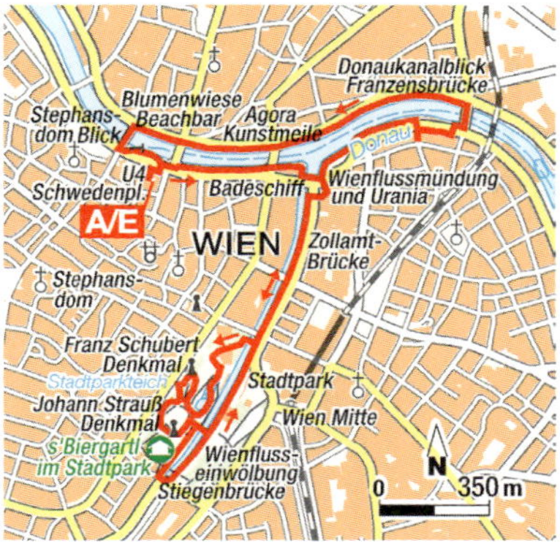

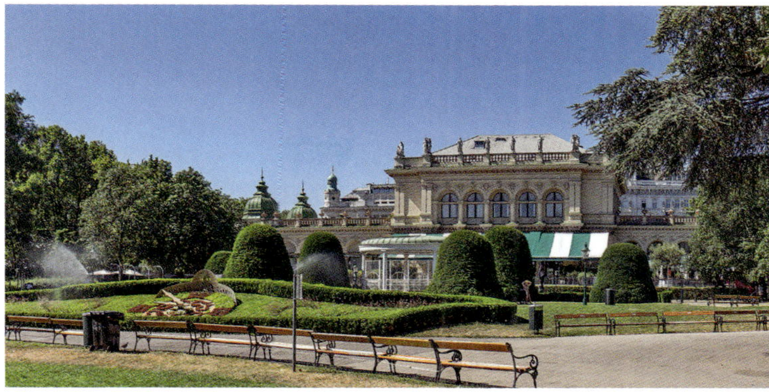

Der im Stil der italienischen Renaissance erbaute Kursalon im Stadtpark

ihrer Sternwarte im Turm – hoch zur **Radetzkybrücke**, unter welcher der Wienfluss in den Donaukanal mündet.

Von der Radetzkybrücke durch den Stadtpark Nun überschreiten wir die Brücke nach links, wo wir an der Ampel die stark befahrene Obere Weißgerberstraße und einen Teil der Vorderen Zollamtsstraße überqueren. Da wir auf die andere Straßenseite wollen, überschreiten wir gleich darauf auch noch die Letztgenannte und begleiten den Wienfluss aufwärts. Beim **Zollamtssteg** wird die sehenswerte Stahlkonstruktion von der denkmalgeschützten **Zollamtsbrücke** der U-Bahnlinie U4 unterquert. Vorbei an Bundesministerien, der Akademie der Wissenschaften und Amtsgebäuden kommen wir zur **Kleinen Marxerbrücke** und in weiterer Folge zur Stubenbrücke. Schräg gegenüber liegt nun der Eingang zum **Stadtpark**, der anstelle des Wasserglacis nach dem Abriss der Stadtmauern entstand. Vom Eingang wenden wir uns zuerst in südliche Richtung, schwenken aber sogleich nach rechts in Richtung Andreas-Zelinka-Denkmal. Unmittelbar davor biegen wir links und wandern über eine Brücke am östlichen Ufer des **Stadtparkteiches** entlang. Von dort machen wir einen Abstecher zum Brunnen »Befreiung der Quelle« von wo wir einen schönen Blick zur Meierei Steiereck am gegenüberliegenden Ufer des Wienflusses haben. Dann spazieren wir um den Teich herum zur Wettersäule zum Westufer. Weiter am Uferweg und in einer Linksschleife zum **Franz-Schubert-Denkmal**. Nahe am Parkring besuchen wir die **Blumenuhr** mit schönem Blick zum Kursalon. Von hier zeigt sich auch schon unser nächstes Ziel: das vergoldete **Johann-Strauß-Denkmal**, von dem wir links unseren Weg zum Donauweibchen-Brunnen fortsetzen.

Johann-Strauß-Denkmal

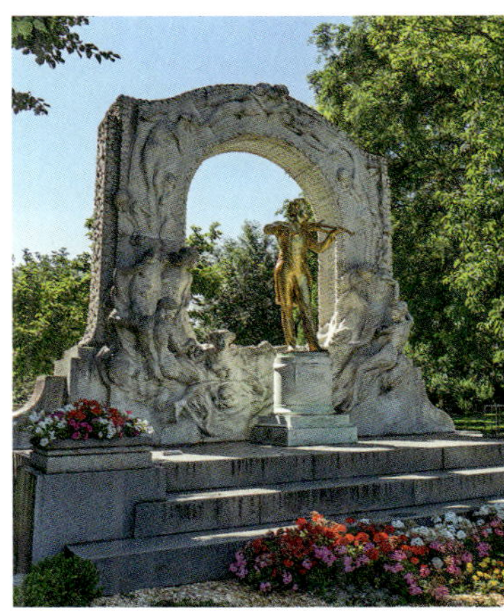

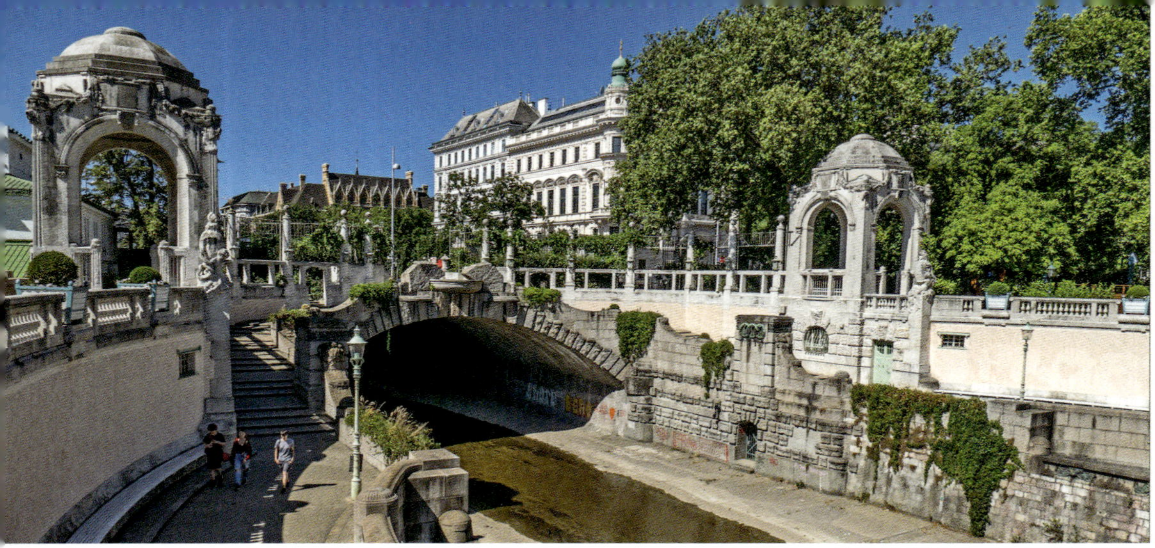

Wienfluss-Einwölbung beim Stadtpark

Danach halten wir uns zweimal rechts und begeben uns über den Stadtparksteg zur **östlichen Wienflusspromenade**, von der wir südlich dem prachtvollen Jugendstilportal der Wienfluss-Einwölbung zustreben. Zum Donaukanal kehren wir zunächst über die **westliche Wienflusspromenade** und ab dem Stadtparksteg über die östliche Wienflusspromenade zurück. Dabei können wir die **Meierei Steiereck** besuchen.

Wissenswertes

Schon im Mittelalter kam dem Wiener Arm der unregulierten Donau große Bedeutung als Transportweg zu: Salz, Bausteine, Holz, Obst und Gemüse konnten so direkt vor die Tore der Stadt Wien geliefert werden. Mit der Zeit verlagerte sich jedoch der Hauptstrom weiter nach Norden und der Wiener Arm drohte zu versiegen. Im 16. Jahrhundert sollte der »Wiener Kanal« mit Durchstich am äußersten Ende der Wolfsau Abhilfe bringen, um die Schiffbarkeit bis zu den Befestigungsanlagen Wiens zu gewährleisten. Weitere Probleme führten im 19. Jahrhundert zu einem erneuten Donaukanaldurchstich, zum Bau einer Schleuse bei Nußdorf und zur Donauregulierung. Obwohl der **Donaukanal** weit entfernt von einer naturnahen Gestaltung geblieben ist, laden heute die Uferpromenaden zum Flanieren ein. Auch Radfahrer kommen hier am Rande des ersten Bezirkes auf ihre Kosten. Der **Schwedenplatz** als zentraler Ort am Donaukanal bildet vor allem abends mit bunten Lichtern einen gesellschaftlichen Anziehungspunkt. Auch wenn die mittelalterlichen Mauern, die Stadttore und neuzeitlichen Bastionen verschwunden sind, so befindet man sich am Donaukanal zwischen modernen, stylischen Hochhäusern mit ihren Rooftopbars und den gegenüberliegenden, teils engen Gassen der Innenstadt. Der Schwedenplatz kam zu seinem Namen, weil die Schweden den Österreichern nach dem Ersten Weltkrieg hilfreich zur Seite standen.

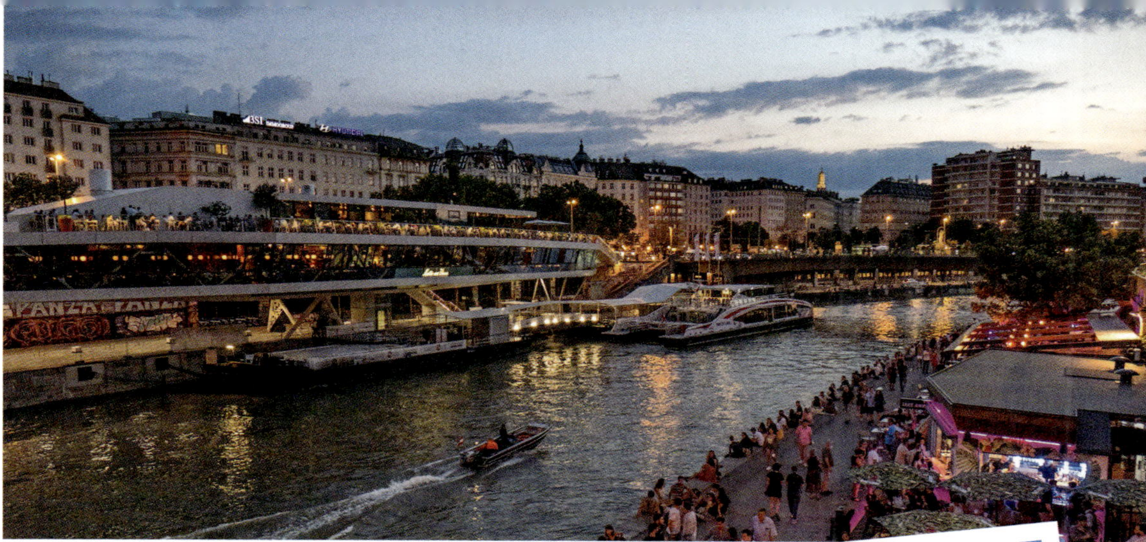

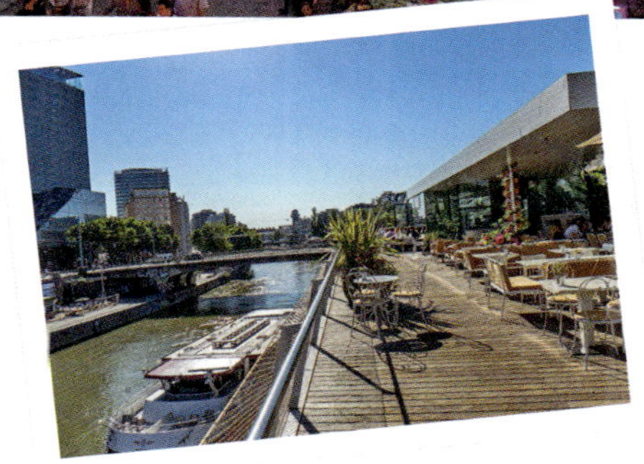

Restaurant Motto am Fluss am Ufer des Donaukanals

Ganz oben: Abends wird der Donaukanal in Höhe Schwedenbrücke zur Flaniermeile.

Von der Radetzkybrücke zur Franzensbrücke Von der Radetzkybrücke benutzen wir die Rampe hinunter zum **Weißgerberufer** des Donaukanals. Hier befindet sich die im Sommer beliebte Strandbar Herrmann mit Liegestühlen im Sand. Rund 250 Meter weiter verlassen wir die Promenade über die Unterführung »Auftauchen«, die die stark befahrene Weißgerberlände umgeht. In der Löwengasse kehren wir wieder um und biegen rechts in die Dampfschiffstraße zur **Franzensbrücke**, von deren nördlichen Ende sich ein schöner Blick auf den Donaukanal mit seiner Umrahmung ergibt. Wir benützen die Stiegen hinab zur nördlichen Uferpromenade am **Praterufer**. So manches Graffiti zeugt hier von künstlerischen Ambitionen. Aber auch der Blick hinüber zur Urania fasziniert. Gegenüber dem Badeschiff gelangen wir zur **Agora**, einer Freiluft-Kunstausstellung unter Platanen mit interessanten Gebilden. Unter der **Schwedenbrücke** hindurch kommen wir zum Restaurant Beachclub Blumenwiese. Auch hier findet man Liegestühle im Sand.

Bei der **Marienbrücke** benützen wir die Stiegen und wechseln hinüber zur Südseite des Donaukanals. Links kommt man zur überbauten Terrasse des Café-Restaurants **Motto am Fluss**, welches direkt über der Anlegestelle des Twin City Liners liegt. Am anderen Ende der Terrasse gelangt man wieder zum Fußgängerübergang zu U1/U4 am **Schwedenplatz**. Im Sommer bietet sich auch noch ein würdiger Abschluss im Eissalon am Schwedenplatz an.

4 Am Alsergrund

Vom Liechtensteinpark zum Uni-Campus

Leicht	2,4 km	30/10 Hm	1.00 Std.

Tourencharakter
Überwiegend Asphaltwege

Ausgangspunkt
Straßenbahn-Haltestelle Franz-Josefs-Bahnhof (Linie 5, 33). GPS: 48.22556, 16.36113

Endpunkt
Straßenbahn-Haltestelle Lange Gasse (Linie 43, 44)

VOR
Man kann die Tour beim Arne-Carlsson-Park an der Haltestelle Spitalgasse (Tramlinie 5, 33) unterbrechen.

Einkehr
Hofkellerei im Gartenpalais Liechtenstein, Stiegl-Ambulanz, Café Salettl

Info
Im Liechtensteinpark gilt Hunde- und Radfahrverbot, zudem sollen die Grünflächen nicht betreten werden; Park-Öffnungszeiten: täglich 7:00 bis 19:45 Uhr

Während der Liechtensteinpark mit altem Baumbestand und einem hübschen kleinen Teich inmitten fürstlichem Ambiente aufwarten kann, so laden ebenso die grünen Innenhöfe des Alten Allgemeinen Krankenhauses, heute Campus der Universität Wien, zur Entspannung ein.

Durch den Liechtensteinpark Gegenüber der Glasfront des Franz-Josef-Bahnhofs wenden wir uns sogleich über den Schutzweg zum südlichen Gehsteig entlang der Alserbachstraße und gehen bis zum Alserbachpalais der Fürsten Liechtenstein. Bei Haus-Nr. 16 finden wir gleich nach dem Hofer Einlass durch ein Tor in den **Liechtensteinpark**. Nun halten wir uns bei einem automatischen Schiebetor geradeaus und biegen danach rechts ab.

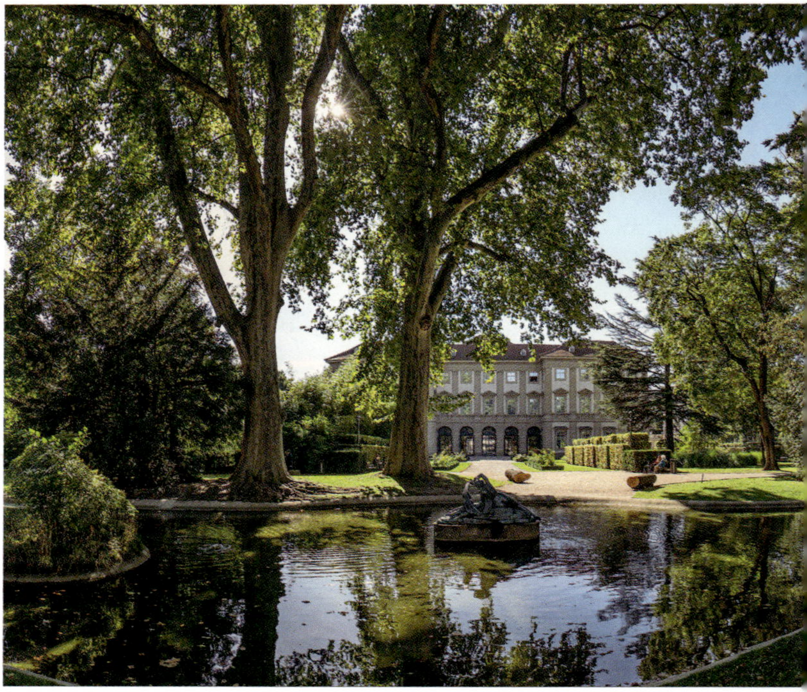

Im Liechtensteinpark mit dem barocken Gartenpalais

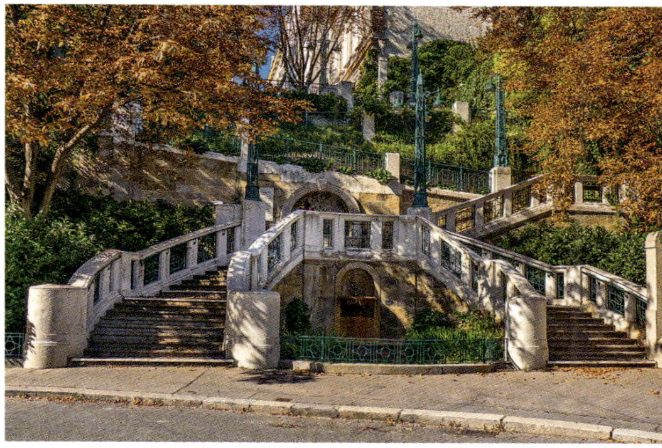

Die Strudlhofstiege

Zwischen mächtigen Platanen öffnet sich der Blick rechts auf das von Heinrich von Ferstel errichtete, barockisierte **Alserbachpalais** (1873) der Fürsten Liechtenstein. Dann erweckt ein künstlich angelegter Teich mit Brunnenfiguren (1795) und einem Wasserlauf mit Kaskaden unser Interesse. Am besten umrunden wir den Teich auf der östlichen Seite und treten dann angesichts des **Gartenpalais** aus dem Baumschatten in südlicher Richtung. Hier ändert sich der Typus eines englischen Landschaftsgartens in einen Barockgarten mit Blumenmustern. Von der Mittelachse wenden wir uns dann links um die Stauden herum und begeben uns entlang der Nord- zur Westfassade. Mit dem Bau des barocken Garten- bzw. Sommerpalais der Fürsten Liechtenstein wurde bereits 1691 begonnen. Gelegentlich werden Führungen durch den Privatbesitz angeboten. Schließlich verlassen wir den Park durch das **Hauptportal** an der Fürstengasse, wo wir rechts um den Park fortsetzen.

Wissenswertes

Nach der Zweiten Türkenbelagerung ließ Johann Adam Andreas Fürst von **Liechtenstein** das **Sommerpalais** (auch Gartenpalais genannt) bauen, deren Anlage bis 1711 fertig gestellt wurde. Das barocke Schloss beinhaltet marmorne Prachttreppen, den mit 530 m² größten profanen Barocksaal Wiens (Herkulessaal) und die private fürstliche Kunstsammlung mit Meisterwerken von der Frührenaissance bis zum Hochbarock. Der Barockgarten wurde später in einen Englischen Landschaftsgarten umgestaltet. Statt dem Gartenbelvedere, das den Park zur Als hin abgrenzte, wurde in den 1870er Jahren für die Fürstenwitwe das **Alserbachpalais** von Heinrich Ferstel errichtet. Info: www.palaisliechtenstein.com

Die 1910 errichtete **Strudlhofstiege** liegt genau am Übergang der niedrigeren Praterterrasse zur höheren Stadtterrasse, welche durch den Wechsel der Kalt- und Warmzeiten von der Donau gebildet wurden. Die Freitreppe sollte nach ursprünglichen Plänen des Architekten Theodor Johann Jaeger um bestehende Bäume herum gebaut werden, aber auch in der ausgeführten Version kann man eine gewisse Verspieltheit im Verlauf der Anlage nicht absprechen. Geschmückt durch zwei Brunnen mit Wasserspeiern zählt die Strudlhofstiege zu einem der schönsten Bauwerke des Jugendstils und inspirierte den Wiener Schriftsteller Heimito von Doderer (1896–1966) zu seinem bekannten Roman »Die Strudelhofstiege«.

Über die Strudlhofstiege zum Narrenturm Nun wandern wir die Liechtensteinstraße etwa 60 Meter in nördlicher Richtung weiter, bis gegenüber die Strudlhofgasse einmündet. Ein Wegweiser kündigt hier die **Strudlhofstiege** an. Die kunstvoll angelegte Jugendstil-Freitreppe mit ihren 58 Stufen über 11 Höhenmeter und zwei Brunnen gilt für viele als schönste von Wien. Auch der Ausblick zurück zum Liechtensteinschen Gartenpalais ist hübsch. In weiterer Folge quert die obere Strudlhofgasse mehrere Gassen. Rechts in der Boltzmanngasse Nr. 9 sehen wir die Kirche **Santa Maria de Mercede** des Spanischen Spitals, das von Kaiser Karl VI. gegründet wurde.

Am Ende der Strudlhofgasse queren wir die Währinger Straße und betreten den **Arne-Carlsson-Park**. Vor dem Spielplatz biegen wir links in einen Durchgang zwischen hoch liegenden Sportplätzen. Nun gehen wir am Rande von Wohnhäusern und einem eingezäunten Fußballplatz begrenzt weiter bis zur querenden Sensengasse. Schräg rechts gegenüber erkennen wir eine in mehreren Kehren angelegte Rampe über einen begrünten Steilhang, dem **Stadtwäldchen Sensengasse**. Einer Infotafel vor einem Torbogen entnehmen wir die Bedeutung kleiner naturnaher Flächen als wertvollem Lebensraum, Schattenspender und Staubfilter. Danach kommen wir zum runden **Narrenturm**, in dem die pathologisch-anatomische Sammlung des Naturhistorischen Museums untergebracht ist, die in 19 modern gestalteten Ausstellungsräumen im Erdgeschoß zu besichtigen ist. Zum Zeitpunkt der Errichtung im Jahr 1784 war der Narrenturm die erste »Irrenanstalt« in Kontinentaleuropa, die schließlich 1869 geschlossen wurde.

Der Narrenturm auf dem Gelände des alten AKH

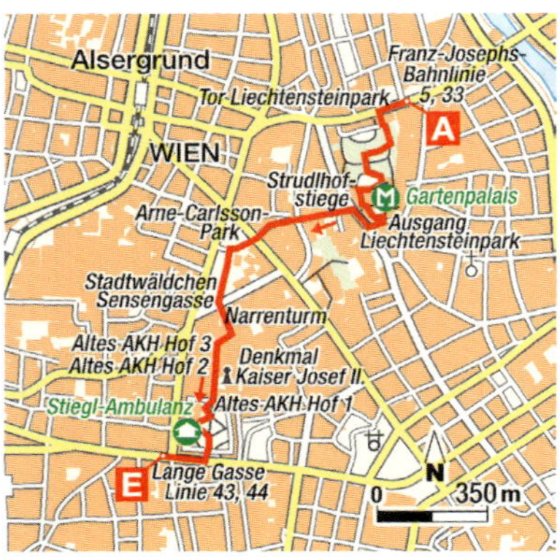

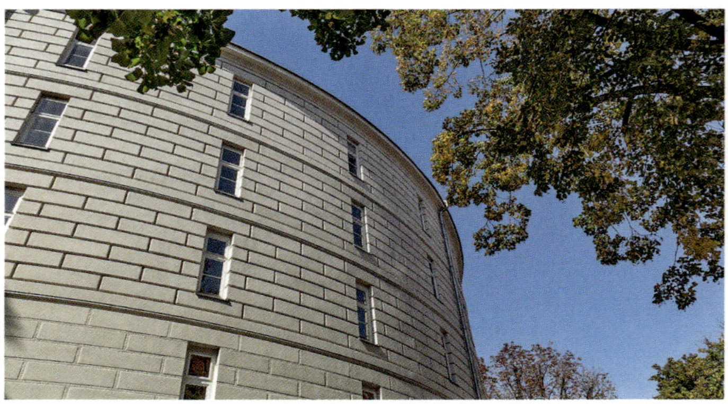

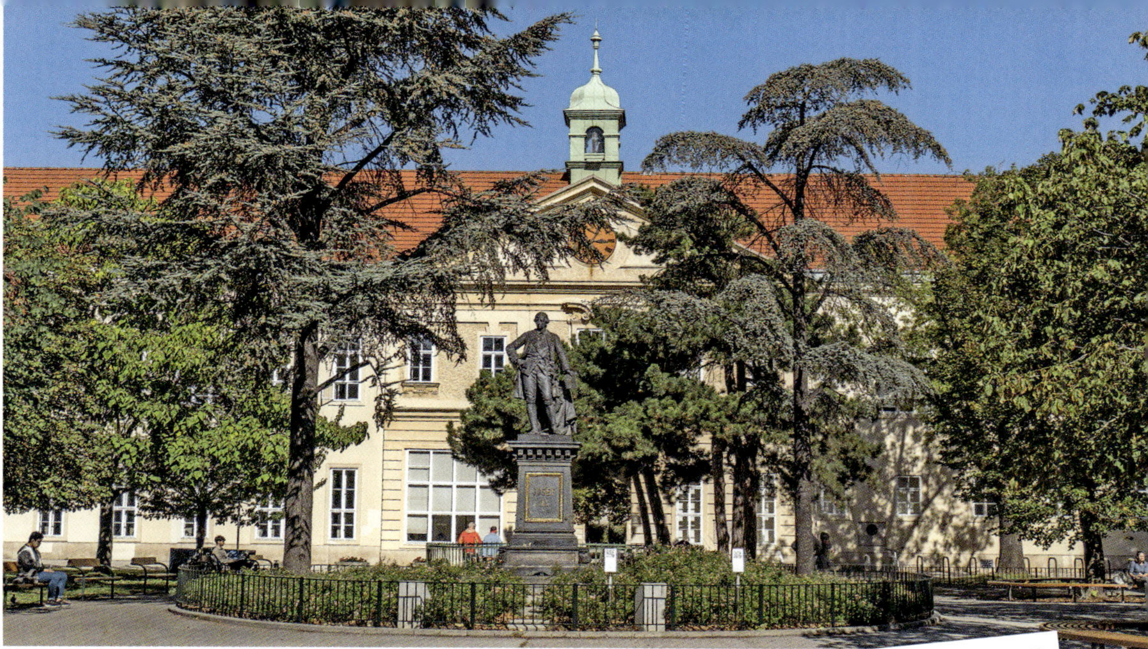

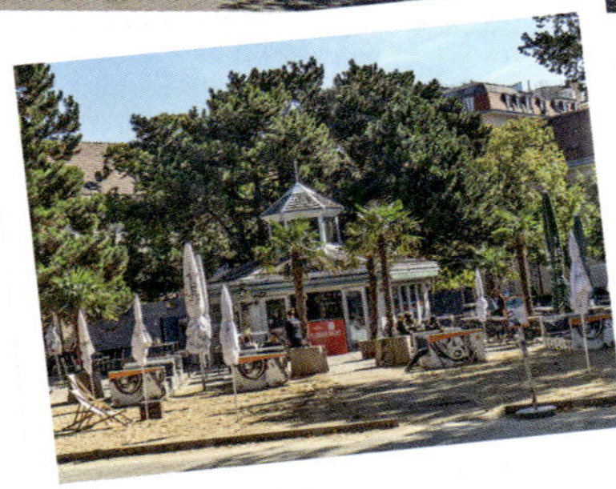

Strandfeeling in der Café-Bar Salettl am Uni-Campus

Ganz oben: Ein Denkmal von Joseph II. erinnert an die Gründung des alten AKH.

Durch das Alte AKH Gleich hinter dem Narrenturm liegt eine Wiese brach, über die ein Pfad zu einer Treffpunkttafel führt. Von dort leitet der Pfad durch eine schmale Hecke zum **Lesky-Tor,** durch das wir den begrünten Hof 3 des Alten Allgemeinen Krankenhauses betreten. Die Gründung des AKH geht auf Kaiser Joseph II. (1784) zurück, auch wenn die Gebäude heute als Campus der Universität Wien genutzt werden. Durch das **Seligmann-Tor** gelangen wir in den parkartigen Hof 2, den ein japanischer Steingarten, ein Brunnen und das Denkmal Joseph II. zieren. Dann kommen wir durch das **Jahoda-Tor** in den Hof 1, dem größten auf dem Campus. Rechts wirbt das **Gasthaus Stiegl-Ambulanz** mit einem der schönsten Gastgärten in Wien, in dem auch eine Salzburger-Land-Almhütte steht. Zurück am Hauptweg lohnt sich auch ein kleiner Umweg zum hübschen Brunnen. Links lädt das **Café Salettl** mit Palmen und Liegestühlen auf Sand zum Chillen. Durch ein weiteres Tor erreichen wir die **Alser Straße**, wo wir rechts die nächste Tramway-Haltestelle erreichen können.

Varianten

Man kann die relativ kurze Tour erweitern, indem man über die Alser Straße zum Votivpark marschiert, oder indem man bereits von der U4-Station Rossauer Lände startet und über die Seegasse wandert (siehe Variante bei Augarten, Tour 8).

5 In Mariahilf

Einkaufsstraße und Prunkstiegen

Leicht | 3,4 km | 30 Hm | 1.00 Std.

Tourencharakter
Überwiegend Asphaltwege

Ausgangspunkt
U-Bahn-Station Westbahnhof (Linie U6, U3). GPS: 48.19592, 16.34075

Endpunkt
U-Bahn-Station Volkstheater (Linie U3)

VOR
Man kann die Tour an folgenden Haltestellen unterbrechen: Zieglergasse, Neubaugasse (beide U3) oder Haus des Meeres, Getreidemarkt (beide Linie 57A).

Einkehr
Paolo Bortolottis Eisstand, 360° Ocean Sky Bar, Restaurant Brandauer, Gumpendorfer Stube, Pizzeria Nerone, Café Leopold

Info
MuseumsQuartier Wien: www.mqw.at; die Liftauffahrt zur MQ Libelle ist täglich außer Dienstag von 10:00 bis 21:30 Uhr möglich.

Durch die jüngsten Straßenrückbaumaßnahmen in der Mariahilfer Straße wurde die beliebteste Einkaufsmeile Wiens noch mehr aufgewertet. Dass in Mariahilf trotzdem auch noch stillere Winkel zu finden sind, das zeigt der folgende Tourenvorschlag.

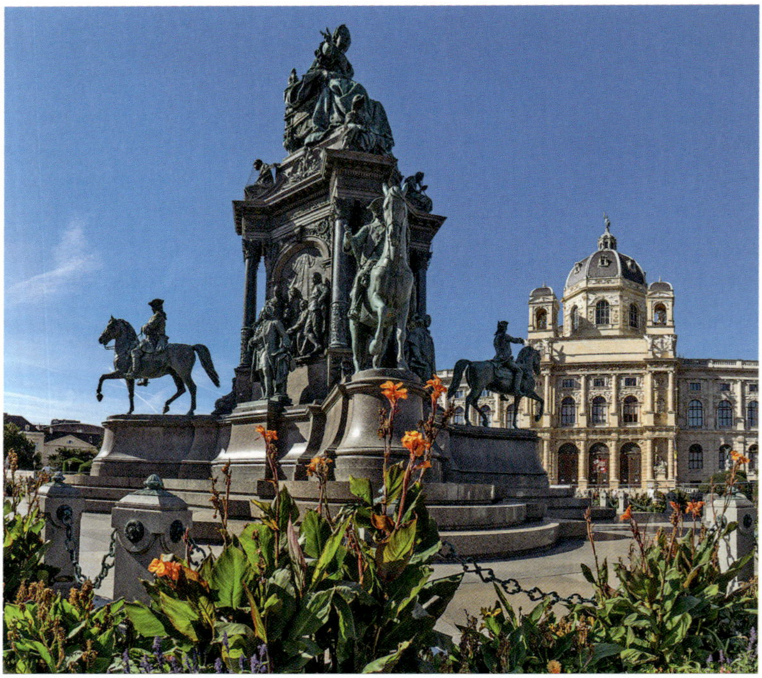

Maria-Theresien-Denkmal vor dem Naturhistorischen Museum

Wiener Einkaufsparadies Von der U-Bahn-Station halten wir uns in Richtung Innere Mariahilferstraße sowie zum Ausgang Christian-Broda-Platz. Sofort fällt das runde Glasgebäude von Betten Reiter auf. Mehr als 600 Geschäfte befinden sich auf der umsatzstärksten Einkaufsstraße der Stadt. Auch wenn der Beginn der **Mariahilfer Straße** noch mit Autoverkehr belastet ist, gebietet es dem Trubel der Leute keinen Einhalt. Wer sich im Sommer nach Eiscreme sehnt, der findet Paolo Bortolottis

Eisstand auf Nr. 94. Die **Fußgängerzone** beginnt mit der querenden Otto-Bauer-Gasse. Gleich danach zieht links die bunte Fassade des **Atterseehauses** die Blicke an. Das Gebäude mit aufwändigem Glasmosaik nach Entwürfen von Christian Ludwig Attersee beherbergt den Textilhändler H&M sowie ein City-Suiten-Hotel. Dort, wo links die Neubaugasse quert und sich die Mariahilfer Straße gabelt, folgen wir schräg rechts der **Schadekgasse**.

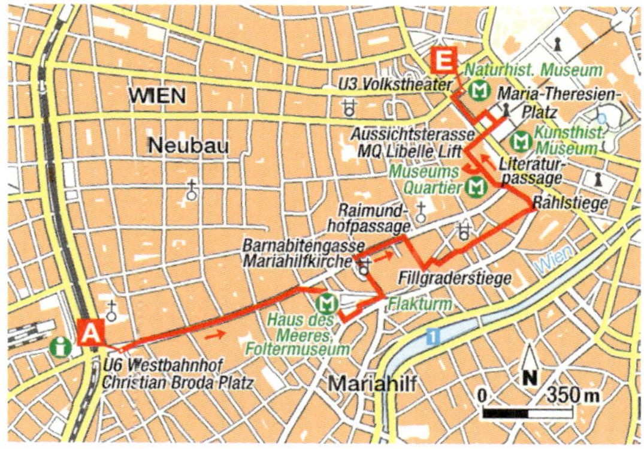

Haus des Meeres und Raimundhof In Kürze erreichen wir den Eingang in den **Esterházypark**, wo wir den zum **Haus des Meeres** adaptierten Flakturm aus dem Zweiten Weltkrieg erblicken. Links befindet sich das **Foltermuseum** in einem alten Luftschutzbunker. Wir aber gehen geradeaus am Kinderspielplatz vorbei. Manchmal kann man Kletterern an der Boulderwand des Flakturmes zusehen. Ein Besuch des **Haus des Meeres** lohnt nicht nur wegen der Aquarien, sondern gewährt auch Zugang zur **360° Ocean Sky Bar** im 11. Stock mitsamt Panoramarundweg über den Dächern Wiens. Im Sommer sind im Park »Coolspots« installiert, die mit feinem Sprühnebel die Umgebung kühlen.

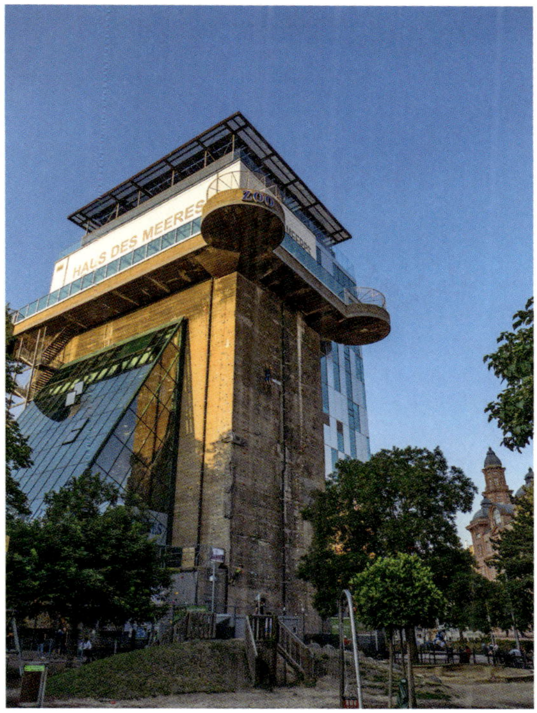

Haus des Meeres mit Kletterern

Wir verlassen den Park über den Fritz-Grünbaum-Platz und biegen links in die hübsche Fußgängerzone der Barnabitengasse. Noch vor dem gewölbten Durchgang neben der **Mariahilfer Pfarrkirche** sehen wir den Eingang zur »Gruft«, einer Betreuungseinrichtung der Caritas für Obdachlose. Zurück in der Mariahilfer Straße beachten wir noch das **Joseph-Haydn-Denkmal** vor der Kirche, dann wenden wir uns weiter in Richtung Zentrum. Linker Hand befindet sich das **Kaufhaus Gerngross**, eine Shopping Mall mit 32 Geschäften. In derem obersten Stockwerk kann man im Rooftop Restaurant Brandauer aussichtsreich speisen.

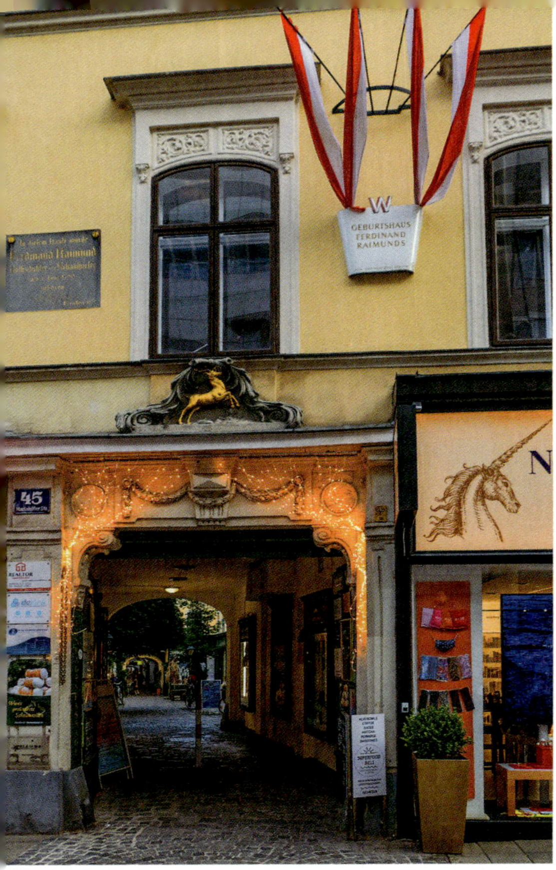

Mariahilfer Prunkstiegen Nach dem U3-Abgang Neubaugasse richten wir unsere Aufmerksamkeit rechts auf Haus Nr. 45 zur **Raimundhof-Passage**. Wie der Name andeutet, wurde der bekannte Schauspieler und Volksdichter Ferdinand Raimund aus der Biedermeierzeit hier geboren. Der **Raimundhof** besteht aus fünf Höfen, die – mit Stiegen verbunden – einen Durchgang hinunter zur **Windmühlgasse** gestatten und mit kleinen Lokalen und Geschäften ausgestattet sind. In der Windmühlgasse biegen wir nach links und sogleich rechts in die ruhige Fillgradergasse. Vorbei an der **Capistranstiege** kommen wir zur **Fillgrader Stiege**, einer Jugendstil-Freitreppe von Max Hegele, der auch die Lueger Kirche am Zentralfriedhof schuf. Nun setzen wir unseren Spaziergang durch die Theobaldgasse fort und biegen am Ende links in die Rahlgasse. Über die **Rahlstiege** gelangen wir zurück hinauf zur Mariahilfer Straße, wo sich der hübsche **Gänsemädchenbrunnen** befindet.

Wissenswertes

Nach dem Rückgang der Handwerks- und Gewerbebetriebe durch die Industrialisierung entwickelten sich auf der **Mariahilfer Straße** im 19. Jahrhundert zunehmend Handelsbetriebe, aus denen Kaufhäuser wurden, Herzmansky war seinerzeit das größte Textilkaufhaus der Monarchie, mit Gerngross und Stafa (Mariahilfer Zentralpalast) kamen weitere große Warenhäuser hinzu. Mit dem Bau der U3 wurde die Mariahilfer Straße umgestaltet: Straßenbahn und Autoverkehr wurden stillgelegt bzw. eingeschränkt, Gehsteige wurden verbreitert und Bäume gepflanzt. Zuletzt wurde die Straße im Jahr 2015 erneuert und eine Fußgängerzone geschaffen. Heute ist die Mariahilfer Straße »die« Shopping- und Flaniermeile Wiens.

Im Zweiten Weltkrieg ließen die Nationalsozialisten in Wien sechs Stahlbetontürme zur Fliegerabwehr (Flak) errichten, die weitgehend erhalten sind (siehe auch Tour 8). In dem ehemaligen Feuerleitturm im Esterházypark befindet sich heute das **Haus des Meeres**. Zu dessen Attraktionen zählen der 10 Meter lange Atlantik-Tunnel sowie Aquarien mit Hammerhaien, Rochen und Muränen. Im Aqua Terra Zoo ist aber nicht nur Meeresfauna vertreten: In Bereichen wie Amazonas-Dschungel, Australien-Erlebniswelt oder Tropenhaus sind auch Vögel, Reptilien, Insekten und Äffchen zu sehen. Im 10. Stock informiert die Ausstellung »Erinnern im Innern« über die Geschichte des Flakturms. Info: www.haus-des-meeres.at

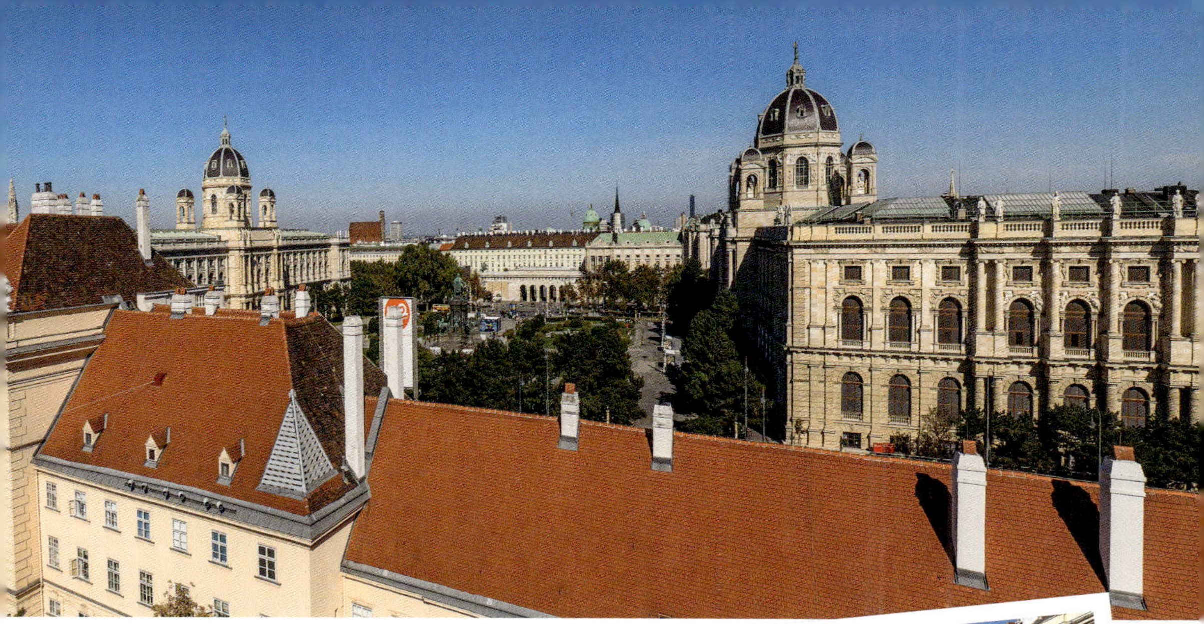

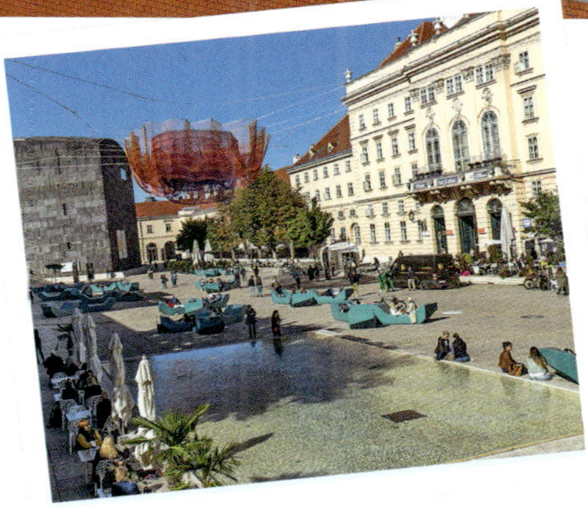

Am Fürstenhof vor dem Leopold Museum

Ganz oben: Vom Dach der MQ Libelle überblickt man die Museen.

Linke Seite: Oberer Eingang zum Raimundhof

Ausblick von MQ Libelle Nun halten wir uns links und überschreiten die Fahrbahn zum Haus Nr. 2, wo sich die Literaturpassage des **Museumsquartiers** befindet. Durch zwei kleine Höfe hindurch kommen wir durch die Sternenpassage in den großen Fürstenhof. Die Pferdeköpfe über der Passage weisen auf die ehemalige Nutzung der Barockgebäude als Hofstallungen hin. Schräg links erblicken wir nun die beiden Außenlifte zur **MQ Libelle** am Dach des **Leopold Museums**. Die kostenlose Auffahrt zur Aussichtsterrasse mit ihren Lichtringen bietet schöne Ausblicke über den Fürstenhof hinweg in Richtung der Museen und zum Kahlenberg.

Vom MQ zum Museumsplatz Danach wenden wir uns zur Mitte des Platzes und folgen dem Hinweisschild »MQ-Point« durch den Durchgang. Am Museumsplatz benutzen wir den Schutzweg hinüber zum Barockgarten am **Maria-Theresien-Platz**, zwischen dem **Kunsthistorischen Museum** rechts und dem **Naturhistorischen Museum** links. Am besten umrunden wir das imposante Maria-Theresien-Monument, gehen dann ein paar Schritte zurück und besuchen rechts den Tritonen- und Najadenbrunnen. Danach verlassen wir den Platz über den nordwestlichen Ausgang am Museumsplatz und wenden uns dann rechts zur Burggasse. Um die Ecke finden wir den Abgang der U3-Station Volkstheater.

6 Vom Karlsplatz zum Naschmarkt

Im Bann der Karlskirche

Leicht | 1,6 km | 10 Hm | 1.00 Std.

Tourencharakter
Ausschließlich Asphaltwege

Ausgangspunkt
U-Bahn-Station Karlsplatz, (Linie U4, U1). GPS: 48.19996, 16.37044

Endpunkt
U-Bahn-Station Kettenbrückengasse (Linie U4)

VOR
Man kann die Tour an der Haltestelle Karlsplatz (U1, U4) unterbrechen.

Einkehr
Café-Restaurant Resselpark, diverse Imbisstände und Restaurants am Naschmarkt

Info
Karlskirche: www.karlskirche.at; Öffnungszeiten (Panoramaterrasse, Kuppelfresko-Panoramalift): Mo.–Sa. 9:00 bis 18:00 Uhr, So./Fei. 12:00 bis19:00 Uhr. Öffnungszeiten Naschmarkt: Mo.–Fr. 6:00 bis max. 21:00 Uhr, Sa. 6:00 bis max. 18:00 Uhr, Gastronomie Mo.–Sa. bis 23:00 Uhr

Der Resselpark steht ganz im Zeichen der Karlskirche, eine der beeindruckendsten Wiener Kirchen, deren Bau wir der Pestepidemie des Jahres 1713 verdanken. Bis an den Karlsplatz reichte früher auch der Vorgängermarkt des heutigen Wiener Naschmarktes.

Durch den Resselpark Vom Ausgang Resselpark streben wir nun der Karlskirche entgegen. An Gräser- und Staudeninseln vorbei, kommen wir durch den **Resselpark** zum Teich mit einer Skulptur von Henry Moore. Wer den Resselpark von oben – und überhaupt Wiens bedeutendsten barocken Sakralbau mit seiner imposanten Kuppel – sehen will, dem sei die kostenpflichtige Besichtigung der **Karlskirche** angeraten. Dazu nehmen wir den Seiteneingang am rechten Campanile. Danach visieren wir die Trinkwassersäule zwischen TU-Hauptgebäude und dem Spielplatz an und spazieren dann zum **Denkmal von Joseph Ressel**, dem Erfinder der Schiffsschraube. Schräg links dahinter öffnet sich ein Pfad durch die elliptische Grünfläche mit einem **Denkmal von Josef Madersperger**, dem Erfinder der Nähmaschine. Dahinter überqueren wir eine Skatestrecke und kommen zum **Tilgner-Brunnen** und dem Café-Restaurant Resselpark. Nach wenigen Schritten erreichen wir die Wiedner Hauptstraße und wechseln über den Schutzweg die Straßenseite.

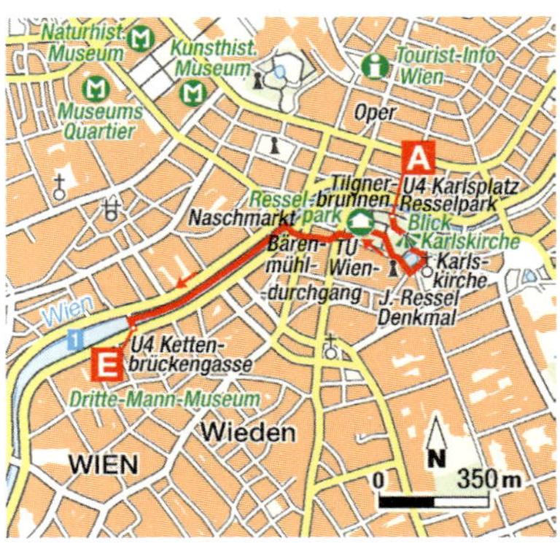

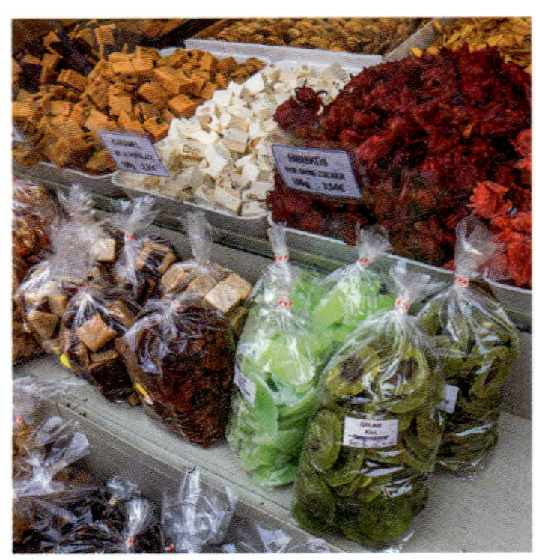

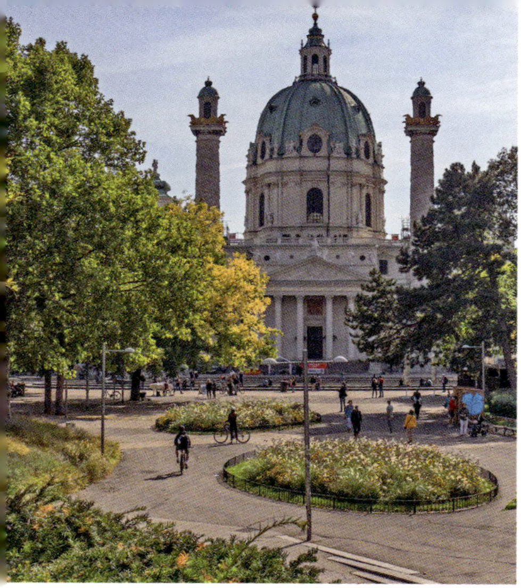

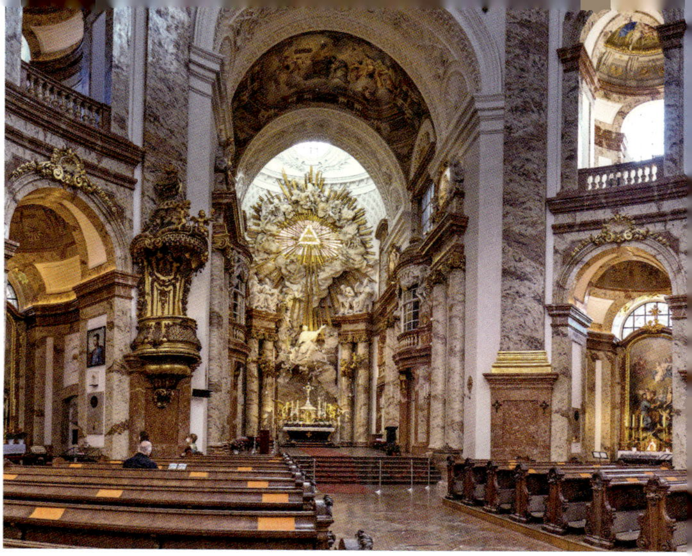

Durchgänge zum Naschmarkt Nun wenden wir uns links und biegen am Durchgang unter der Technischen Universität zwischen den Pfeilern nach rechts. Vorbei an der Universitätsbibliothek überqueren wir die Operngasse zum **Bärenmühldurchgang**. Dieser mündet in die stark befahrene Rechte Wienzeile. Gegenüber befindet sich der Beginn des Naschmarktes mit über 120 Ständen als größter und beliebtester Markt Wiens. Während wir die Rechte Wienzeile überqueren, fällt unser Blick auf die gegenüberliegende, vergoldete Jugendstil-Kuppel der **Secession**, einem Ausstellungsgebäude zeitgenössischer Kunst.

Die prächtige Karlskirche von innen (oben) und vom Resselpark aus gesehen (links)

Linke Seite und unten: Am Naschmarkt

Die Orientierung am **Naschmarkt** ist denkbar einfach: Ich empfehle die Gangreihe zwischen »Rinderwahn am Markt« und dem »Nordsee«, wo wir Fisch, Fleisch, Obst und Gemüse, Käse, Tees, Seifen und natürlich Süßigkeiten, wie in Zucker eingelegte Früchte, finden. Im rechten Nebengang sind hauptsächlich Fastfood-Lokale und kleine Restaurants internationaler Provenienz untergebracht. Am Ende gelangt man zum **Marktamt** und zur gegenüberliegenden U4-Bahnstation **Kettenbrückengasse**. Samstags könnte man am dort beginnenden Flohmarkt fortsetzen.

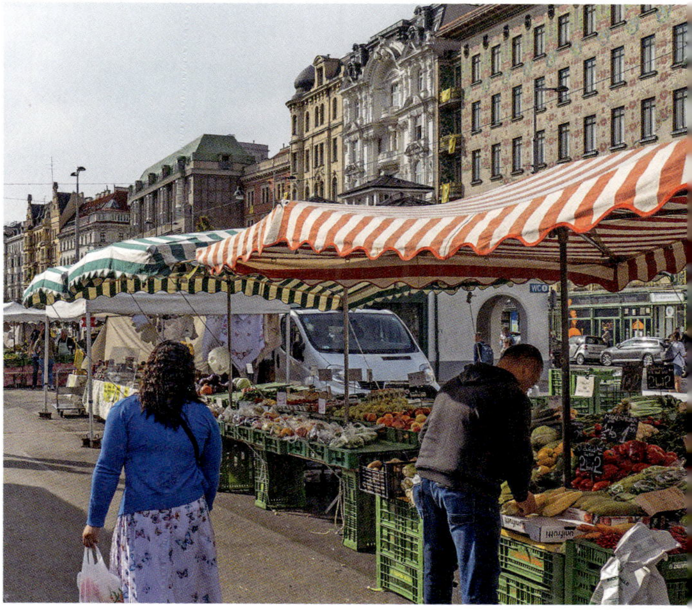

7 Vom Botanischen Garten zum Belvederegarten

Eine botanische Exkursion

Leicht | 3,7 km | 40 Hm | 1.30 Std.

Tourencharakter
Asphalt- und großteils Kieswege

Ausgangspunkt
S-Bahn-Station Rennweg (S1–S4, S7). GPS: 48.19502, 16.38610

Endpunkt
Tram-Haltestelle Am Heumarkt (Linie 71)

VOR
Man kann die Tour an folgenden Haltestellen unterbrechen: Landstraßer Gürtel/Quartier Belvedere (S-Bahn), Unteres Belvedere (Linie 71).

Einkehr
Schlosscafé Oberes Belvedere, Salm Bräu

Info
Botanischer Garten: https://botanischergarten.univie.ac.at, vom 24. Dez. bis 6. Jan. geschlossen; Belvedere- und Alpengarten: www.bundesgaerten.at/belvederegarten. In den Bundesgärten und im Botanischen Garten gilt Hunde- und Radfahrverbot. Der Hochstrahlbrunnen am Schwarzenbergplatz ist vom 22. März bis zum Nationalfeiertag am 26. Okt. in Betrieb, von 20:00 bis 24:00 Uhr Lichtspiele.

Zwei der schönsten Gärten Wiens verdanken wir Prinz Eugen von Savoyen und Maria Theresia. Der siegreiche Held gegen die Osmanen ließ 1700 den barocken Schlossgarten am Belvedere anlegen, die Habsburgerin gründete den Botanischen Garten im Jahr 1754.

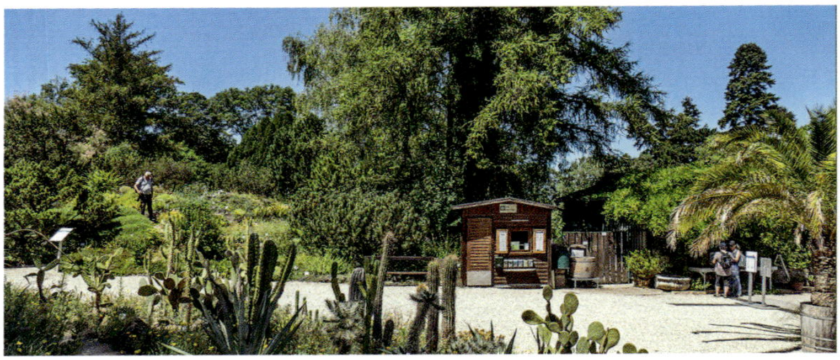

Im Botanischen Garten mit Kakteen und Alpinum

Durch den Botanischen Garten Wir verlassen die Passage durch den Ausgang **Rennweg** und wenden uns am runden Gebäude des Chilai Restaurants rechts vorbei. Über den Rennweg wechseln wir beim nächsten Schutzweg auf die andere Straßenseite und folgen an der Praetoriusgasse dem Wegweiser »Botanischer Garten« nach links. Hier gehen wir zum **Haupteingang des Botanischen Gartens** der Universität Wien. Auf 80.000 m² sind hier rund 11.000 Pflanzenarten aus sechs Kontinenten untergebracht. Gleich neben dem **Kalthaus** wird man im Sommer von den Blüten auf monströsem Schaft der exotischen Speerblume begrüßt. Gegenüber dem **Portierhäuschen** wenden wir uns nach links, wo wir in verschiedenen Glasvitrinen fleischfressende Pflanzen, lebende Steine und ein Victoriabecken mit Riesenseerosen besichtigen können. Dann kehren wir um, durchqueren den Bereich Kakteen und Sukkulenten über kleine Nebenwege und wenden uns dem **Alpinum** zu, das über mehreren Hügeln verteilt rund 800 Pflanzenarten aus den europäischen und asiatischen Gebirgen beherbergt.

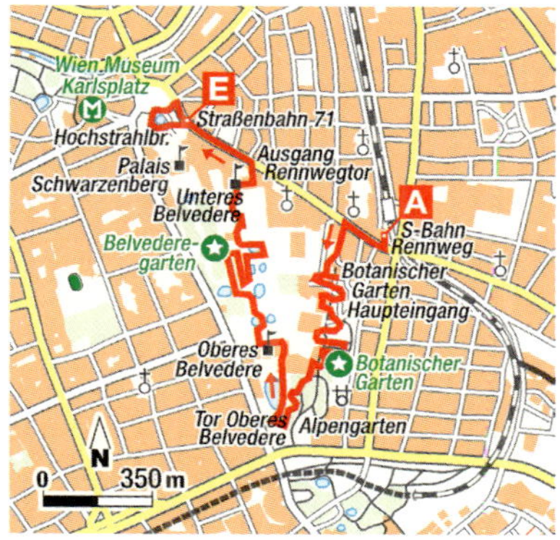

Zurück am Hauptweg biegen wir nach wenigen Metern in südlicher Richtung nach links ein und umrunden die Gruppe 4 der »systematischen Gruppe«, wobei wir an einer großen, bizarren Schwarzpappel und an einer Platane vorüber kommen und am Ende wieder zur Hauptallee in der Nähe des WCs zurückkehren. Kurz an der Trennmauer zum Belvedere entlang, schwenken wir erneut nach links, dann diagonal zu einem **Wasserbecken** mit Lotusblumen. Von dort am Rande der Gruppen 18, 17 und 16 wieder zurück zum Hauptweg. Gegenüber dem Reitertor wenden wir uns erneut zur Ostseite des Gartens mit Liliengewächsen und einem schönen Blick auf das Obere Belvedere. Unmittelbar vor dem **Bambushain**, der seit dem Jahr 1893 hier gedeiht, nehmen wir den südlichen Weg zur Gruppe 23, der uns direkt zu einem Mammutbaum bringt. Der Landschaftscharakter in der Nadelgehölzgruppe ähnelt fast dem Gebirge! Dahinter gelangt man links vom Hauptweg zur **pannonischen Gruppe** und damit zum kleinsten Weinberg Wiens, dahinter zu Trockenrasenpflanzen mit einem Teichrosenbecken. Hält man sich danach rechts, so gelangt man zum **Ausgang des Botanischen Gartens**. Links vom Ausgang befindet sich der sehenswerte, aber kostenpflichtige **Alpengarten** des Belvederes (seit 1865), der mit schmalen, gewundenen Pfaden auf Entdecker wartet. Der urige Garten geht auf Pflanzensammlungen von Erzherzog Johann zurück, die zunächst in Schönbrunn angepflanzt wurden. Heute darf man hier rund 4000 Pflanzenarten auf 2500 m² bewundern.

Im Belvederegarten Vom Ausgang nehmen wir den Weg nach rechts, der uns vor das Haupttor des Belvederes führt. Mit prächtigem Blick auf das **Obere Belvedere** (1721) gehen wir rechts am **Spiegelteich** entlang, bis wir auf der rechten Seite des Schlosses zwei Eisentore durchschreiten. Mit begeisterndem Panorama bis hin zum Stephansdom, Kahlenberg und Leopoldsberg begeben wir uns nun zur Mitte des Oberen Schlosses und Mittelachse des Parks, wo ein Weg zwischen Steinsphinxen hindurch nach Norden zum großen **Kaskadenbrunnen** führt. Erst wenn wir links daran vorbeigehen, sehen wir die fünf

Wissenswertes

Prinz Eugen von Savoyen wurde 1663 in Paris geboren. Als ihm Ludwig XIV. eine militärische Laufbahn verwehrte, kam er als 20-Jähriger nach Wien und kämpfte bei der Befreiung von der Zweiten Türkenbelagerung. Als Feldmarschall erwarb Prinz Eugen weitere ruhmreiche Siege gegen die Türken. Im 18. Jahrhundert kaufte er rund 15,5 Hektar Grund und ließ vom kaiserlichen Hofarchitekten Johann Lukas von Hildebrand das **Untere und Obere Belvedere** als barocken Sommersitz bauen. Parallel dazu entstanden während einer rund 25-jährigen Bauzeit die prächtigen Gartenanlagen. Das Obere Belvedere ist zudem bekannt für seine hochkarätige Kunstsammlung. Info: www.belvedere.at

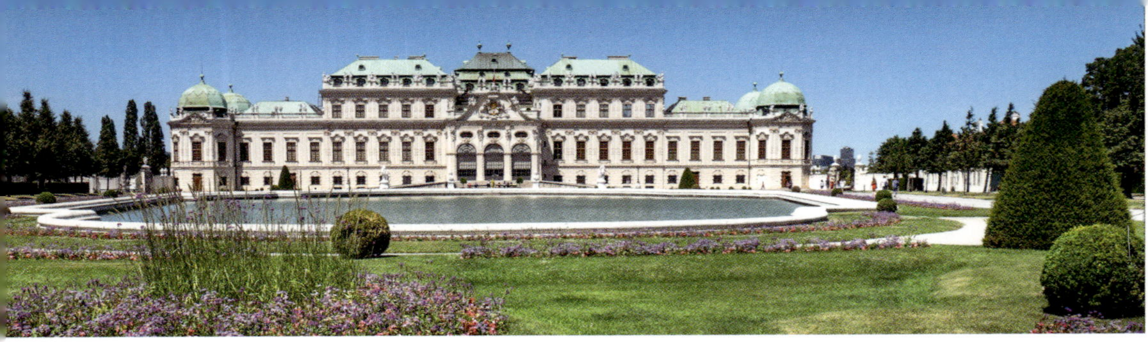

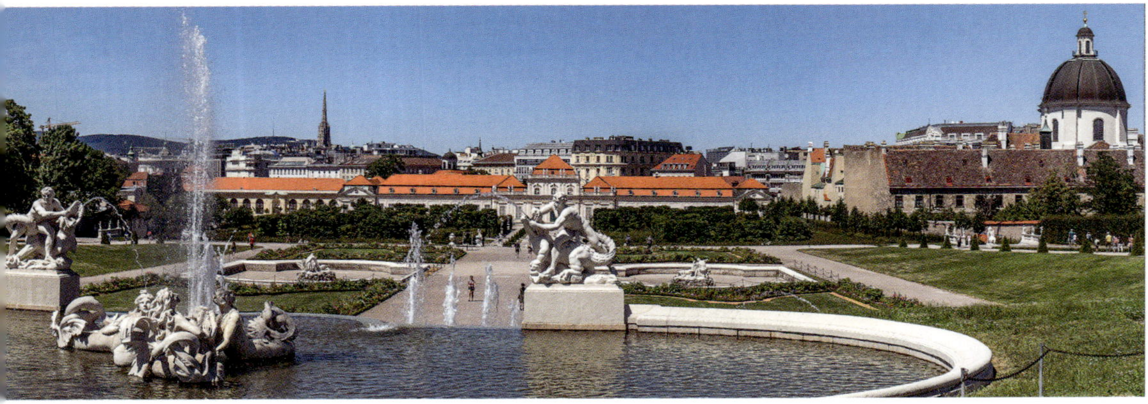

Belvedere-Brunnen mit Aussicht auf Unteres Belvedere, zum Stephansdom und Kahlenberg

Ganz oben: Oberes Belvedere

Kaskaden des Monumentalbrunnens. Dann kehren wir um und folgen dem Weg an den Fuß des Brunnens. Von der Mittelachse des Belvederegartens spazieren wir wieder nordwärts zum monumentalen **Muschelbrunnen**. Diesmal wenden wir uns an der rechten Seite zum Fuß des Unteren Brunnens. In der Folge weichen wir in die diagonal verlaufenden Wege aus, ehe wir uns vor dem **Unteren Belvedere** zur rechten Seite begeben und den Park durch das **Rennweg-Tor** verlassen.

Zum Hochstrahlbrunnen Für Stärkung eignet sich die Brauereigaststätte **Salm Bräu**, die gleich rechts ums Eck am Rennweg liegt. Die rustikalen Keller des ehemaligen Wirtschaftstraktes des Klosters der Salesianerinnen spenden ein würdiges Ambiente. Schließlich begeben wir uns hinunter in Richtung **Schwarzenbergplatz** zum **Hochstrahlbrunnen**. Dort umrunden wir den anlässlich der Ersten Wiener Hochquellwasserleitung eröffneten Brunnen mit seiner 25 Meter hohen Wasserfontäne, der 1906 in einen Leuchtbrunnen umgestaltet wurde. Dahinter erinnert das russische Heldendenkmal für die Befreiungsschlacht 1945 um Wien an die Gefallenen der Roten Armee. Abschließend gehen wir zum seitlichen Goldenen Trinkbrunnen und schließen die Tour an der nahen Straßenbahnstation der Linie 71.

Vom Augarten zur Rossau

Sängerknaben, Porzellan und Flaktürme

8

Als ältester Barockgarten Wiens punktet der Augarten ebenso als beliebtes Naherholungsgebiet und mit den zwei Flaktürmen aus dem Zweiten Weltkrieg. Das Palais Augarten ist als Heimstätte der Wiener Sängerknaben allerdings nicht öffentlich zugänglich.

Leicht	3,2 km	10 Hm	1.00 Std.

Tourencharakter
Asphalt- und Kieswege

Ausgangspunkt
U-Bahn-Station Taborstraße (Linie U2). GPS: 48.21930, 16.38025

Endpunkt
U-Bahn-Station Rossauer Lände (Linie U4)

VOR
Man kann die Tour an der Haltestelle Gaußplatz (Straßenbahn-Linie 31, Bus-Linien 5A, 5B) unterbrechen.

Einkehr
Sperling im Augarten, Die Schankwirtschaft im Augarten

Info
Augarten: www.bundesgaerten.at/augarten.
Im Park gilt Leinenpflicht für Hunde.

Durch den Augarten Wir verlassen die U-Bahn-Station **Taborstraße** über den Ausgang »Augarten« nach Nordwesten, überqueren eine kleine Gasse, dann die Obere Augartenstraße gemäß dem Wegweiser »TBA21-Augarten«. Hier am Augartenspitz befindet sich **»Das MuTh«**, der Konzertsaal der berühmten Wiener Sängerknaben, deren Heimstätte jedoch im weit hinten liegenden Palais Augarten für die Öffentlichkeit nicht zugänglich ist. Nach dem **Filmarchiv Austria** säumen 120 Beete des Projektes Urban Gardening die Augartenmauer, ehe wir rechts den **Haupteingang zum Augarten** (Wegweiser »Augarten Porzellan Manufaktur Museum«) erreichen. Während man zum Porzellanmuseum vom Portal weiter geradeaus gehen müsste, wenden wir uns immer links haltend zu einem weiteren Eingangstor in den eigentlichen Augartenpark.

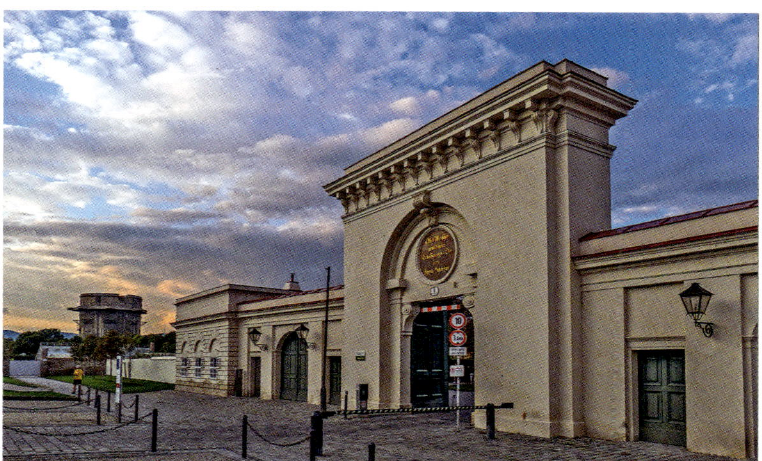

Haupteingang des Augartens

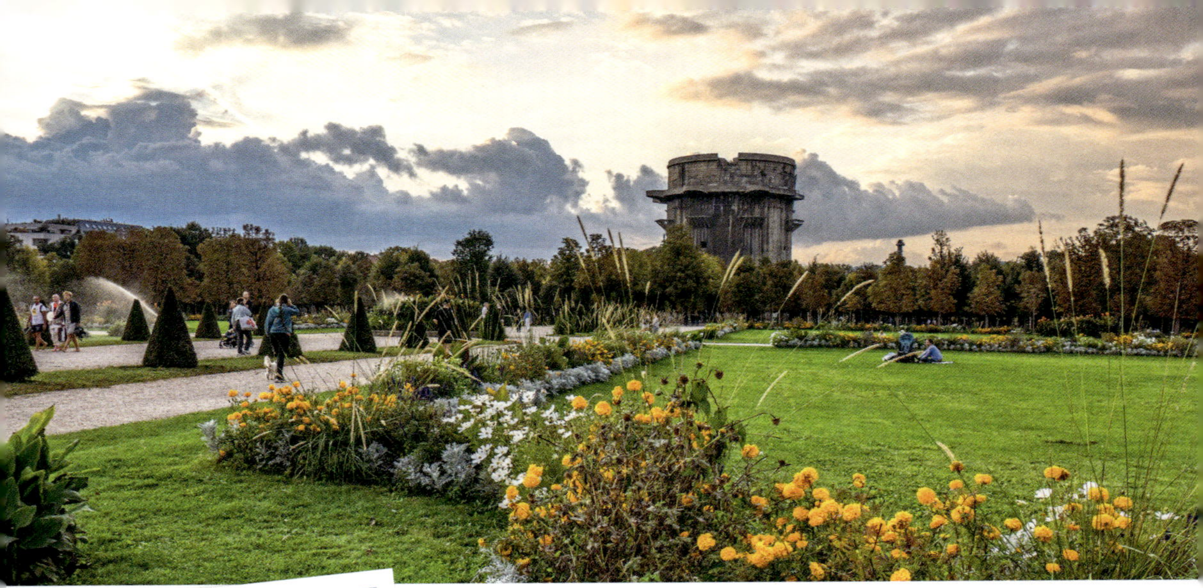

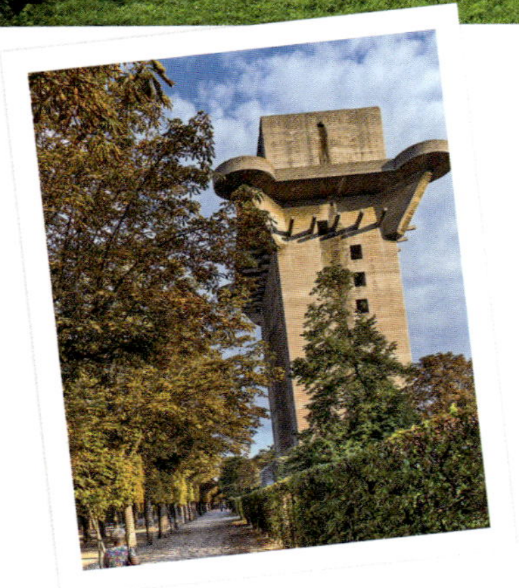

Dort halten wir uns sogleich rechts an der Schlossmauer entlang bis zur Mittelachse der Blumenwiese und gehen dann links zwischen kegelförmigen Bäumchen auf den 55 Meter hohen **Flakturm** aus dem Zweiten Weltkrieg zu. Am Ende der Beete biegen wir nach rechts ein und folgen der Allee geradeaus weiter. Vorbei am **Großen Waldspielplatz** kommen wir zu einem größeren Platz als Kreuzungspunkt mehrerer Wege. Dort setzen wir am Weg links von der geradeaus verlaufenden Allee fort, bis wir die den Park begrenzende, querende Wasserallee erreichen. Links erhebt sich der **Leitturm**, der dem runden Gefechtsturm zur Übermittlung der Luftzieldaten diente. Etwa 45 Meter, bevor wir zum Ausgang in der Parkmauer an der Wasnergasse hinaufgelangen, schwenken wir nach links in die Quer-Lindenallee mit dem runden Gefechtsturm im Blickfeld. Rechts hinter einer Hecke befindet sich das Kinderfreibad, während links Sportplätze liegen, die von den nahen Schulen genutzt werden. Nach einem Spielplatz auf der rechten Seite und dem **Sportplatz Jahnwiese** erreichen wir den Rundweg um den runden Flakturm, den wir im Uhrzeigersinn zur Kastanienallee folgen, die zwei Wiesen teilt. Die Quer-Kastanienallee bringt uns zur südwestlichen Parkseite an der Oberen Augartenstraße zurück, wo es eine Toilette und die Schankwirtschaft mit kleinem Gastgarten gibt. Von dort folgen wir der Oberen Lindenallee rechts nach Nordwesten zum westseitigen **Parkausgang** an der **Wasnergasse**.

Augarten mit Leitturm

Ganz oben: Flakturm mit Blumenbeeten

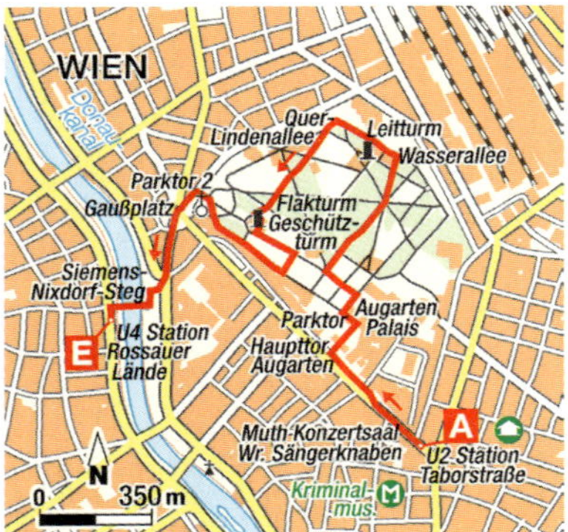

Zum Donaukanal Vom Tor gehen wir links weiter zum Gaußplatz und überschreiten über Schutzwege die beiden Richtungsfahrbahnen der Oberen Augartenstraße. Der Oberen Donaustraße folgen wir nach Süden, bis wir zur Ampel und dem Schutzweg über die **Brigittenauer Lände** kommen. Am Promenadenweg neben den Grünflächen am Donaukanal wandern wir über eine Rampe hoch zum **Siemens-Nixdorf-Steg**, der interessante Ausblicke bis hin zur Rossauer Kaserne und dem Ringturm bietet. Im Rückblick grüßt der Augarten-Gefechtsturm. Am Ende der Brücke wenden wir uns links zur U-Bahn-Station **Rossauer Lände**.

Varianten

Wer die Streckenwanderung noch verlängern will, der kann zum Beispiel von der Rampe am linken Donaukanalufer weiterwandern. In diesem Fall kommen wir zu einem Rosarium, das sich zwar nicht mit dem Rosengarten des Volksgartens messen kann, aber immerhin im grünen Randbereich der hier dicht verbauten Bezirke liegt. Gegenüber der Rossauer Kaserne öffnen sich schließlich schöne Ausblicke zum wehrhaft wirkenden Backsteingebäude aus dem Jahr 1869. Beenden kann man die Runde entweder über die Rossauer Brücke und die Summer Stage zur U-Bahn-Station Rossauer Lände oder in Richtung Schottenring oder Schwedenplatz.

Eine weitere Möglichkeit, um die Tour zu verlängern, wäre eine Kombination mit Tour Nr. 4: Geradeaus durch die Seegasse gibt es kaum Grünflächen, aber teils schöne Hausfassaden zu bewundern. Vom Schanigarten »Zum Hannes« kommen wir zum Pensionistenheim »Haus Rossau«. Kaum jemand würde vermuten, dass sich hier im Hof der älteste jüdische Friedhof Wiens befindet – mit Grabsteinen aus der Mitte des 16. Jahrhunderts. Einlass zur Besichtigung wird vom Portier problemlos gewährt. Die Seegasse mündet schließlich in die Porzellangasse, die wiederum mit schönen Häuserfassaden zu glänzen vermag. Dort wenden wir uns rechts. Auf der gegenüberliegenden Seite befindet sich auf Nr. 52 der Standort der vormaligen Wiener Porzellanmanufaktur zwischen 1744 und 1864, bevor diese 1923 im Augarten wieder den Betrieb aufnahm. Am Julius-Tandler-Platz erreichen wir schließlich den Start zur Tour Nr. 4 (Straßenbahnhaltestelle Franz-Josefs-Bahnhof).

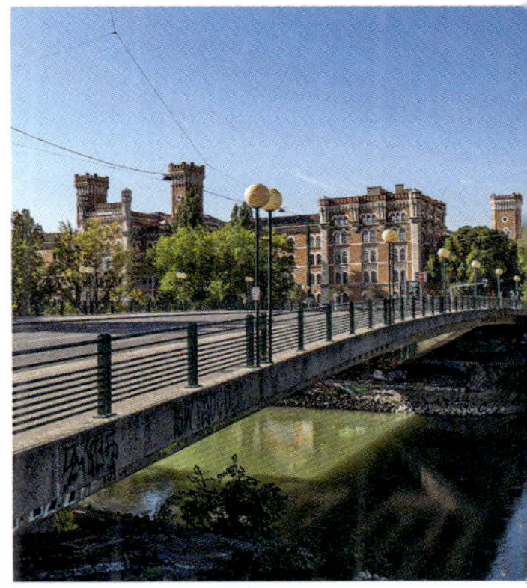

Variante über die Rossauer Brücke

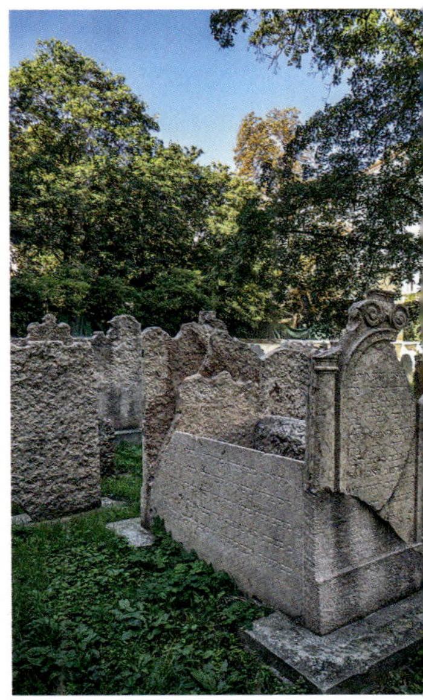

Ganz unten: Variante über den Jüdischen Friedhof

9 In den Praterauen

Vom Riesenrad zum Heustadelwasser

Leicht | 5,6 km | 20 Hm | 2.00 Std.

Tourencharakter
Asphalt- und Erdwege

Ausgangs-/Endpunkt
S-/U-Bahn-Station Praterstern (S-Bahn, Linie U1/U2). GPS: 48.21837, 16.39290

VOR
Man kann die Tour an folgenden Haltestellen unterbrechen: Station Stadion (Liliputbahn), Bushaltestelle Stadionbad (Linie 77A).

Einkehr
Eisvogel Eissalon, Schweizerhaus, Kolariks Luftburg, Feuerdorf, diverse weitere Möglichkeiten im Volksprater

Info
www.praterwien.com; Hauptsaison im Wiener Prater ist von Mitte März bis Mitte/Ende Oktober von 10:00 bis 24:00 Uhr, zu diesen Zeiten ist auch die Liliputbahn zwischen 10:00 und 17:00/20:00 Uhr (je nach Jahreszeit) in Betrieb.

Bei dieser Tour durchqueren wir den Vergnügungspark Volksprater – auch Wurstelprater unter Wienern genannt – und erkunden danach die ehemalige Aulandschaft, die schon den Habsburger Monarchen als bevorzugtes Jagdrevier diente.

Durch den Wurstelprater Von der S-Bahn- bzw. von der U-Bahn-Station benutzen wir den Ausgang »Prater«. Außerhalb des Bahnhofs **Praterstern** gibt uns das Riesenrad die Richtung vor. Am Ende des Schutzweges wirbt ein Wagon des Riesenrades in erhöhter Position um Besucher. Am Rande der **Kaiserwiese** kommen wir nun zum Eingangsportal des **Wurstelpraters.** Dahinter öffnet sich der **Riesenradplatz** mit Madame Tussaud's Wachsfigurenkabinett zur Linken und einem Eissalon zur Rechten. Wir überqueren den Platz zum **Chocolate Museum** hin und setzen in der Straße des Ersten Mai fort. Am **Rendezvousplatzl** verzweigen sich die Straßen. Hier wenden wir uns links dem Kratky-Baschik-Weg zu und gehen zwischen der Wildalpenbahn und dem Extasy Rotationsfahrgeschäft hindurch. Das Geisterschloss rechts zählt mit bald 90 Jahren zu den weltweit ältesten Geister-

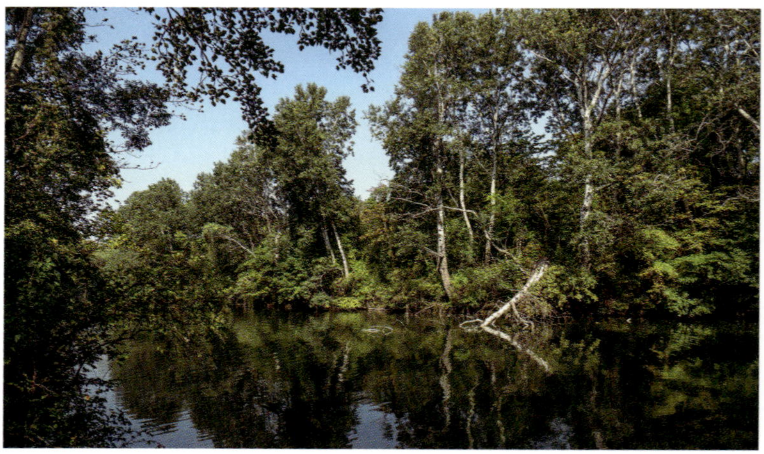

Am Oberen Heustadlwasser

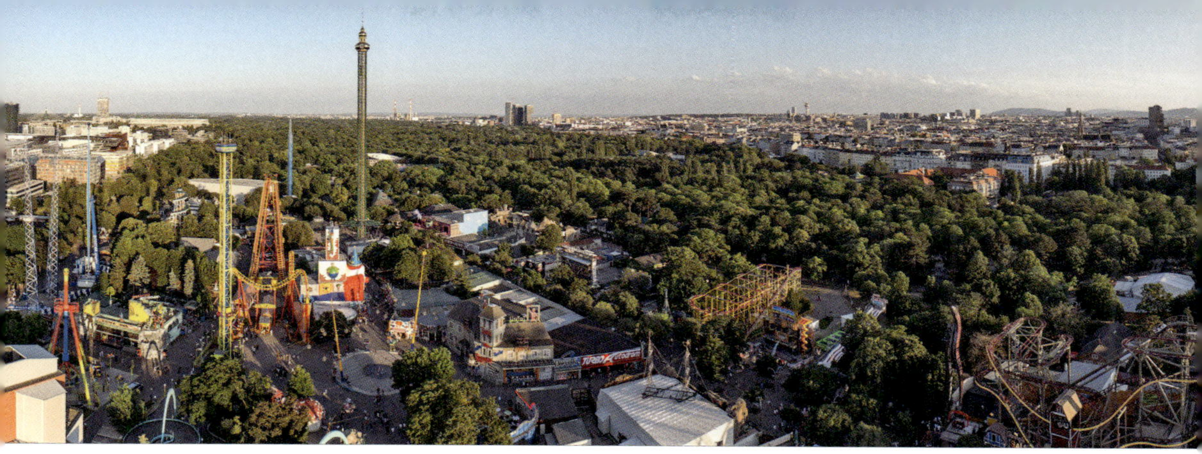

Panorama vom Wiener Freifallturm

bahnen. Bei den zwei Riesenfiguren erreichen wir den **Calafatiplatz**. Links befindet sich die Achterbahn Volare, gleich neben dem **Blumenrad**. Hier biegen wir nach rechts ein, wo Fahrgeschäfte der Vertikalen dominieren, wie der Praterturm und der 80 Meter hohen Freifallturm. Diesem gegenüber liegt eine neuartige Virtual-Reality-Geisterbahn auf der rechten Seite. Wir aber gehen geradeaus weiter und können uns am **Rondeau-Platz** an lustigen Figuren amüsieren, an der Boomerang-Achterbahn Loopings drehen, oder uns am Space Shot oder Ejection Seat in luftige Höhen schießen lassen. Vorbei am Spectacolo Clown und am Biergarten des **Restaurants zum Englischen Reiter** kommen wir zum **Praterturm**, dem mit 117 Meter höchsten Karussell Österreichs. Dahinter quert die Straße des Ersten Mai, der wir links zum altehrwürdigen **Schweizerhaus** folgen – bekannt für seine Stelzen und das Budweiser Bier. An der Gaststätte herum kommen wir zum »Gassenverkauf« und zum Eduard-Lang-Weg, wo Kolariks Luftburg ins Blickfeld tritt.

Zum Heustadelwasser Hinter dem Schweizerhaus endet der Wurstelprater. Hier folgen wir dem Wegweiser »Stadtwanderweg 9«, der die Gleise der Liliputbahn quert und gerade zur **Prater-Hauptallee** hinüberzieht. Dort wenden wir uns neben der Zirkuswiese nach links bis zum **Konstantinteich** mit seinem Springbrunnen. Wir gehen am Teich entlang bis zum **Konstantinsteg**, der ältesten noch erhaltenen Brücke Wiens aus 1873. Dem Stadtwanderweg 9 weiter folgend, wenden wir uns gleich nach der Brücke wieder rechts. Bei den Steinen der künstlich angelegten

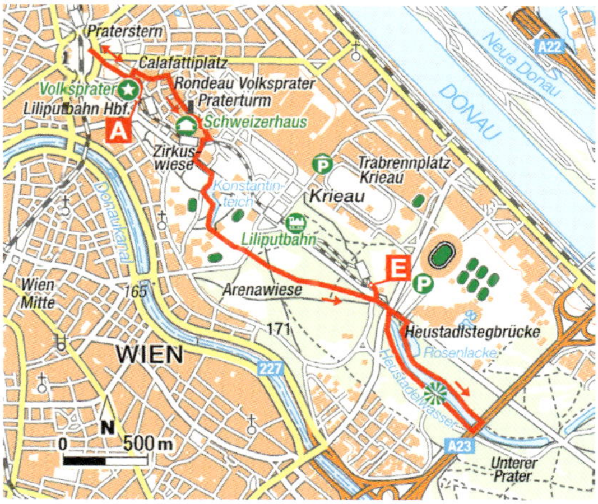

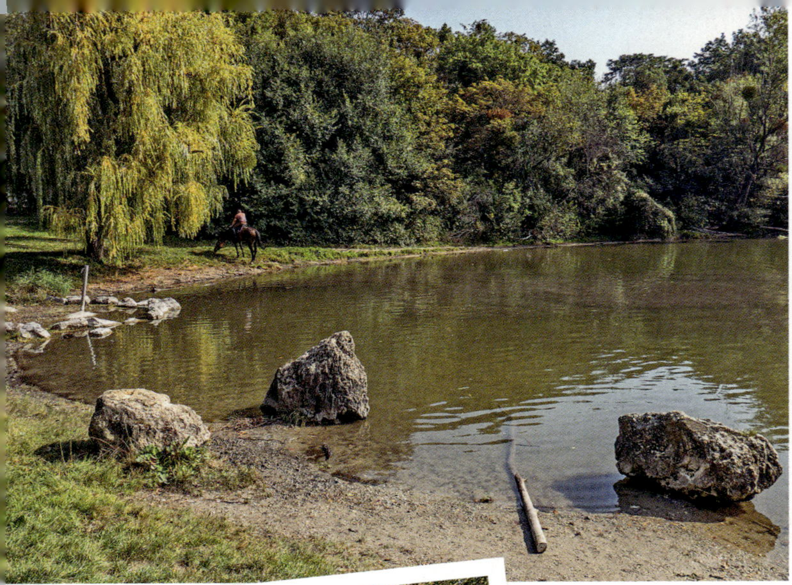

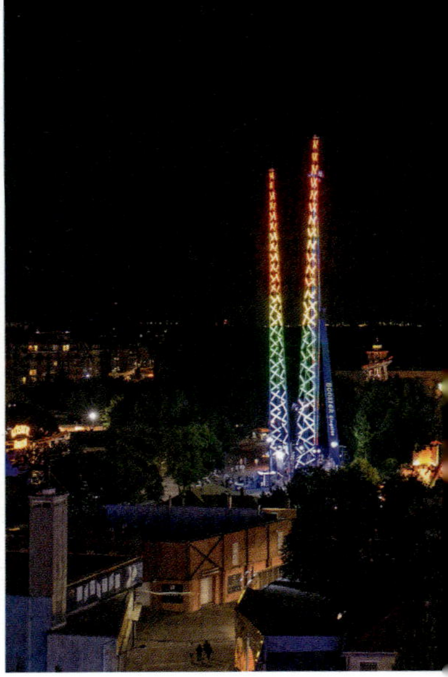

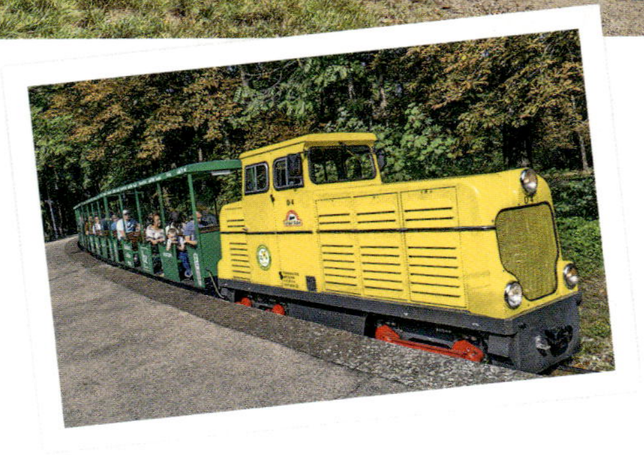

Zurück geht es mit der Liliputbahn.

Ganz oben: Idylle an der Rosenlacke

Quelle wandern wir halb links weiter, wo der Weg beidseitig von Sportplätzen flankiert wird. Danach queren wir die Schienentrasse der Linie 1 sowie die befahrene Rotundenallee. Gemeinsam mit dem Stadtwanderweg 9 queren wir lockere Baumbestände zwischen der **Arenawiese** und der **Jesuitenwiese**, doch sobald der markierte Weg auf einem kreuzenden Hauptweg nach rechts einbiegt, verlassen wir die markierte Route und folgen geradeaus dem schwach ausgeprägten Pfad. Im darauffolgenden **Hundepark** queren viele weitere unbezeichnete Wege. Bis zur Prater-Hauptallee behalten wir aber immer die östliche Richtung unseres Pfades bei. Schließlich gelangen wir zur querenden **Stadionallee**. Diese überqueren wir am Schutzweg, verbleiben aber noch etwa 160 Meter an der Prater-Hauptallee, bis wir rechts einen Weg zur schönen **Rosenlacke** sehen. Diesem folgen wir hinüber zu einer Brücke, die die Verbindung zum Oberen Heustadelwasser überspannt.

Retour mit der Liliputbahn Zunächst wandern wir neben dem ehemaligen Altarm der Donau entlang bis zur Querung der Prater-Hochstraße an der A23-Südost-Tangente. Über einen unterhalb führenden Brückensteg überqueren wir das **Obere Heustadelwasser** und umrunden es am gegenüberliegenden Westufer. So gelangen wir wieder zurück zur Prater-Hauptallee, überqueren an der Ampel die Stadionallee und dann die Hauptallee, wo wir neben dem Union Sportzentrum die **Station »Stadion«** der

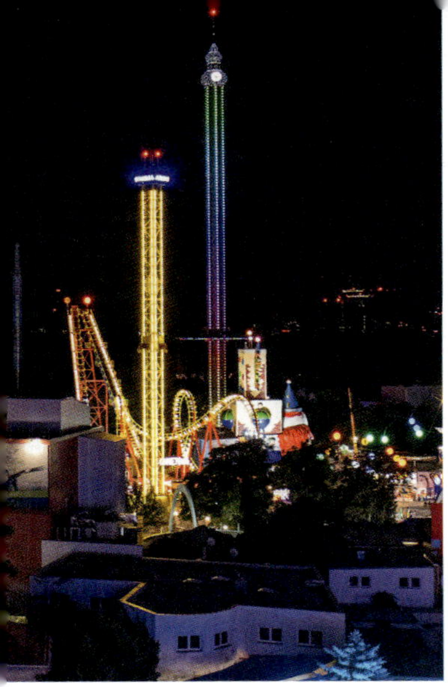

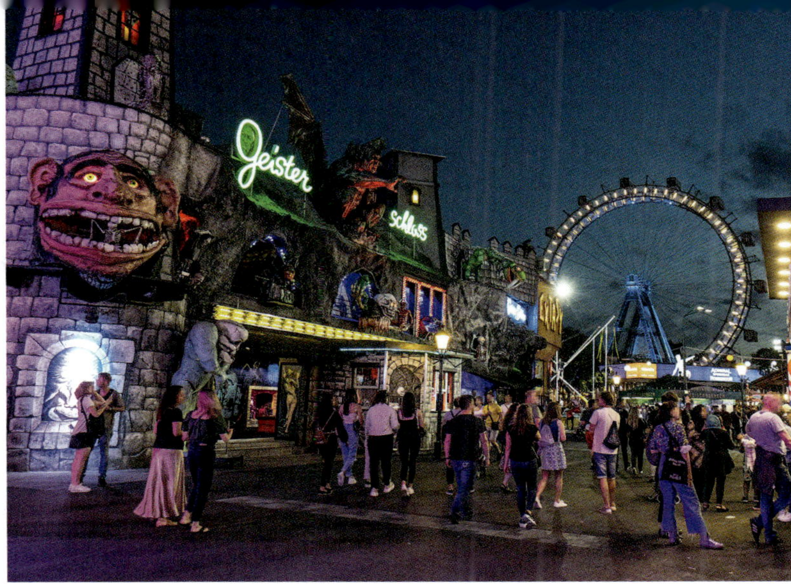

Liliputbahn erreichen. Mithilfe der Diesellok ersparen wir uns 1,9 Kilometer Rückweg bis zur **Station »Prater Hauptbahnhof«**. Gegenüber der Endstation lockt das Feuerdorf mit Gastgarten und buchbaren Grillhütten. Dann streben wir nordwärts, passieren die Super-8er Bahn, die größte im Prater, sowie den Wasserspaß Aquagaudi und halten nun links auf das rund 65 Meter hohe Riesenrad zu. Von dort kommen wir wieder zum **Riesenradplatz**. Der Rest des Rückweges ist vom Hinweg bekannt.

Nachtleben im Wurstelprater, überragt vom Riesenrad

Links: Blick vom Blumenrad Richtung Praterturm

Wissenswertes

In der frühen Neuzeit gründete Maximilian II. in den **Praterauen** ein riesiges umzäuntes Jagdgebiet, das jahrhundertelang den imperialen Herrschern vorbehalten bleiben sollte. Bis 1766 durften nur ausgewählte, hochgestellte Personen den Prater betreten und auch das nur im Nahbereich der Hauptallee. Joseph II. öffnete schließlich den Prater für alle Wiener Bevölkerungsschichten. Durch einen Wasserlauf der Donau getrennt, befand sich das Stadtgut, das dem Bürgerspital und somit der Stadt Wien gehörte, außerhalb des Praters. Auf diesem Areal entstanden um 1700 Wirtshäuser, Kegelbahnen, Schaukeln und Ringelspiele.

Um 1770 wurde die Erlaubnis erteilt, den Vergnügungspark in den Prater umzusiedeln. Die Pyrotechniker Johann Georg Stuwer und Peter Paul Girondolini konkurrierten auf der Jesuitenwiese mit ihren Feuerwerkskünsten. Im Vorfeld der Weltausstellung 1873 wurde der Prater reguliert und neugestaltet: Die Rotunde wurde als zentrales Bauwerk der Weltausstellung errichtet und mit deren Aushub der Konstantinhügel neben dem Konstantinteich aufgeschüttet. Von da an hieß der Wurstelprater offiziell **Volksprater**. 1897 wurde das rund 65 Meter hohe Riesenrad gebaut – bis heute ein Wahrzeichen Wiens.

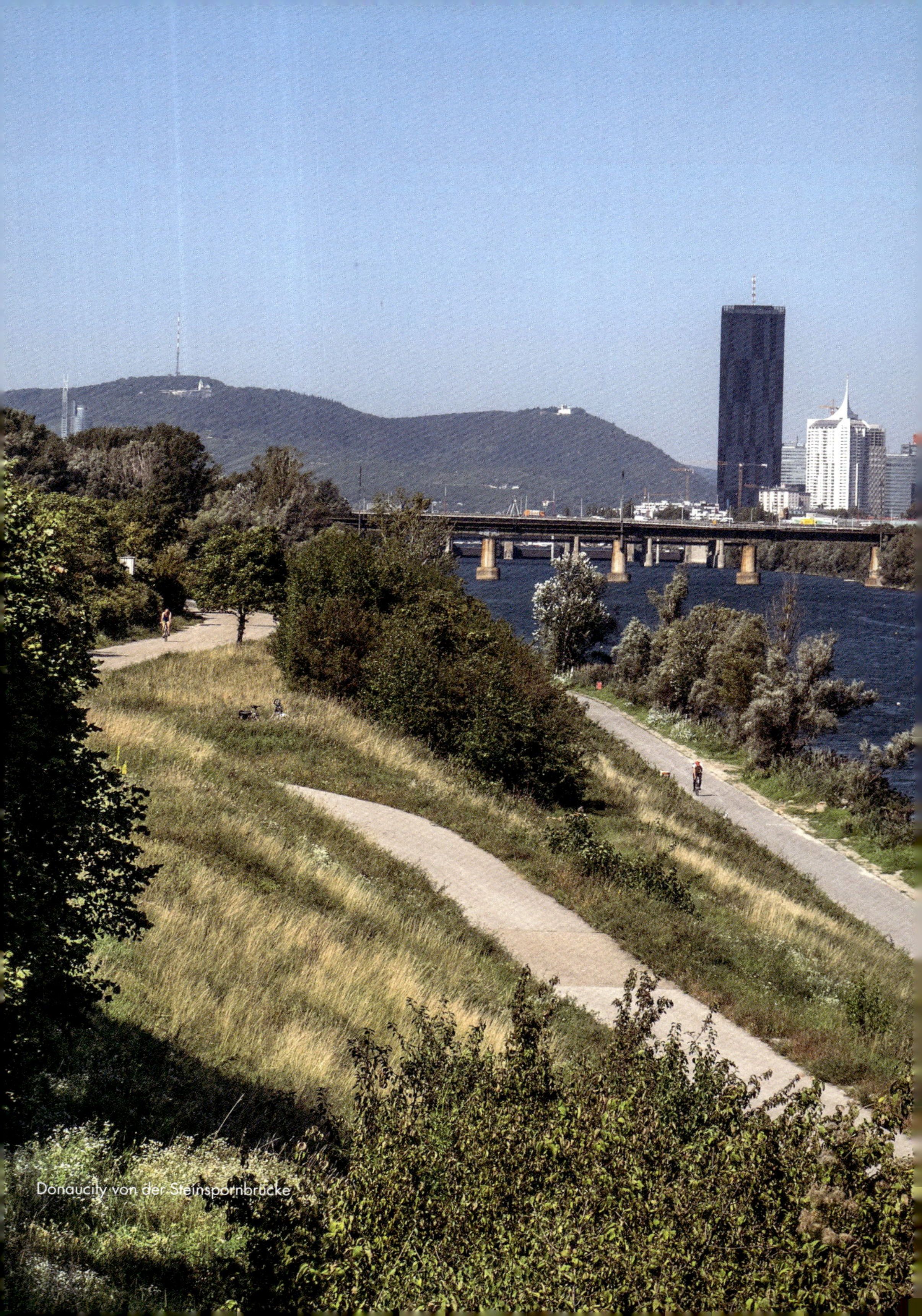

Donaucity von der Steinspornbrücke

Touren in Transdanubien

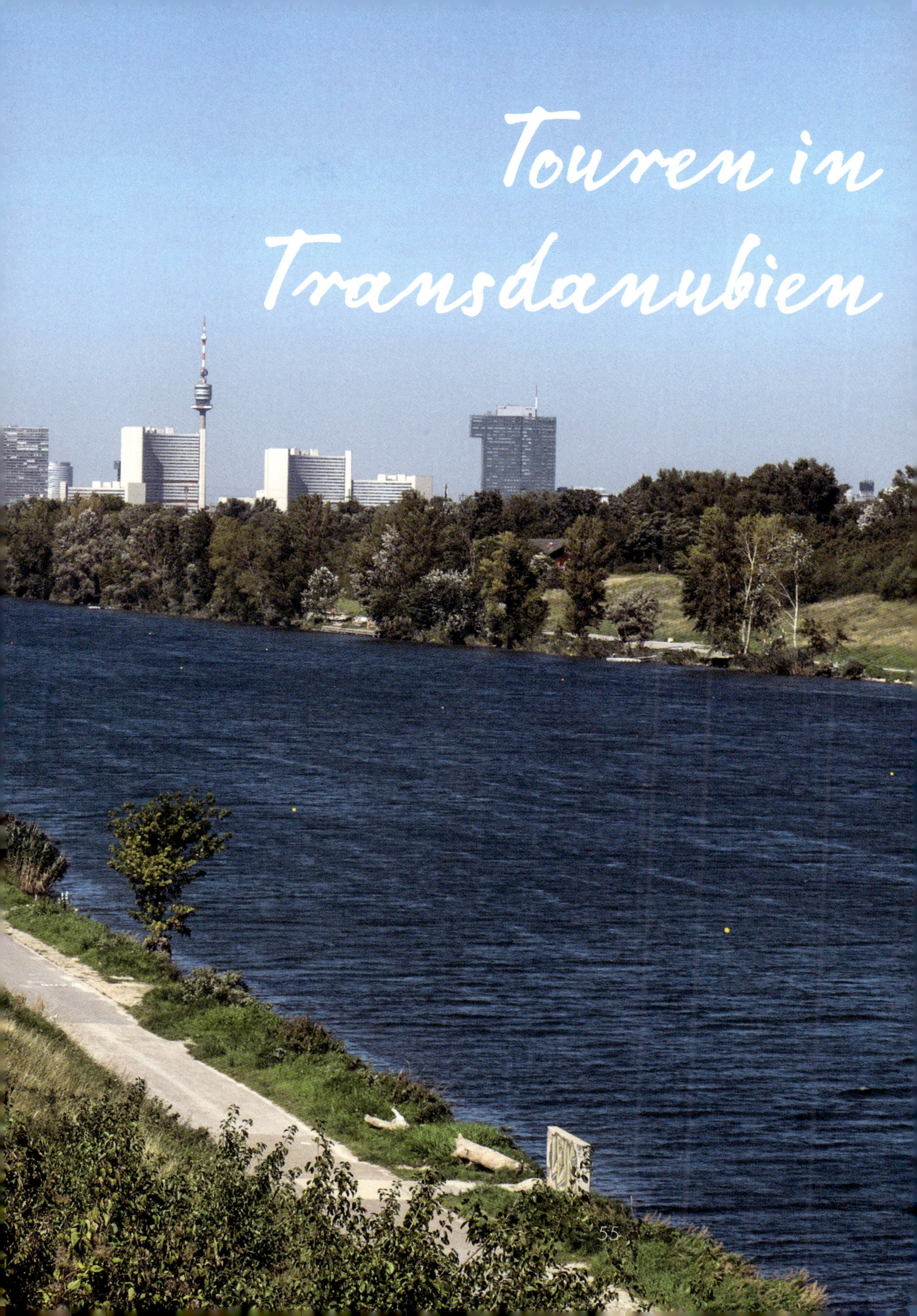

10 Südliche Donauinsel

Zum Naturschutzgebiet Toter Grund

Leicht	5,0 km	50 Hm	1.45 Std.

Tourencharakter
Asphalt- und Erdwege

Ausgangspunkt
Bushaltestelle Lobgrundstraße (Linie 92B). GPS: 48.17727, 16.49182

Endpunkt
Bushaltestelle Raffineriestraße/Biberhaufenweg (Linie 92B)

VOR
Keine Möglichkeit unterwegs

Einkehr
Roter Hiasl

Info
Donauinsel: www.wien.gv.at/umwelt/gewaesser. Die Walulisobrücke ist ab Anfang April bis Oktober geöffnet, bei Hochwasser gesperrt.

Als Freizeit-Mekka lockt die Donauinsel eher Tempo-, Grill- und FKK-Liebhaber als Wanderer in ihre am Reißbrett geplante Landschaft. Vom früheren Überschwemmungsgebiet der Donau blieb jedoch noch der Rest eines Altarmes erhalten: der Tote Grund.

Zum Kraftwerk Freudenau Über den Parkplatz hinauf zum Hubertusdamm (bereits FKK-Gebiet) erblicken wir die **Walulisobrücke**, eine auf Pontons schwimmende Brücke über die Neue Donau. Nach dem Wechsel auf das andere Ufer setzen wir die Richtung im Brückenverlauf fort, danach biegen wir zweimal nach rechts zum **Treppelweg** hin. Über eine Brücke, wo die FKK-Zone endet, kommen wir donauseitig zum **Kraftwerk Freudenau**, deren Dammkrone man über einen Treppenaufgang besteigen kann.

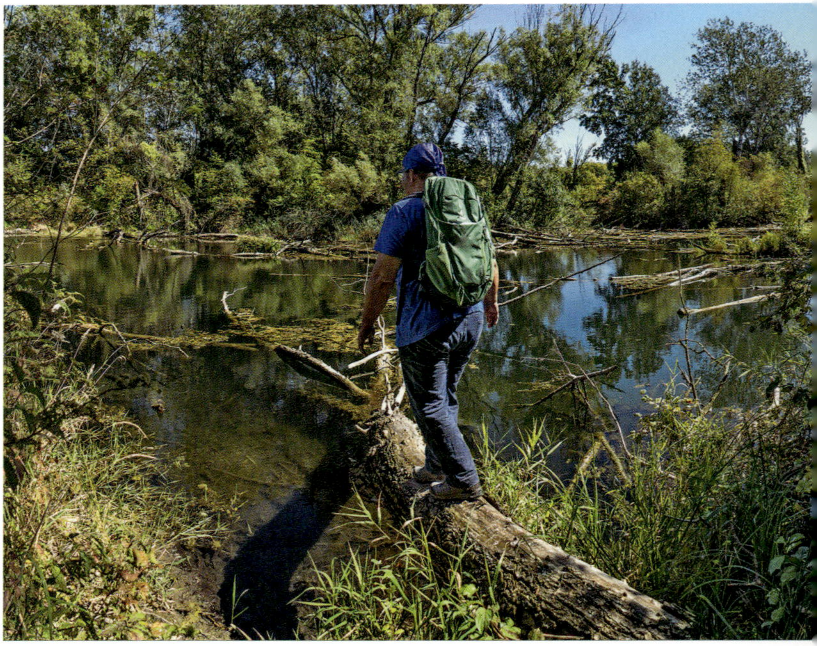

Wiener Wildnis: am Toten Grund

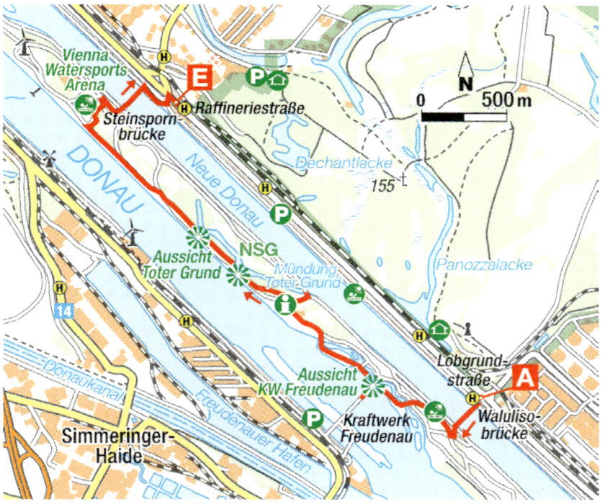

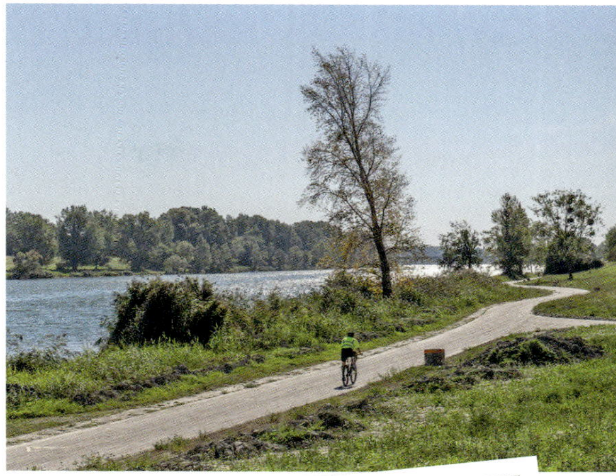

Am Toten Grund Über die Fahrradrampe verlassen wir das Kraftwerk und folgen geradeaus dem querenden Weg, der uns zu einer **Brücke** bringt, wo ein **Umgehungsbach** mit 30 Tümpeln zur Fischwanderhilfe ausgeleitet wird (Infotafel). Am **Jakobsweg** wandern wir bis zu Km 5,3 des Treppelweges. Unmittelbar davor mündet in spitzem Winkel ein Seitenweg rechts abwärts ein, über den wir einen Abstecher zur Holzbrücke am Mündungsgebiet des Toten Grundes in die Neue Donau unternehmen. Zurück bei der gelben **Infotafel »Toter Grund«** wählen wir den rechts abzweigenden Waldweg. Nach etwa 350 und 700 Metern zweigen rechts Pfade mit Ausblick über das Ufer des Altarmes ab. Schräg gegenüber, wo der Waldweg in den Jakobsweg mündet, weichen wir wegen der rasenden Radfahrer auf einen Nebenweg aus, der sowohl donauseitig und auch donauinselseitig am Wasser entlangführt.

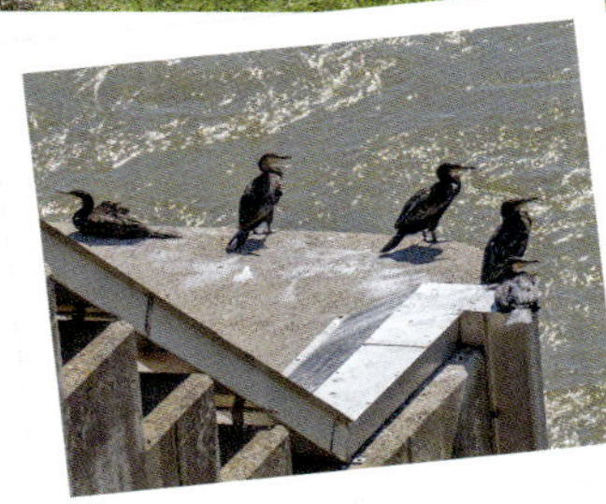

Kormorane am Kraftwerk Freudenau

Ganz oben: Radfahrer auf der Donauinsel

Über die Steinspornbrücke Am Ende des Pfades, wo wir den Radweg erreichen, wenden wir uns rechts neben der Einzäunung der **Vienna Watersports Arena** entlang, die von Athleten zur Wildwasserbefahrung genutzt werden kann. Danach wandern wir rechts die Rampe zur **Steinspornbrücke** hinauf und wechseln auf das Nordufer der Neuen Donau. Rechts am Hubertusdamm kommen wir zum **Alten Schiffsanker**. Ein paar Schritte zurück an der **Raffineriestraße** finden wir die Bushaltestelle. Wer hungrig geworden ist, dem sei das altbekannte **Restaurant Roter Hiasl** in der Biegung des Biberhaufenweges (Nr. 228) empfohlen.

Der Rote Hiasl lädt am Tourende zur Einkehr.

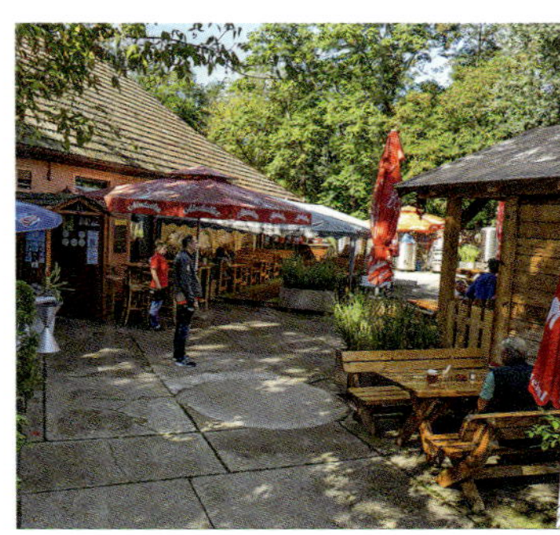

11 Durch die Obere Lobau

Auseen, Auwälder und Heißländen

Leicht | 7,9 km | 40 Hm | 2.30 Std.

Tourencharakter
Asphaltwege, großteils Schotter- und Erdwege

Ausgangspunkt
Bushaltestelle Raffineriestraße/ Biberhaufenweg (Linie 92B). GPS: 48.19346, 16.46695

Endpunkt
Bushaltestelle Lobgrundstraße (Linie 92B)

VOR
Keine Möglichkeit unterwegs

Einkehr
Jausenstation Knusperhäuschen, Roter Hiasl

Info
Nationalparkhaus wien-lobAU, Dechantweg 8, 1220 Wien, www.donauauen.at, geöffnet Anfang März bis Ende Okt. Mi.–So. von 10:00 bis 18:00 Uhr. Im Nationalpark gilt Leinenpflicht für Hunde.

All das, was den Nationalpark Donau-Auen ausmacht, erleben wir bereits im westlichen Abschnitt: der Oberen Lobau. Um aber die deutlichen Verlandungstendenzen zu stoppen, erfordert es eine rasche Realisierung des lang geplanten Dotationsprojektes.

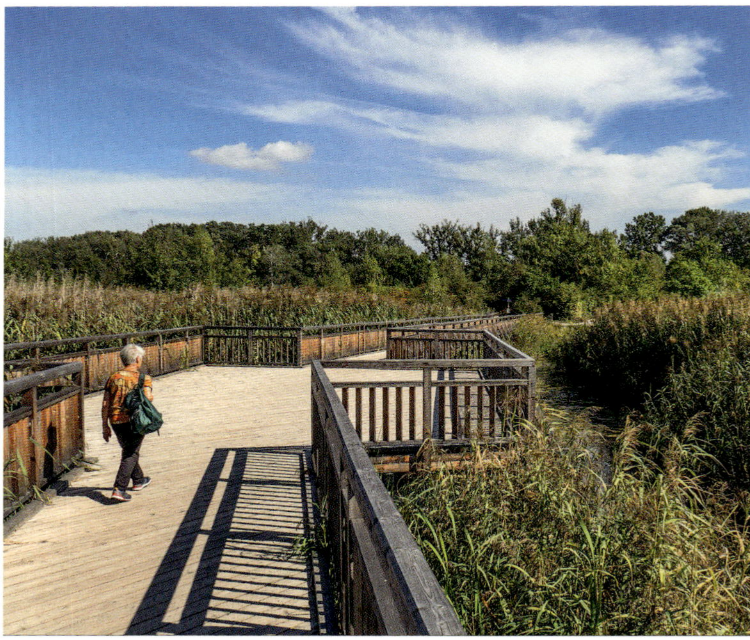

Der Josefsteg überspannt einen stark verschilften Altarm.

Dechantlacke und Josefsteg An der Biegung des Biberhaufenweges hinunter, wandern wir gegenüber des altehrwürdigen, seit 1862 bestehenden **Restaurants Roter Hiasl** über die Schienentrasse der Frachtenbahn vom Ölhafen. Dort folgen wir dem Wegweiser **»Nationalparkhaus wien-lobAU«** sogleich nach rechts, wo wir dieses nach wenigen Minuten erreichen. Im Besucherzentrum kann man die Au im Rahmen der Ausstellung »tonAU« akkustisch erleben. Wer will kann die Broschüre zum Naturlehrpfad Obere Lobau mitnehmen.

Dann wechseln wir rechts zum Dechantweg, der zum Nationalpark-Eingang mit mehreren Infotafeln führt. Dort, wo der markierte Weg in Richtung Josefsteg links einbiegt, halten wir uns weiter geradeaus, bis wir zur aussichtsreichen Wiese am Südufer der **Dechantlacke** kommen. Über einen Schotterpfad direkt am Wasser gelangen wir zum Hauptweg am Ostufer. Bei einem grünen Blecheimer bietet sich die Möglichkeit, über verschlungene, links abzweigende Uferpfade die Badeplätze am Nordostufer zu erkunden, sofern wir keine nackten Anhänger der Freikörperkultur beim Sonnenbad stören; denn sonst ist es besser, am Hauptweg nördlich fortzusetzen. Danach folgen wir stets dem Wegweiser »**Josefsteg**«, der uns durch Pappeln und Savannen-ähnliche Landschaften zum kürzlich neu errichteten Brückensteg über den bereits stark verlandeten Schilfgürtel am **Tischwasser** leitet. Mit Glück kann man hier Sumpfschildkröten sichten.

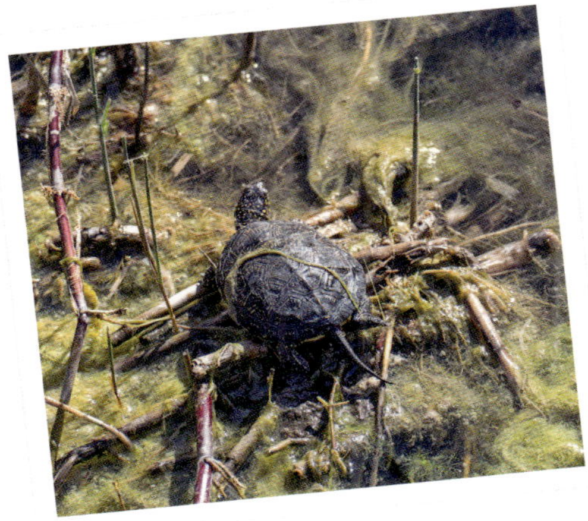

Sumpfschildkröte beim Josefsteg

Verlandende Lobaualtarme

Am Ende der Brücke folgen wir dem Wegweiser »Saltenstraße Rundweg« nach links. Bei einer Wegteilung bleiben wir links am Hauptweg. Sobald wir beim **Pflock »Trockenbusch«** des Naturlehrpfades auf eine Wiese heraus treten, folgen wir schmalen Pfadspuren in westlicher Richtung über die Wiese. Diese führen uns zum querenden

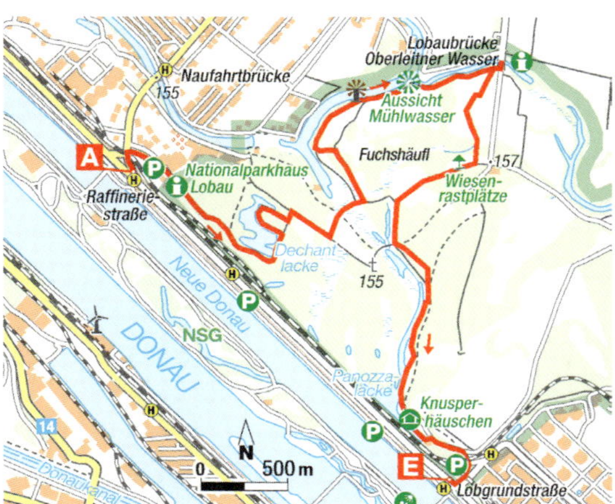

Graugänse am Lobauarm

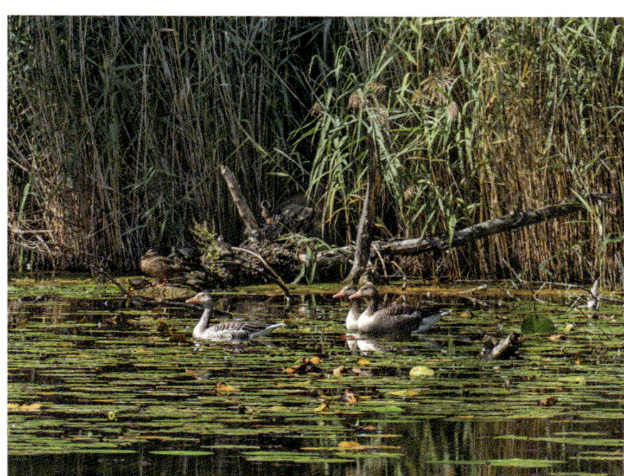

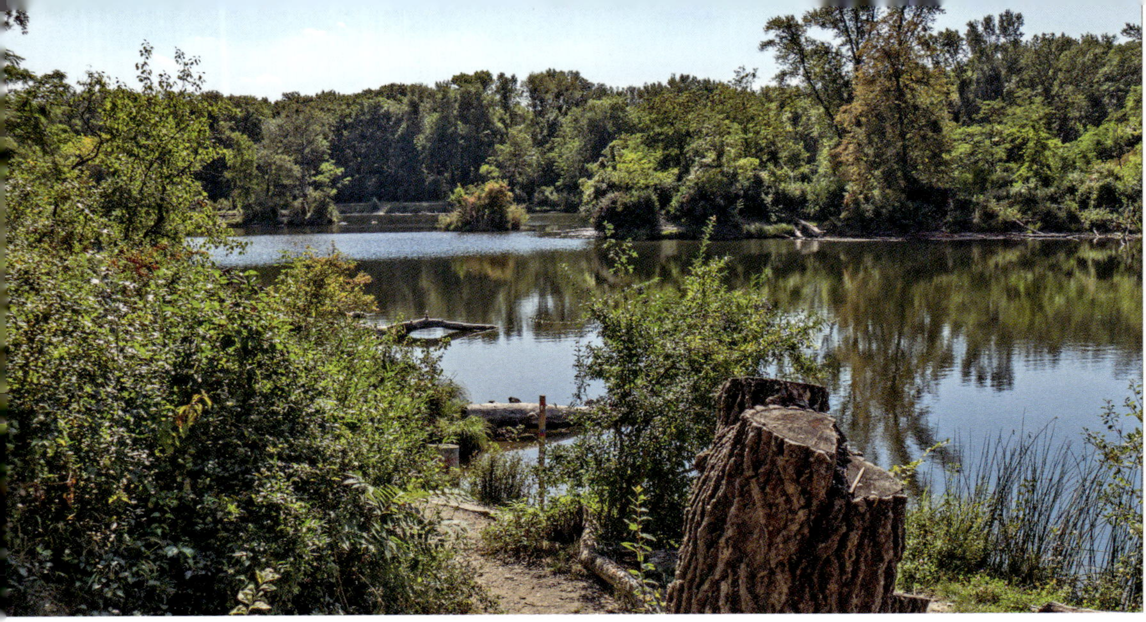

Uferpfad an der Dechantlacke

Fuchsweg, der auf einem bewachsenen Damm das Tischwasser begleitet. Dort wenden wir uns rechts weiter. Auch hier verwehren dichte Röhrichtbestände den Blick auf die Wasserlandschaften. Die Verlandung zeigt sich auch bei der **Aussichtsplattform** deutlich, wo man noch vor einigen Jahren fette Karpfen und Rotfedern schwimmen sehen konnte.

Setzt man den verschlungenen Dschungelpfad fort, so kommen wir zuletzt an senkrecht aufstrebenden Baumleichen vorbei, ehe der Fuchsweg in den Hauptweg am Wiesenrand mündet. 130 Meter weiter, wo gegenüber das Mühlwasser einmündet, zweigt ein Pfad links zu einem überaus schönen, aussichtsreichen Uferplatz ab. Danach senkt sich der Hauptweg über eine bewaldete Böschung und führt am Rand eines Ackers zur querenden **Saltenstraße**. Ein kurzer Abstecher zur **Lobaubrücke** links lohnt sich, auch wenn das Mühlwasser hier die letzte nennenswerte Wasserfläche bildet und danach fast völlig verschwindet.

Zur Panozzalacke Nun folgen wir dem Wegweiser »Saltenstraße Rundweg Naturlehrpfad« neben dem Acker nach Südwesten. Zwischen einem dschungelartig bewachsenen **Autümpel** und einem weiteren Acker hindurch mündet unser Weg in einen querenden Hauptweg. Hier wenden wir uns rechts in Richtung »Nationalparkhaus«, wo wir zu einer Wiese mit Rastplätzen kommen. Am Ende einer weiteren Wiese setzen wir geradeaus in Richtung »Panozzalacke 1,5 km« fort und auch bei der nächsten Wegteilung bleiben wir links am Hauptweg (»Panozzalacke 1,2km«). Etwa 10 Minuten später kann man rechts auf einen unmarkierten Weg wechseln, der direkt neben dem **Fasangartenarm** verläuft und interessantere Einblicke schenkt. Nachdem der Pfad wieder in den Hauptweg mündet, kommen wir zur **Jausenstation Knusperhäuschen**, wo wir das Ufer der **Panozzalacke** mit schön gelegenem Rastplatz und Naturbadeplätzen erreichen. Hier folgen wir den ufernahen Pfaden nach Südosten. An der **Langhammerhütte** gehen wir links zum Hauptweg und dort rechts weiter. In einer Biegung liegt der **Salzgitter-Bunker** aus dem Zweiten Weltkrieg, der zum Schutz für die Arbeiter des Mineralölwerkes diente. Dann streben wir geradeaus über eine Gleisanlage. Bei einem Parkplatz überschreiten wir die vorderen Parkflächen, aber halten uns bei den hinteren Parkflächen rechts, wo wir auf der linken Seite einen verwachsenen Weg hinauf zur Brücke über die Frachtenbahn des Ölhafens wandern. Um die Ecke finden wir an der Raffineriestraße die Bushaltestelle **Lobgrundstraße**.

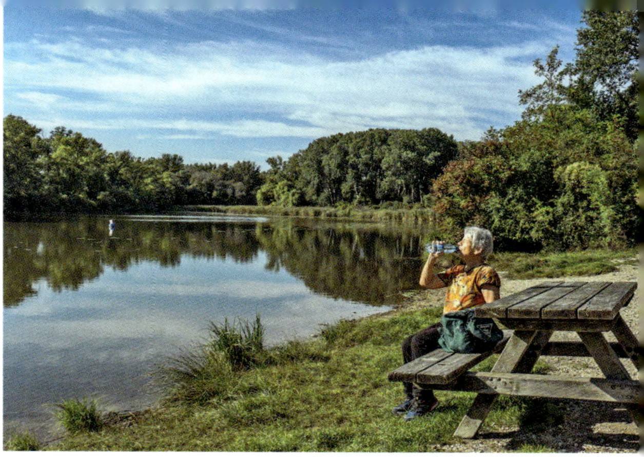

Rast an der Panozzalacke

Wissenswertes

All die Probleme der **Oberen und Unteren Lobau** hinsichtlich der Gefahr, dass die Altarme teilweise in ihrem eigenen Schilfgürtel völlig verlanden und zur Gänze verschwinden werden, gilt es noch in Zukunft zu lösen. Bisher hat die künstliche Dotierung von der Neuen Donau über das Mühlwasser kaum einen Effekt für die Lobau erzielt. Auch der seit 20 Jahren im Rahmen des Ringschlusses der Stadtumfahrung geplante Bau des Lobau-Tunnels könnte große Probleme für den Nationalpark Donau-Auen bringen: Bohrungen könnten petrochemische Altlasten im Bereich des Tanköllagers mobilisieren und den Grundwasserhaushalt im empfindlichen Ökosystem der Donau-Auen negativ beeinflussen. Außerdem hätten Waldrodungen sowie die Versiegelung der Landschaft nachteilige Auswirkungen auf den Klimaschutz, so die Experten, allem voran der Biologe und Leiter des Naturhistorischen Museums, Bernd Lötsch, der schon als Mitbegründer des Nationalparks Donau-Auen entscheidenden Anteil hatte.
Wie schon zu Zeiten der Aubesetzung von Hainburg gegen das damals geplante Kraftwerksprojekt versammelten sich seit August 2021 Umweltaktivisten in der Lobau. Anfang Dezember entschied die Verkehrsministerin Leonore Gewessler (Die Grünen) gegen den Widerstand der Stadt Wien, dass der Bau des Tunnels gestoppt werde …

12 Rundweg Untere Lobau

Am Idyll Donau-Oder-Kanal

Leicht | 7,6 km | 30 Hm | 2.30 Std.

Tourencharakter
Asphalt-, Schotter- und Erdwege

Ausgangs-/Endpunkt
Parkplatz am Nationalparkcamp Lobau, oder neben Uferhaus Staudigl, Lobaustraße 85, 2301 Groß-Enzersdorf. GPS: 48.18148, 16.53813

VOR
Keine Möglichkeit

Einkehr
Keine unterwegs. Uferhaus Staudigl am Ausgangs-/Endpunkt

Info
Nationalpark Donau-Auen: www.donauauen.at.
Baden ist nur an ausgewiesenen Naturbadeplätzen erlaubt. Im Nationalpark gilt Leinenpflicht für Hunde.

Was einst Zwangsarbeiter unter Hitlers Befehlen zu Beginn des Zweiten Weltkriegs schufen, ist heute ein Naturjuwel: der Donau-Oder-Kanal II. Die schiffbare Verbindung zur Oder wurde nie vollendet und stellt »das« Highlight in der Unteren Lobau dar.

Vom Nationalparkcamp zum DOKII Vom Parkplatz gehen wir am **Uferhaus Staudigl** vorbei zum Infopunkt, wo sich die Wege teilen. Hier wenden wir uns entsprechend dem Wegweiser »Untere Lobau Rundweg 8,0 km« nach rechts. Eine **Holzbrücke** überspannt ein kleines Gerinne. Die nachfolgenden Abzweigungen zum Napoleonstein und nach Essling lassen wir unberücksichtigt. Kurz nach der dritten markierten Wegverzweigung zur Vorwerkstraße achten wir links auf eine unmarkierte Wegverzweigung, der wir zum **Rastplatz am Donau-Oder-Kanal** folgen. Von dort gehen wir weiter nach links zum uferbegleitenden Weg auf der bewachsenen Dammhöhe. Viele Pfade leiten hinab zu Uferplätzen. Am Ende des Augewässers durchschreiten wir einen Schranken und gelangen zum asphaltierten Begleitweg un-

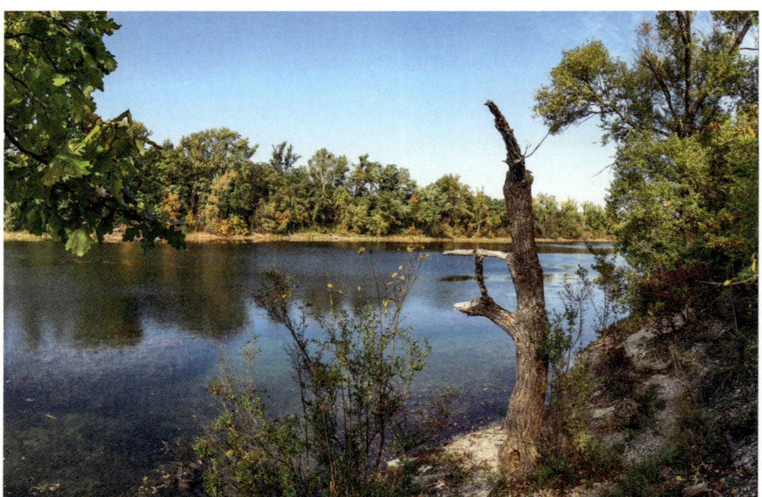

Uferplatz am Donau-Oder-Kanal

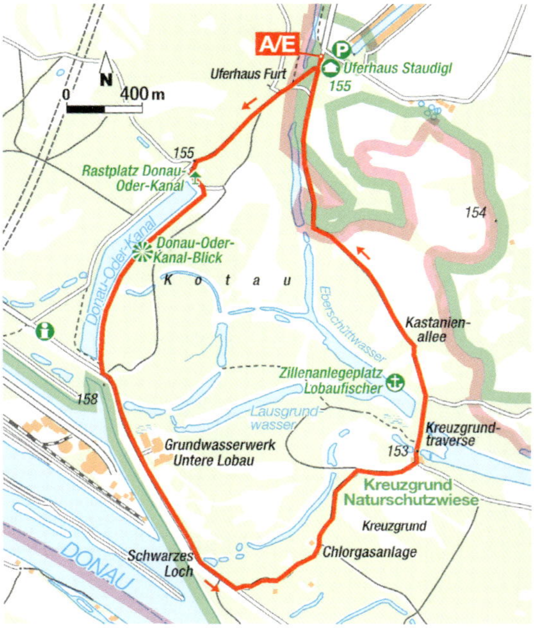

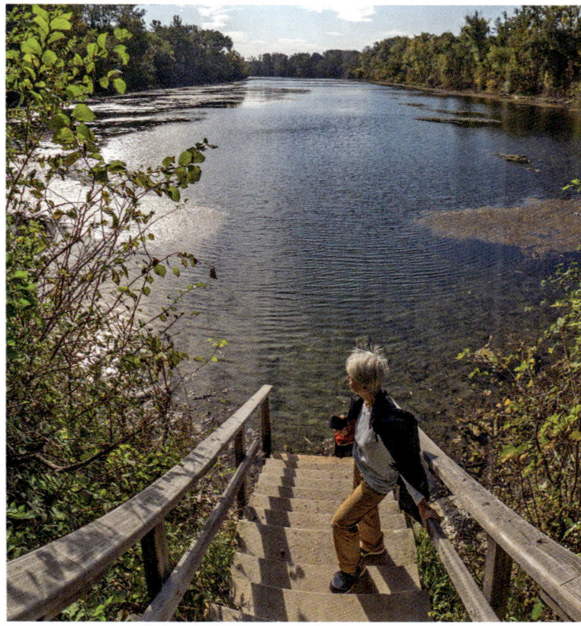

Zugang zum Donau-Oder-Kanal

terhalb des Marchfeldschutzdammes. Wer hauptsächlich wegen des Gewässers gekommen ist, der sollte rechts den Donau-Oder-Kanal umrunden. Wir aber halten uns links in Richtung des Weitwanderweges 607 nach »Hainburg«.

Retourweg über das Schwarze Loch Nach einem alten Bunker und dem **Grundwasserwerk Untere Lobau** kommen wir zum **Schwarzen Loch**, einem Auweiher mit einer beachtlichen Tiefe von fast sechs Metern. Die dunkle Farbe erklärt sich durch das fast sauerstofffreie Milieu, in dem sich Eisen löst. Danach folgen wir dem Wegweiser »Untere Lobau Rundweg« zur Abzweigung nach links. Vorbei an einem Brunnenschutzgebiet und einer Chlorgasanlage kommen wir zu **Heißländen am Kreuzgrund**, deren Vegetation an die afrikanische Savanne erinnert. Der Weg biegt schließlich über eine Holzbrücke zur **Kreuzgrundtraverse**. Obwohl man hier das **Eberschüttwasser** überschreitet, sieht man wegen des dichten Bewuchses kaum Wasserflächen! Stets in Richtung »Wien« auf dem Weitwanderweges 607 kommen wir über Kastanienallen zu Wiesen, aber auch Äcker an der Eberschütt, passieren am Brustfleck hohe, windschiefe Aubäume, ehe wir neben einem schmalen Altarm wieder das **Uferhaus Staudigl** erreichen.

Graureiher am Schwarzen Loch

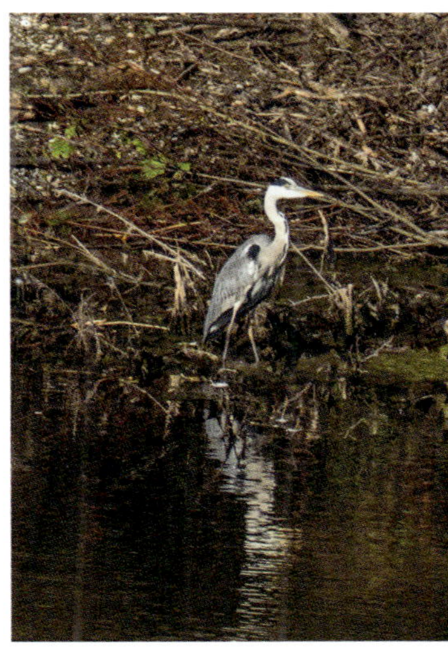

13 Am Unteren Mühlwasser

Ein Naturparadies in Wien

Mittel	5,4 km	30 Hm	1.45 Std.

Tourencharakter
Asphalt-, Schotter- und Erdwege, zum Teil unbezeichnete Pfade

Ausgangspunkt
Bushaltestelle Brockhausengasse (Linie 93A). GPS: 48.20749, 16.47708

Endpunkt
Bushaltestelle Mühlwasser (Linie 93A)

VOR
Man kann die Tour an der Mühlwasserstraße, Bushaltestelle Franz-Pletersky-Weg (Linie 93A) unterbrechen.

Einkehr
Keine (evtl. Café-Restaurant Strand-Domizil im Strandbad Stadlau, jedoch nicht direkt am Weg)

Am Rande der Lobau und nicht mehr dem Nationalpark Donau-Auen zugehörig, zählt das Untere Mühlwasser zu einem der schönsten naturnahen Gewässer in Wien. Entstanden ist es aus einem ehemaligen Altarm der Donau und heute auch bei Fischern beliebt.

Am Nordufer entlang Wir starten vom **Biberhaufenweg** in Richtung Süden, bis rechts die **Mühlwasserpromenade** am Nordufer des **Unteren Mühlwassers** quert. Mächtige Pappeln säumen den Weg am Rande der Wiesenböschung, die im Sommer zum Sonnenbad an den Naturbadestränden einlädt. Noch ehe unser wasserbegleitender Erdweg in den Asphaltweg »Am Mühlwasser« mündet, zweigt links ein Pfad ab, dem wir zu einem Uferplatz folgen. Dort setzen wir knapp oberhalb des Ufersaums den Pfad unter einer querenden 360-kV-Hochspannungsleitung fort. Der schmale, verschlungene Steig erinnert fast an einen Dschungelpfad. Nach einer Zaunecke, die weit ans Ufer reicht, erreichen wir einen Badeplatz mit schönem Ausblick unmittelbar vor dem asphaltierten **Binsenweg**.

Danach setzen wir die Wanderung am Nordufer fort, wo wir zu einer flachen Wiesenbucht kommen. Zwischen urigen Weiden und Pappeln mit Misteln, die ein wenig an Pompons von Cheer-

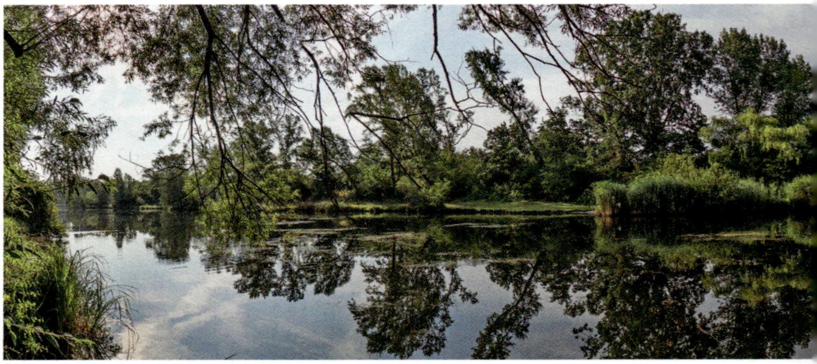

Grünoase beim Binsenweg

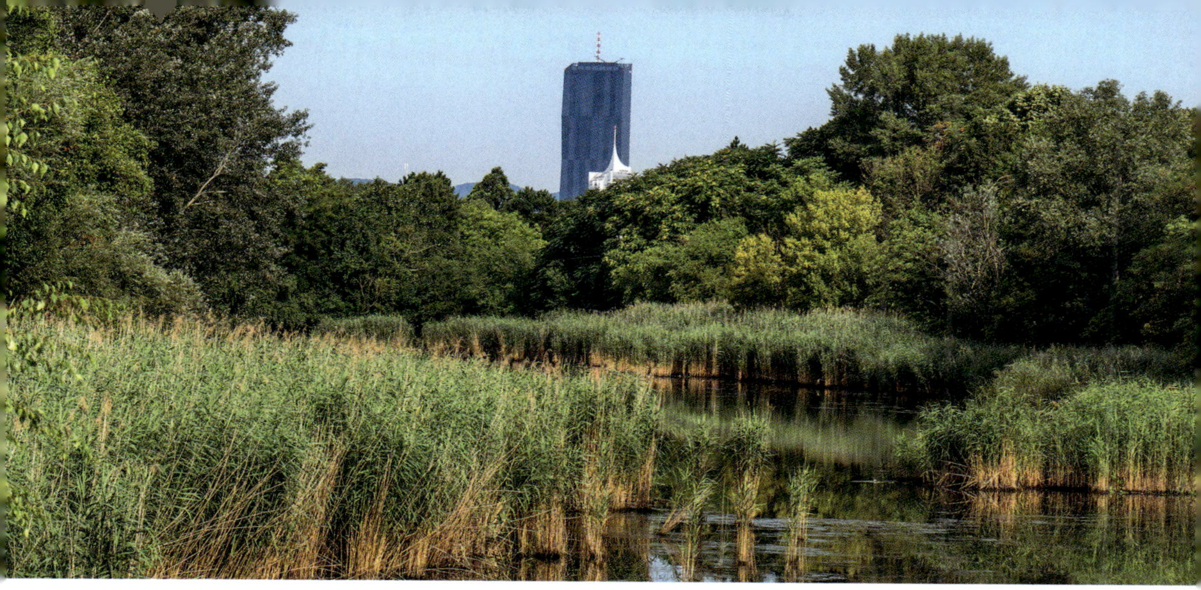

leadern erinnern, wird der Weg rechts von einer Pferdekoppel begleitet. Sobald der gepflasterte **Lobelienweg** kreuzt, biegen wir nach links und überschreiten die vom Schilf umgebene **Brücke mit Wehr** zum Südufer hin.

Blick auf den DC Tower von der Kanalstraßenbrücke

Am Südufer entlang Bei der nächsten Gelegenheit biegen wir vom Lobelienweg nach rechts ab. Nach einem **Spielplatz** mit Kletterseilnetz und einem Mobil-WC passieren wir teils dichte Schilfufergürtel, die nur wenige freie Uferbereiche mit schmalen Schilfgassen aufweisen. Dort können wir zum gegenüberliegenden Strandbad Stadlau hinüberblicken. In der Folge wird unser Uferweg von der **Kanalstraße** unterbrochen. Wer will, kann die paar Meter nördlich zur Kanalstraßen-Brücke gehen, um über dem Mühlwasser den DC Tower zu sehen – nämlich in einem Bild voller Gegensätze: hier die Wildnis einer scheinbar intakten Natur, dort die Zivilisation einer Metropole.

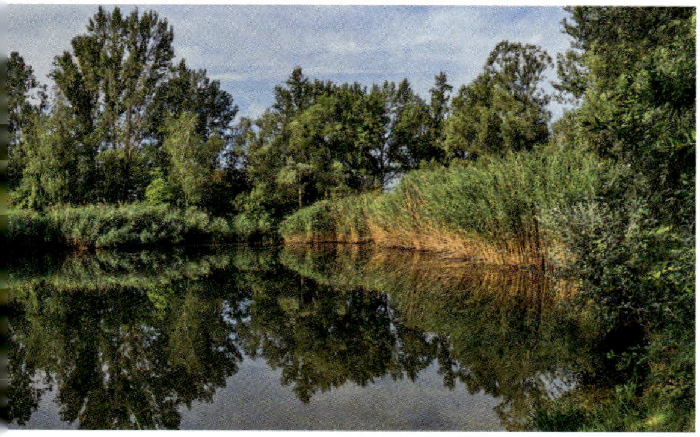

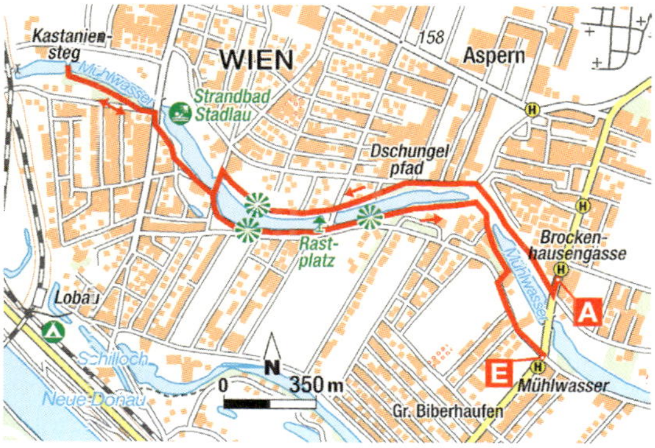

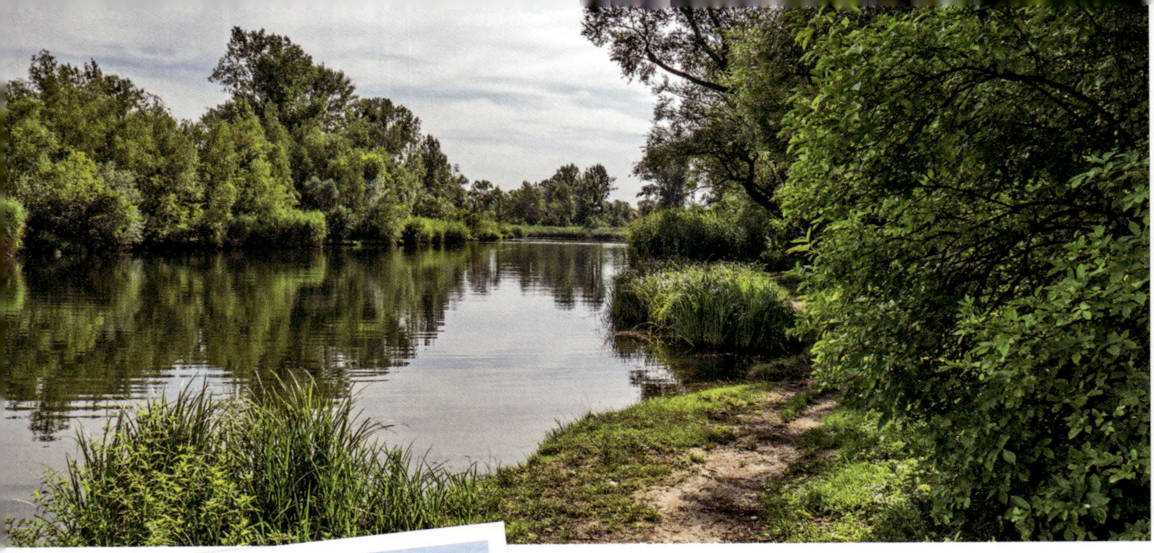

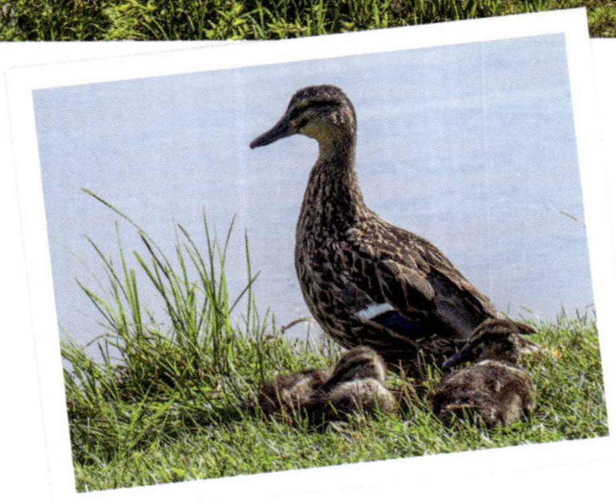

Zurück an der Ecke **Kanalstraße/Mühlwasserstraße** nehmen wir den abzweigenden Waldweg ans Mühlwasser-Südufer. Am vorletzten Abschnitt des Unteren Mühlwassers, stellen wir fest, dass in diesem Bereich hier auch Schwimmblattpflanzen, also Seerosen, häufig anzutreffen sind. Womöglich ein Indiz auf fehlende Dynamik? Ein abzweigender Pfad rechts erlaubt uns, das Ufer näher zu inspizieren. Wir begleiten den Flussarm rechts bis zum **Kastaniensteg**, wo wir den letzten Abschnitt des Unteren Mühlwassers, der von der Ostbahnbrücke begrenzt wird, überblicken können. Wer die Tour früher beenden will, kann dem Querweg von der kleinen Brücke bis zur Mühlwasserstraße nach Süden folgen, wo man auf die Bushaltestelle der Linie 93A trifft.

Stockente mit Küken

Ganz oben: Am Mühlwasser-Südufer nahe dem Lobelienweg

Retour über das Südufer Von der kleinen Brücke wenden wir uns beim Zurückgehen dem Waldweg unter hohen Bäumen links zu und begeben uns – wie bekannt – von der Kanalstraße zum **Lobelienweg**, den wir nun überqueren. Neben Schilfbeständen teilt sich nun der Weg: Während der Hauptweg rechts zur Straße (Schilfweg) schwenkt, bleiben wir links auf schmalem Pfad am Ufer, wo sich ein schöner Ausblick über das Mühlwasser bietet. Danach wandern wir am **Dammfuß** neben Schilfbeständen und Wiesenbuchten entlang. Und steigen dann zum kreuzenden **Binsenweg** hinauf. An der gegenüber liegenden Seite führen Pfade hinter dem beginnenden Geländer der Bushaltestelle an den Fuß der Brückenböschung. Wer ausgefallene Rastplätze mag, der findet hier eine versteckte, von flachen Rinnsalen und Schilfbeständen umgebene **Sitzbank mit Tisch**, ein Rastplatz mitten im seichten Wasser!

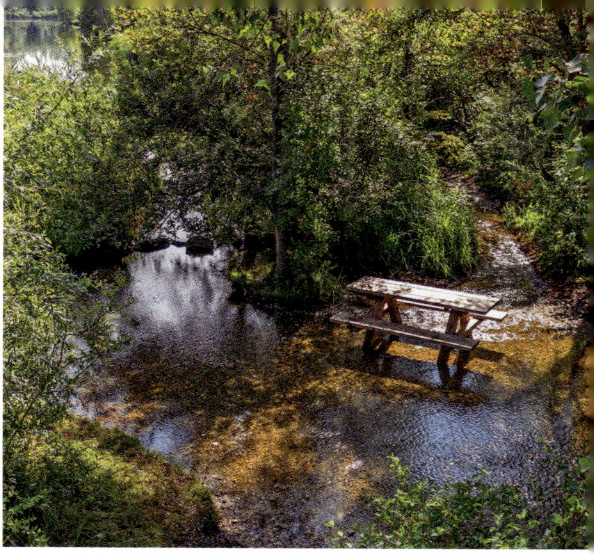

Bei der Binsenwegbrücke überrascht ein Rastplatz im Wasser.

Von der Bank kämpfen wir uns über matschige Wege durch das Dickicht zu einer Uferwiese, am Auftakt einer Reihe von **Badeplätzen** mit schönem Ausblick. Beim scheinbaren Ende der Wasserfläche, wo die Hauptwege in Richtung Straße ziehen, achten wir auf einen abzweigenden, schmalen, verwachsenen Pfad, begrenzt von Schilfzäunen. Der mitunter matschige Weg biegt neben dem dichten Schilfsaum nach Südosten und mündet bei einer Uferwiese ans Wasser. Hat man sich so weit durchgekämpft, so folgen noch 90 Meter über einen schönen Uferpfad bis zu einem sperrenden Zaun eines Privatgrundstückes. Spätestens hier muss man zum Schilfweg wechseln und dort dann links fortsetzen. Von dort sind es 450 Meter durch das Siedlungsgebiet zum kreuzenden **Biberhaufenweg**. Rechts um die Ecke befindet sich die Bushaltestelle.

Wissenswertes

Das **Untere Mühlwasser** lädt nicht nur mit den Großteils unverbauten Ufern zum Wandern oder zum Naturbad ein. Es zählt auch bei Fischern zu den beliebten Fischereigründen. Zu den vorkommenden Raubfischarten zählen Hecht, Wels, Zander und Aal, zu den Friedfischarten Karpfen, Schied Schleie, Barsch, Brachse, Laube, Rotauge und Rotfeder. Noch in den 1870er Jahren war die Alte Donau und Mühlwasser ein vom Donaustrom durchflossener Altarm. Das änderte sich nach der Donauregulierung. In Fortsetzung der Alten Donau musste das Mühlwasser mit geringen Wassermengen, die durch die Schleuse frei gegeben wurden, auskommen. Derzeit wird das Mühlwasser zusätzlich während der Sommermonate mit Wasser von der Neuen Donau dotiert, um einer Verlandung und Austrocknung der unterhalb liegenden Gewässer der Oberen und Unteren Lobau entgegenzuwirken. Wegen der strengen Betriebsbestimmungen, dass gewisse Pegelstände am Tischwasser nicht überschritten werden dürfen, dürften die Wassergaben nur in gedrosselter Form erfolgt sein. Das scheint für das Mühlwasser selbst begrenzt zuträglich zu sein, für die Lobau aber brachte das keine Lösung. In Zukunft bleibt abzuwarten, ob die Austrocknung des empfindlichen Ökosystems in den Donau-Auen verhindert werden kann.

14 Zum Hirschstettener Teich

Durch die Blumengärten

Leicht | 3,7 km | 20 Hm | 1.15 Std.

Tourencharakter
Asphalt- und Kieswege

Ausgangspunkt
Bushaltestelle Blumengärten Hirschstetten (Linie 22A, 95A, 95B). GPS: 48.23586, 16.47168

Endpunkt
Straßenbahn-Haltestelle Ziegelhofstraße (Linie 26)

VOR
Man kann die Tour an der Haltestelle Oberfeldgasse/Spargelhofstraße (Straßenbahn-Linie 26) unterbrechen.

Einkehr
Jausenstationen: Schutzhaus am Seerosenteich, Buffet zur Babybucht, Beach-Point Hirschstetten

Info
Öffnungszeiten Blumengärten Hirschstetten: Mitte März bis Mitte Okt. Di.–So. von 9:00 bis 18:00 Uhr, Mo. Ruhetag, Juli/Aug. Sa. bis 20:00 Uhr. In den Blumengärten und am nördlichen Teil des Hirschstettener Teiches gilt Hundeverbot.

Die Gartenanlage der Blumengärten Hirschstetten verzaubert uns mit Themengärten, führt uns in eine andere Zeit, wie im Urzeitgarten, oder in ein anderes Land, wie im Indischen oder Mexikanischen Garten. Danach umrunden wir den Hirschstettener Teich.

Zum Seerosenteich Von der Quadenstraße her betreten wir den **Eingang Süd** (Nr. 15) zu den **Blumengärten Hirschstetten**. Geradeaus kommen wir zum sehenswerten **Palmenhaus** aus dem Jahr 1904. Davor wenden wir uns rechts, wo wir zu einem Weg kommen, der beidseitig von Marktständen für die Advents- oder Osterzeit gesäumt wird. Es folgt die **Abzweigung zum Greenhouse 1+2,** das für Ausstellungen genutzt wird. Wir aber gehen geradeaus an den Glashäusern vorbei und gelangen zum eigentlichen Gartenareal des **Florariums**, wo sich rechts ein WC befindet. Gleich nach dem ersten Sommerblumenbeet neben dem

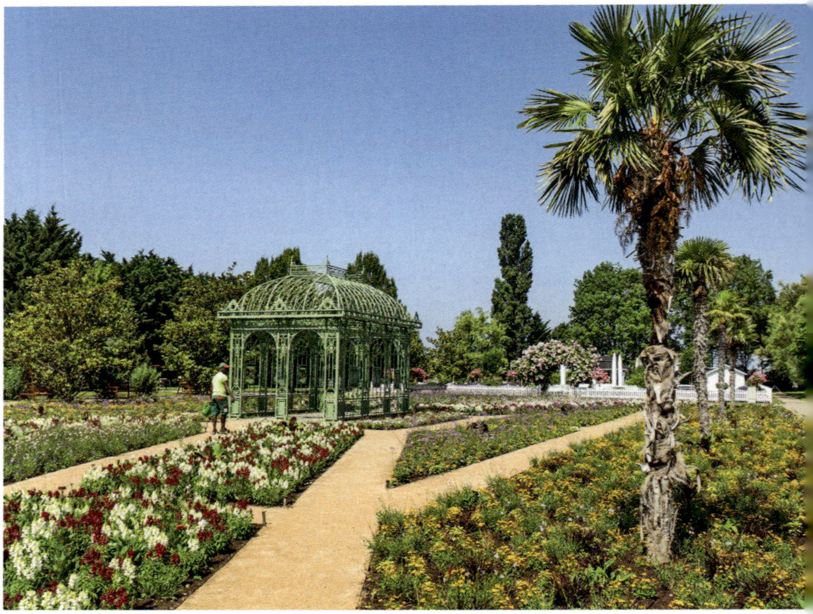

Sommerblumenschau in den Blumengärten

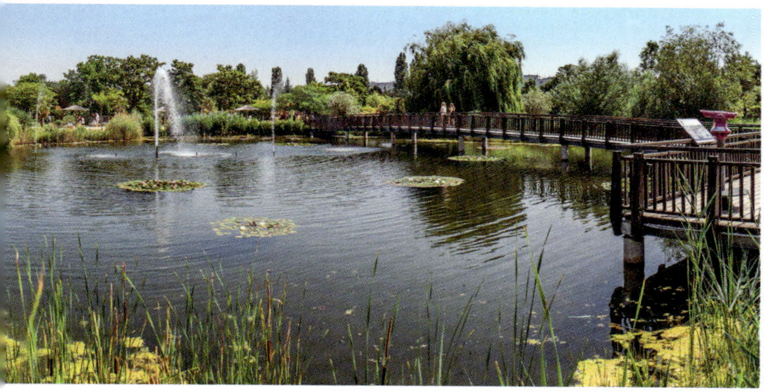

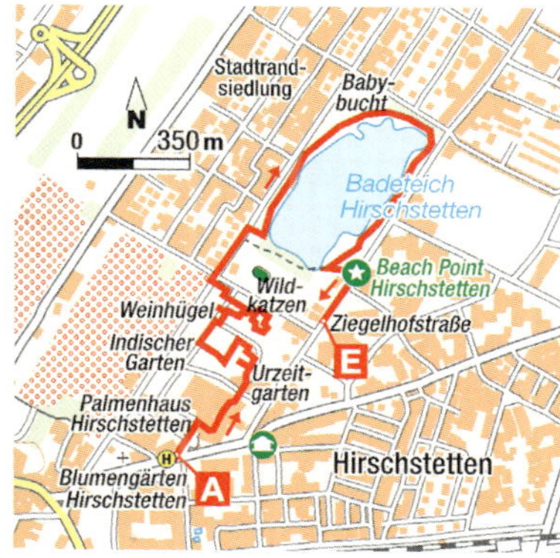

Der naturnahe Seerosenteich

geradeaus verlaufenden Weg wird es richtig urig: Ein kleiner Rundweg führt uns im **Urzeitgarten** 400 Millionen Jahre zurück. Baumfarne, Hanfpalmen, Araukarie und die als ausgestorben gegoltene Wollemie verstärken diesen Eindruck einer vorzeitlichen Welt. Ein Rastplatz in einer Felshöhle, Totholz und eine Nebelanlage erhöhen die mystische Wirkung. Bei der nachfolgenden bunten **Staudenkollektion** halten wir uns in der Mitte hindurch nach links, wo wir am Ende gegen den Uhrzeigersinn den **Gräsergarten** umrunden. So kommen wir von Norden zur Brücke über den hübschen **Seerosenteich**. Liegestühle auf Sand laden zum Chillen ein. Von einer Terrasse am Südende des Teiches kann man womöglich Sumpfschildkröten oder Frösche beobachten. Dann wenden wir uns weiter südwärts zum **Schutzhaus am Seerosenteich**.

Der Garten der Provence ist am schönsten zur Lavendelblüte.

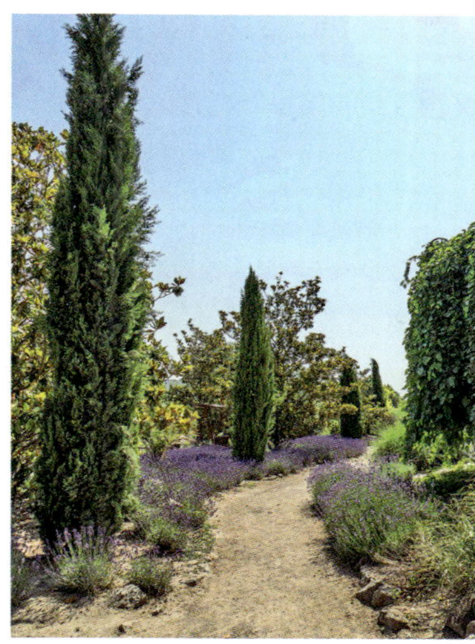

Durch Themengärten zum Zoo Schräg gegenüber betreten wir den **Garten der Provence**, der flächig mit Lavendel bepflanzt ist. Wir durchschreiten diesen in nordwestlicher Richtung und setzen im **Koniferengarten** die Richtung fort. Nun wenden wir uns rechts zum **Grünen Pavillon**, wo wir rundum frühjahrsblühende Zwiebelpflanzen und im Sommer eine Sommerblumenschau antreffen. Von dort wenden wir uns nordostwärts zum **Indischen Garten**. Palmen und andere exotische Pflanzen umsäumen hier ein Lotusbecken und die Statue des Elefantengottes Ganesha. Durch den **Kristall-Wasser-Energie-Garten** gelangen wir weiter nordostwärts. (Der westlich gelegene Irrgarten mit Vogellehrpfad wäre sicherlich auch eine Option, war aber zu meiner Begehung gesperrt.)

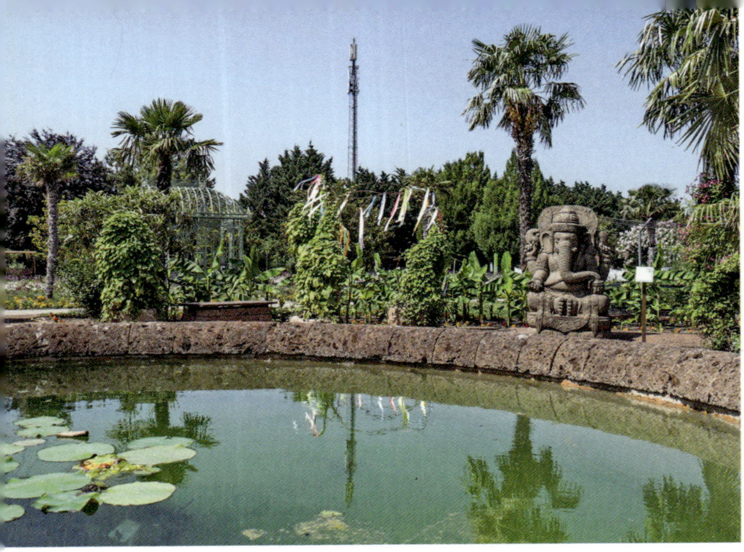

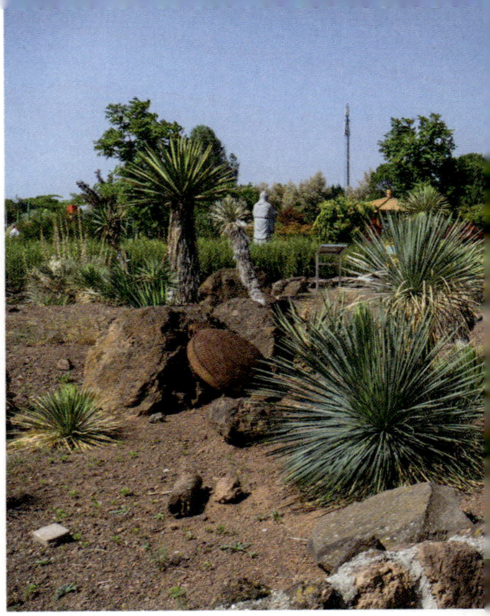

Südasien und Mittelamerika in den Blumengärten Hirschstetten: Indischer Garten (oben) und Mexikanischer Garten (Mitte)

Nach dem Brunnen wollen wir den **Donaustädter Weinhügel** von der Ostseite her besuchen. Dazu halten wir uns rechts und gleich wieder links, wo der Weg nochmals links abzweigt. Ein Abstecher führt uns rechts zum höchsten Punkt mit interessantem Ausblick zum Mexikanischen Garten. Wir gehen aber noch die Wegschleife auf einen weiteren, etwas niedrigeren Hügel und gehen dann am Aufstiegsweg hinunter. In einer Links-rechts-Kombination erreichen wir den **Mexikanischen Garten**, wo wir einen Torbogen wie von einer Hazienda durchschreiten. Die wüstenhafte Bepflanzung umfasst Yuccas, Agaven und Kakteen. Hinter dem Landhaus gehen wir rechts zum **Schildkrötengarten**

Wissenswertes

Die **Blumengärten Hirschstetten** bieten auf insgesamt 18 Hektar Fläche nicht nur die 6 Hektar große Gartenanlage mit Themengärten, Zoo Hirschstetten und historischem Bauernhof, sondern auch das Palmenhaus und Ausstellungen in den beiden Greenhouses. Das 1904 errichtete Palmenhaus birgt auf 700 m² botanische Exoten aus drei Klimazonen. Im zentralen Bereich taucht man in eine tropische Welt ein um einen Teich mit Wasserfall und durch einen Tunnel mit künstlichen Felsen, während in den Seitentrakten mediterrane Pflanzen und ein Palmenhain zu bewundern sind. Terrarien mit Vogelspinnen und Leguanen sind hier ebenso vertreten wie Stabheuschrecken, Felsenmeerschweinchen sowie frei herum kletternde Weißbüscheläffchen und frei fliegende exotische Vögel. Beim **Zoo** liegt der Schwerpunkt bei heimischen Wild- und Haustierrassen. Und das Beste daran ist, dass der Eintritt gratis ist. Äußerst beliebt sind auch die alljährliche Weihnachtsausstellung und der Adventmarkt im Greenhouse 1+2. Aktuelle und detaillierte Info: www.wien.gv.at/umwelt/parks

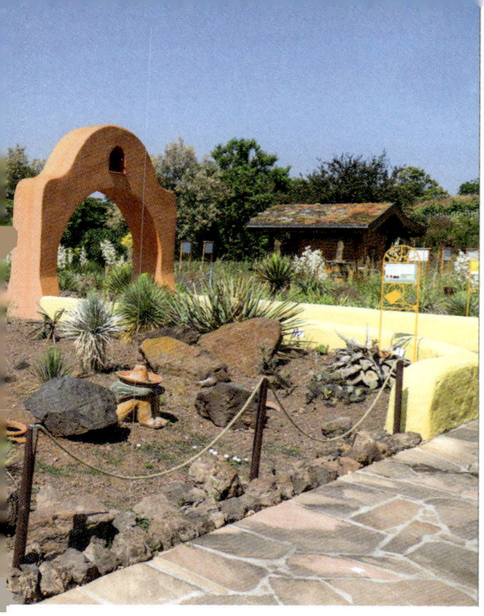

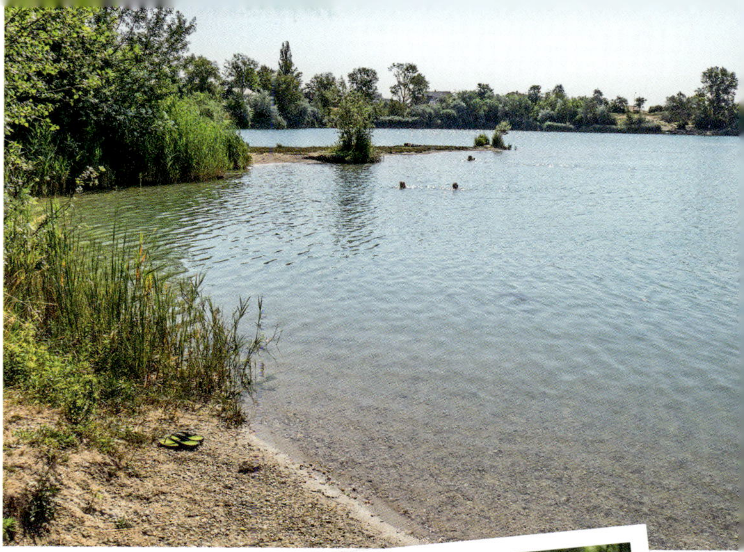

im **Zoo** weiter. Zwischen zwei Wasserbecken kommen wir rechts haltend, dann links zum dichten **Bambushain**. Von dort setzen wir unseren Weg in nordöstlicher Richtung fort und besuchen Wildkatzen und Eulen, wie den seltenen Habichtskauz. Die possierlichen Ziesel sind mittlerweile nicht nur im Gehege zu beobachten, sondern haben bereits Teile des Florariums, wie z.B. den Weinhügel, besiedelt. Am Ende unseres Rundganges sind wir mittlerweile am **Eingang Nord** angelangt.

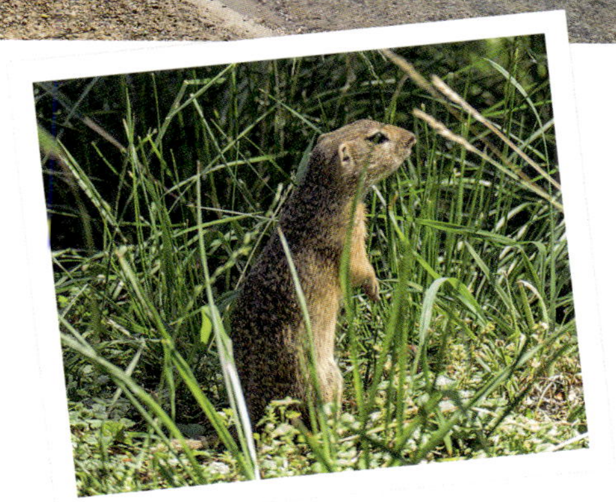

Ziesel fühlen sich in den Blumengärten wohl.

Ganz oben: Am Hirschstettener Teich neben der Babybucht

Zum Hirschstettener Teich Vom Ausgang wandern wir links zur Straßenbahn-Haltestelle Oberfeldgasse und benützen rechts den Schutzweg zur Spargelfeldstraße hin. Nach 170 Metern in nordöstlicher Richtung erreichen wir rechts einen **Zugang zum Hirschstettener Teich**. Am Damm abwärts kommen wir zum Uferbegleitweg. Hier gehen wir links im Uhrzeigersinn weiter. In der Nordecke gelangen wir zur sandig-flachen **Babybucht**. Dahinter befinden sich ein Spielplatz und ein **Buffet** mit WC. Bei der weiteren Umrundung halten wir uns stets an den nahesten Pfaden am Wasser entlang. Kurz nach dem Passieren einer Treppe auf der Ostseite des Badesees kommen wir zu einer weiteren **Bucht** mit schönem Blick über den naturnahen Badesee. Von dort folgen wir dem Pfad in südwestlicher Richtung, bis wir auf einen kreuzenden Hauptweg treffen. Dort verlassen wir das Gewässer nach links zum **Beach-Point Hirschstetten**, einer weiteren Jausenstation. An der **Ziegelhofstraße** biegen wir nach rechts ab, wo wir in Kürze die Tramway erreichen.

15 Von der Alten Donau zum Copa Beach

Urlaubsflair statt Fernweh

Leicht | 5,7 km | 35 Hm | 2.00 Std.

Tourencharakter
Asphalt- und Kieswege

Ausgangspunkt
U-Bahn-Station Kaisermühlen VIC (Linie U1). GPS: 48.23251, 16.41583

Endpunkt
U-Bahn-Station Donauinsel (Linie U1)

VOR
Man kann die Tour an der U-Bahn-Station Donauinsel (Linie U1) abkürzen, wenn man die Schleife über Copa Beach und Sunken City weglässt.

Einkehr
Restaurant zum Schinakl, Restaurants und Beach Bars am Copa Beach und der Sunken City

Info
Die Gänsehäufelbrücke ist Mitte Mai bis Mitte Sept. geöffnet, der Copa-Steg (auch Ponte Cagrana) ist ab Anfang April bis Ende Oktober begehbar. Beide sind während der kalten Jahreszeit und bei Hochwasser unpassierbar.

Nicht umsonst gilt das Umfeld der Alten Donau als schönste Wohngegend in Wien. Hier kann man vor der Kulisse der Donau City wandern, Rad oder Boot fahren, schwimmen oder einfach nur chillen. Am Copa Beach dagegen ist Partystimmung angesagt.

Vom DC Tower zur Alten Donau Schon bei der Ankunft an der U-Bahn-Station, Ausgang **Donau-City-Straße** hat man Österreichs höchsten Wolkenkratzer vor Augen: den 250 Meter hohen DC Tower, der uns als Blickfang auf unserer Tour begleiten wird. Wir wenden uns links in Richtung Arcotel, wo eine Straßenunterführung ansetzt. Unmittelbar neben der Hotel-Südfront entlang kommen wir an einem Spielplatz vorbei und zweigen bei einem Tischtennistisch links vom asphaltierten Weg ab. **Infotafeln** klären uns über des Kaisers Schiffmühlen und das Baumbiotop am Wasser auf. Dann gehen wir am Südufer des **Kaiserwassers** entlang über die beliebte Lagerwiese, wo man im Sommer auch baden kann. An einer Biegung öffnet sich ein eindrucksvoller Rückblick zur Donau- und UNO-City. Am besten folgen wir weiterhin der Uferlinie ostwärts zum **Kaiserwassersteg**. Diesen überschreiten wir aber nicht, sondern gehen zwischen dem

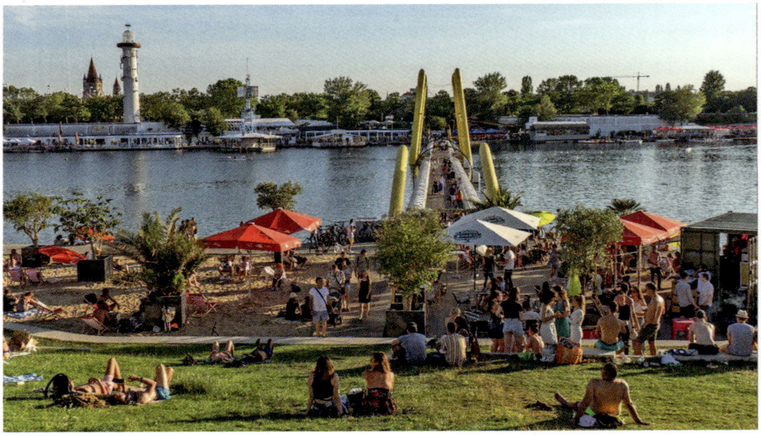

Sand, Wasser und Sonne am Copa Beach

Schilf bewachsenen Graben und einer Wiese mit mächtigen Pappeln entlang, bis der Weg in den **Laberlweg** am Ufer der Alten Donau mündet.

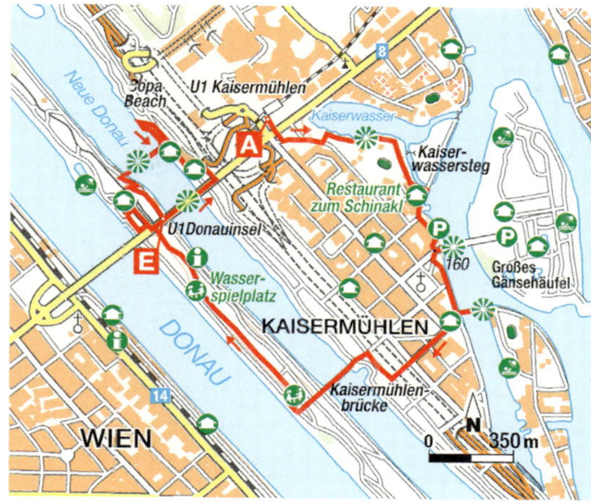

An der Alten Donau Dort biegen wir nach rechts und folgen dem Ufer südwärts. Wasserseitig kommen wir bei **Flotus** vorbei, wo man Stand-Up-Paddling-Boards und Kajaks mieten oder einfach nur in der Beach Lounge relaxen kann. Gegenüber lädt das **Restaurant zum Schinakl** zur Einkehr. Bootsverleih Auzinger gleich neben Flotus bietet in seinem Angebot auch Schwimmende Inseln oder Sofa-Boote. Vorbei an einem Parkplatz erreichen wir die **Gänsehäufelbrücke**, von der sich eine schöne Aussicht auf die Alte Donau öffnet. Das städtische Strandbad auf der fast 20 Hektar großen Insel zählt zu den beliebtesten Freibädern in Wien. Nun folgen wir links dem Wegweiser »Wiener Wasserwege« am Schnitterweg durch den Cholewkapark zum **Polizeisteg**, der nochmals einen schönen Ausblick schenkt und an seinem Westende einen Badeeinstieg bietet.

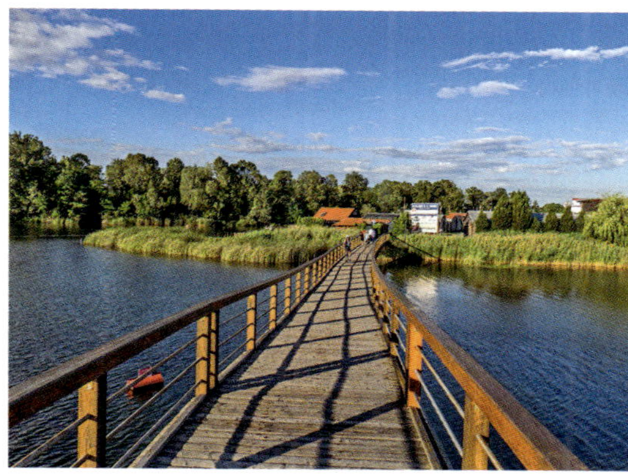

Auf dem Polizeisteg über die Untere Alte Donau

Über die Donauinsel In Verlängerung der Brücke sehen wir bereits unser nächstes Wanderziel durch die Berchtoldgasse: den **Kaisermühlendamm**. Über Stiegen ersteigen wir diesen und wenden uns auf der Dammkrone nach rechts, um zur **Kaisermühlenbrücke** über die Neue Donau zu gelangen. Dort halten wir uns in Richtung der Brücke geradeaus, bis wir zum **Rastplatz** auf der Westseite der Donauinsel kommen. Im Sommer kühlt hier eine Wassernebelanlage die Luft. Am oberen Längsweg setzen wir dann in nordwestlicher Richtung unsere Wanderung fort. Neben einer Lagerwiese mit weiteren »Cooling Spots« erreichen wir den **Wasserspielplatz**, der die Kleinen zum Plantschen und Sandburgenbauen einlädt. Dann passieren wir den **Infopoint** und eine donauseitige Bucht mit Blick zur gegenüberliegenden Franz-von-Assisi-Kirche. Neben einem bei Asiaten beliebten Treffpunkt unterqueren wir die **Reichsbrücke** und achten

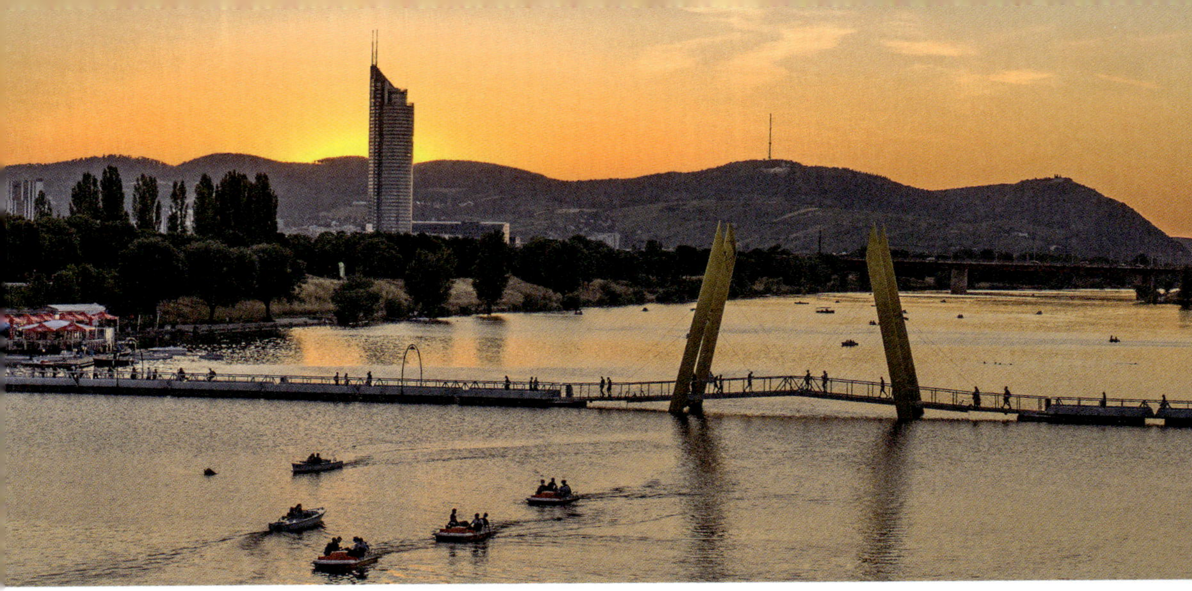

Abendstimmung an der Schwimmbrücke Copa-Steg, auch Ponte Cagrana genannt

danach auf eine Abzweigung links, die die Verbindung über eine Rampe zurück zur Reichsbrücke herstellt. Hier überqueren wir unterhalb der Fahrbahn die Neue Donau mit großartigem Ausblick auf Leuchtturm, Sunken City, Copa Beach und Donau City.

Über den Copa Beach und Sunken City Anschließend umgehen wir am anderen Ende links den Skatepark und wandern am oberen Weg am Hubertusdamm nordwestwärts, wo wir beim **Fahrradverleih Copa Beach** vorbeikommen. Auf Höhe des Copa-Steges, nehmen wir nicht den sofort hinunterführenden Weg, sondern jenen, der hinter den Lokalen **Mar y sol** und **Rembetiko** herum verläuft. Stiegen bringen uns auf die untere Ebene. Ein kurzes Stück gehen wir noch in nordwestlicher Richtung und umrunden dann den mit Liegestühlen auf Sand zwischen Palmen ausgestatteten **Copa Beach**. Im Sommer verlocken Animateure bei lateinamerikanischer Musik zum Mittanzen, Nebelduschen machen die sommerliche Hitze erträglicher. Danach gehen wir zum **Copa-Steg** zurück, einer Schwimmbrücke auf Pontons. Wir überschreiten die Brücke und wenden uns am Ende nach links in Richtung Leuchtturm. Wie das Emblem auf der Insel verrät, sind wir nun in der **Sunken City**. Am Ende der Taverne Sokrates biegen wir nach rechts und kommen über Stiegen zum Eingang des Restaurants **It's Amore**. Gegenüber befindet sich die Beachbar **Sansigarden**, wo wir die wunderbare Aussicht genießen können und durch das Lokal in südöstlicher Richtung hindurchgehen. Bei der Wegverzweigung halten wir uns rechts, wo wir zum Eingang der U-Bahn unter der **Reichsbrücke** kommen.

Bar Sansigarden vor dem DC Tower 1

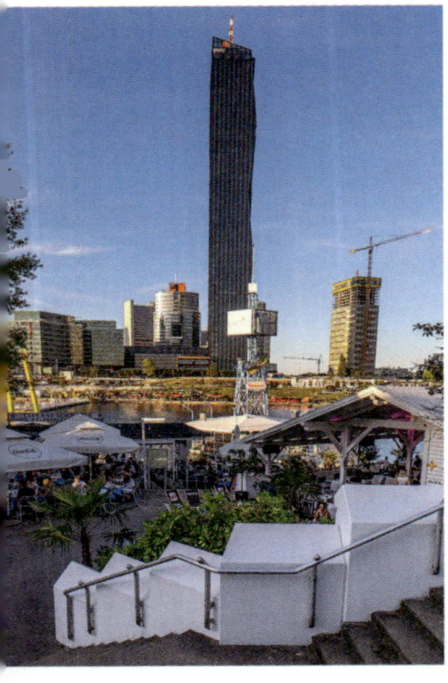

Donaupark

Wahrzeichen aus einstiger Mülldeponie

16

Wo einst fünf Meter hohe Müllberge gelagert wurden, initiierten die Stadtplaner anlässlich der Wiener Internationalen Gartenschau WIG 64 ein Freizeitparadies mit vielen Sehenswürdigkeiten. So entstand der Donaupark wie ein Phönix aus der Asche.

Leicht	3,8 km	20 Hm	1.15 Std.

Tourencharakter
Überwiegend Asphaltwege

Ausgangs-/Endpunkt
U-Bahn-Station Alte Donau, Ausgang Arbeiterstrandbadstraße (Linie U1). GPS: 48.23790, 16.42412

VOR
Keine Möglichkeit unterwegs. Aber eine Verkürzung der Strecke ist durch Benutzung der Liliputbahn möglich.

Einkehr
China Sichuan Restaurant, Donaubräu, Turmrestaurants im Donauturm

Info
Je nach Lust und Laune kann man den Besuch des Donauparks auch mit einer Bootsfahrt auf der Alten Donau verbinden. Ein paar Schritte weiter vom Eingang der U-Bahn-Station findet man den Bootsverleih Marina Hofbauer, Wagramer Str. 49/ Ecke Arbeiterstrandbadstraße, www.marina-hofbauer.at.

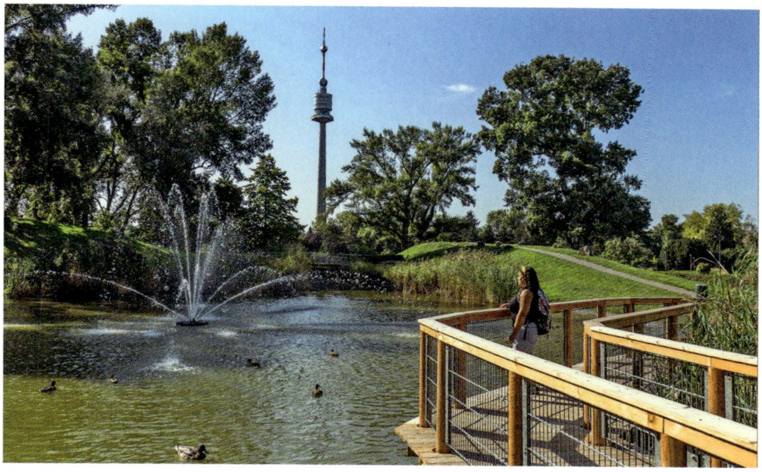

Spielplatzteich im Donaupark

Von der U-Bahn zum Irissteg Vom Ausgang der U-Bahn-Station folgen wir nach rechts der Arbeiterstrandbadstraße. Etwa auf Höhe des gegenüberliegenden Buffets Christine wechseln wir die Fahrbahn und streben dem Eingang des **China Sichuan Restaurants** zu. Der kleine Park im Inneren des seit 1989 bestehenden Restaurants mit seinen zwei Teichen und künstlichen Felsen ist sehenswert. Über den zweiten Ausgang in der Ummauerung verlassen wir das Gelände und gehen links zum Eingang des **Sparefroh-Spielplatzes**. Hier inspizieren wir den Teich mit Springbrunnen über einen Beobachtungssteg. Im Anschluss begeben wir uns auf den Rutschenhügel, wo rechts Stiegen zur Lianenbrücke über den Teich hinunterleiten. Am nächsten Hügel gehen wir rechts in Richtung **Peters Imbiss** zurück und dann nach links, neben der Einzäunung an der Hecke entlang.

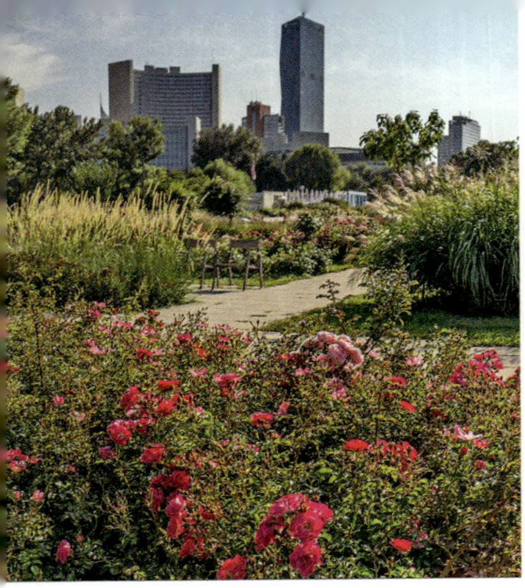

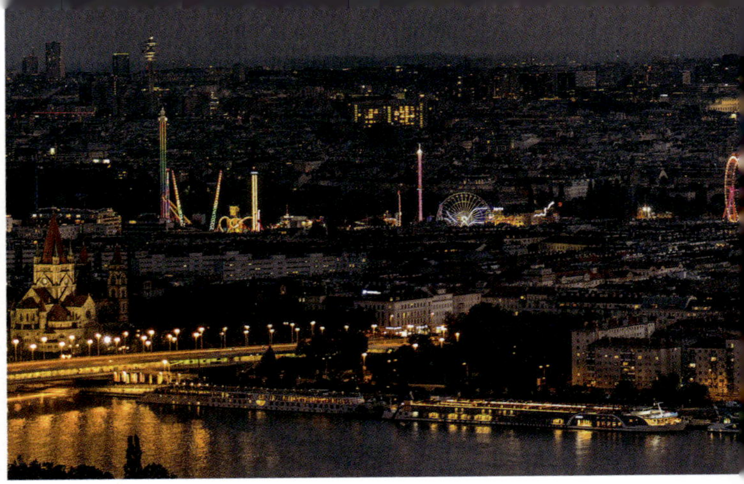

Rosengarten mit Donau City

Rechts: Blick vom Donauturm zur Franz-von-Assisi-Kirche und zum Volksprater

Rechte Seite: Der Donauturm überragt den Heidegarten im Donaupark.

Über die Gleise der Liliputbahn wandern wir an der Weggabelung geradeaus weiter zum **Rosengarten**. Mit ein bisschen Glück finden wir nach einer Links-rechts-Kombination einen freien Platz an den bequemen Holzliegen. Dann halten wir uns am Sammelbecken unter dem **künstlichen Wasserfall** nordostwärts entlang bis zu einem Steg, von dem wir in einer Linksschleife zwischen exotischen Bäumen wieder zu den **Wasserkaskaden** zurückkommen. Mit prächtigem Rückblick zu den Türmen der UNO- und Donau City steigen wir die Stiegen hinauf zum oberen Querweg, der links zum **Kaffeehausberg** führt. Wie der Name verrät, befand sich vor vielen Jahren ein Café-Restaurant an der Stelle, wo man ein Bodenmosaik sehen kann. Von dort erreichen wir nun den **Irissteg** über den **Irissee**. Seit der Renaturierung 1993 verwehrt die dichte Röhrichtzone Einblicke vom Ufer, sodass wir die Wasserfläche von der Brücke am besten überblicken können. Oft kann man von dort Wasservögel oder Karpfen beobachten. Südöstlich erkennt man das Korea-Kulturhaus, das anstelle des ehemaligen Seerestaurants am Ufer des Irissees liegt.

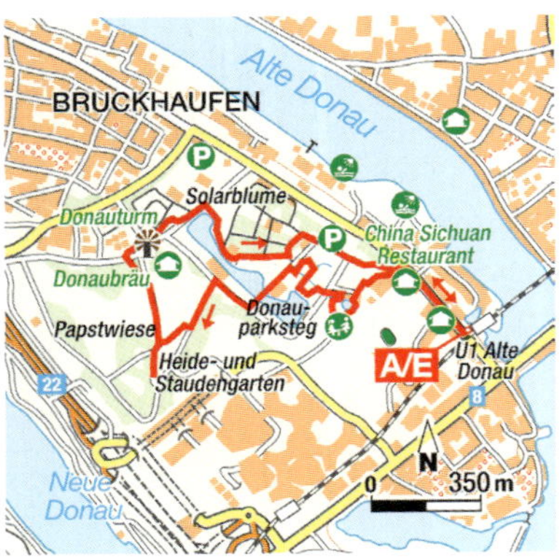

Am Donauturm Nach dem Irissteg gehen wir rechts weiter zur tonnenschweren **Skulptur »Das goldene Kalb«** von Bildhauer Karl Anton Wolf. Dahinter am Ufer befand sich einst die Seebühne. Hier biegen wir nach links, überqueren die Schienen der Liliputbahn und wenden uns an der Mündung eines kleinen Seitenweges nach rechts zum Beginn des **Heide- und Staudengartens**. Um die schönen Stauden und Zierbäume näher zu besichtigen, kann man eine kurze Schleife über die kleinen Nebenwege machen. Dasselbe gilt nach dem kreuzenden Salvador-Allende-Weg, wo wir ebenfalls eine kleine Runde zwischen

Heidepflanzen drehen und danach zum Kreuzungspunkt zurückkehren. Von dort überqueren wir die **Papstwiese** über eine Kastanien-Kirschbaum-Allee hinüber zum **Donauturm** mit dem Donaubräu. Im Uhrzeigersinn erreichen wir den Eingang zum Donauturm. Ein Besuch der Panoramaterrasse in 150 Meter Höhe kann mit den Drehrestaurants kombiniert werden.

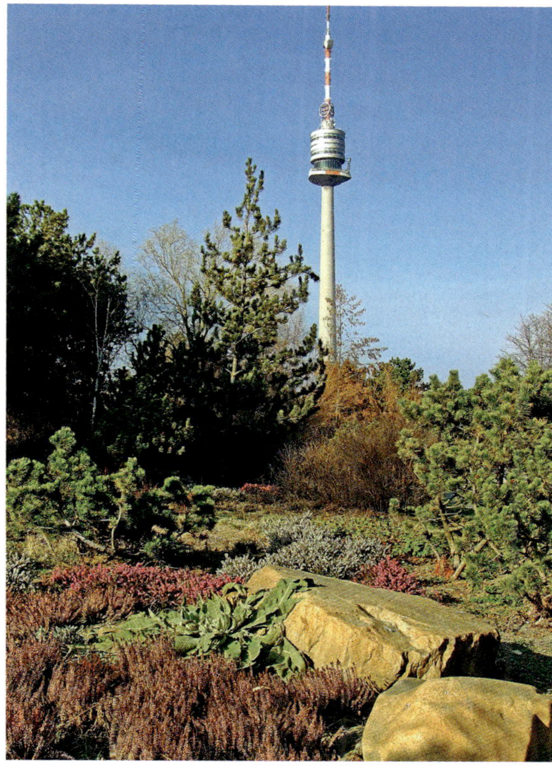

Zurück am Irissee Am **Donauturmplatz** wenden wir uns nordostwärts, wo links neben dem Radweg ein schmaler Weg zur **Sommerblumenschau** abzweigt. Unterhalb des Hügels folgen wir einem Weg zwischen ornamentartig angeordneten Blumenbeeten hindurch, ehe wir an deren Ende wieder rechts zum Hauptweg stoßen. Nach der **Photovoltaikanlage »Sonnenblume«** biegen wir rechts über die Gleise der Liliputbahn neben dem dichten Schilfufer des **Irissees**. Mächtige Silberpappeln begleiten den Weg. An einem Abkürzer halten wir uns weiterhin neben der Röhrichtzone, vorbei an einem Rastplatz und an zwei Tischtennisplatten. Die Festbühne lassen wir rechts liegen, sodass wir in weiterer Folge in den straßenparallelen Hauptweg am Rande der **Arbeiterstrandbadstraße** münden. Dort halten wir uns rechts und marschieren an der Trampolinanlage vorbei zum Hauptausgang des Donauparks beim **China Sichuan Restaurant**. Der weitere Rückweg ist identisch mit dem Hinweg.

Varianten

Man kann die Tour auch über die Kagraner Brücke zum Nordufer der Alten Donau fortsetzen, oder am Südufer entlang zum Kaiserwasser wandern.

Wissenswertes

Das seinerzeit 100 Hektar umfassende Ausstellungsareal der WIG 64 wurde später u.a. durch den Bau der UNO-City, des Austria Center Vienna und der Donau-City deutlich verkleinert. Mit heute knapp 64 Hektar ist der **Donaupark** aber nach wie vor einer der größten innerstädtischen Parks. Von der WIG-Ära sind noch die Schmalspurbahn und natürlich der 252 Meter hohe **Donauturm** übrig, der bis heute das höchste Bauwerk in Österreich ist und den nahen DC Tower 1 um zwei Meter überragt. Von der Aussichtsterrasse in 150 Meter Höhe genießt man herrliche weite Blicke über Wien. Info: www.wien.gv.at/umwelt/parks/anlagen, www.donauturm.at

17 Wasserpark und Obere Alte Donau

Zur Graureiherkolonie in Floridsdorf

Leicht | 3,7 km | 30 Hm | 1.15 Std.

Tourencharakter
Überwiegend Asphaltwege

Ausgangs-/Endpunkt
U-Bahn-Station Neue Donau, Ausgang Strandbäder (Linie U6). GPS: 48.24646, 16.39488

VOR
Man kann die Tour an der Bushaltestelle Broßmannplatz/ Nordbahnbrücke (Linie 33A) unterbrechen.

Einkehr
Neuerwirt, La Creperie, Wirtshaus am Wasserpark, Gasthaus Birner, Birner's Eisdiele, Zum Goldenen Anker

Info
Im Wasserpark Floridsdorf gilt Leinenpflicht für Hunde, im Dragonerhäufel Hundeverbot.

Nach der Donauregulierung 1875 lag die Alte Donau abgetrennt vom Hauptstrom und versumpfte, sodass nach Sanierungen im Jahr 1928 der Floridsdorfer Wasserpark entstand. Mitten im urbanen Umfeld befindet sich dort sogar eine Brutinsel der Graureiher.

Zur Reiherkolonie Am Ausgang unter der Nordbahn-Trasse wenden wir uns an den Pfeilern nordostwärts in Richtung der U-Bahn-Trasse und steigen über Treppen zum **Nordbahndamm** hinunter. Dort gehen wir neben dem Damm entlang zum Beginn der Alten Donau beim **Gasthof Neuerwirt**. Links gewährt das Brückentragwerk einen Durchlass zum **Wasserpark**. Neben der biologischen Bodenfilteranlage mit begehbarem Damm, wo nährstoffarmes Wasser aus der Neuen Donau eingeleitet wird, kommen wir zu einem **Aussichtsplatz** gegenüber der **Vogelinsel**. Neben den üblichen Wasservögeln sichten wir nicht nur Reiher, sondern mit Glück auch Sumpfschildkröten.

Von der Reiherkolonie zum Birnersteg Nach Umrundung des westlichen Teichendes biegen wir noch vor den Freiluft-Fitness-Trainingsgeräten (FreeGym) rechts am Nordufer entlang, wobei wir eine steile **Spitzbogenbrücke** überschreiten. Sobald wir ein

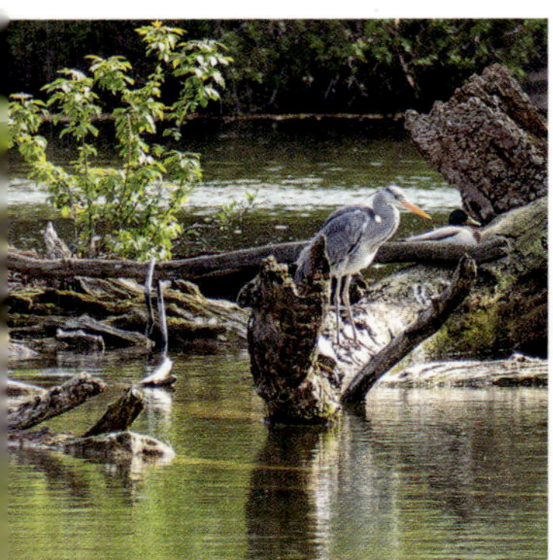

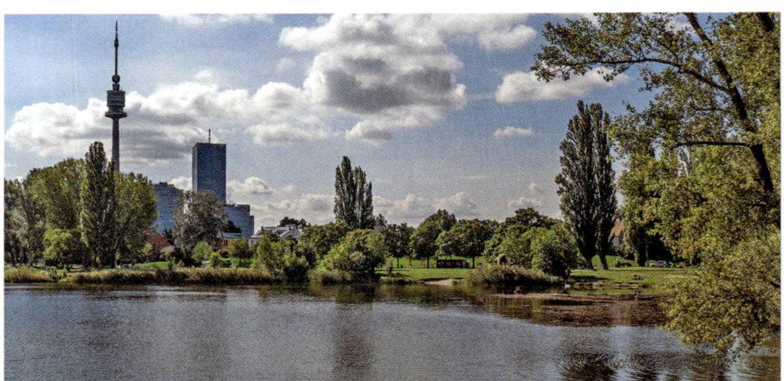

Rondell mit Sitzplätzen erreichen, schwenken wir in spitzem Winkel nach links. Nach einer weiteren Spitzbogenbrücke wenden wir uns nach rechts, wo wir mit schönem Blick über den nördlichen Teich zum **Reiher-Denkmal** kommen. Links folgt eine Lagerwiese mit Liegen. Hier finden wir in einem Stein die Nachbildung eines **Summloches** im Höhlensystem auf Malta. Neben uralten Pappeln am Ufer entlang, nähern wir uns nun dem Ende des Wasserparks. Über den querenden Hauptweg oder über die Lagerwiese links steuern wir nun auf das hübsch gestaltete Blumenbeet zu, das knapp vor dem **nordöstlichen Parkausgang** liegt. Neben der Straße unterqueren wir rechts die Bahnbrücke und wenden uns weiter geradeaus dem Begleitweg neben der abgezäunten Oberen Alten Donau zu. Nach dem **Gasthausgarten Birner** biegen wir nach rechts, vorbei an **Birner's Eisdiele** mit italienischem Eis zu Rastplätzen mit einer Infotafel. Einige Stufen führen abwärts zum **Birnersteg** mit schönem Blick zum Kahlenberg und Peak Vienna (bis 2020 Florido Tower) im Nordwesten bzw. Donauturm und Dragonerhäufl im Südosten.

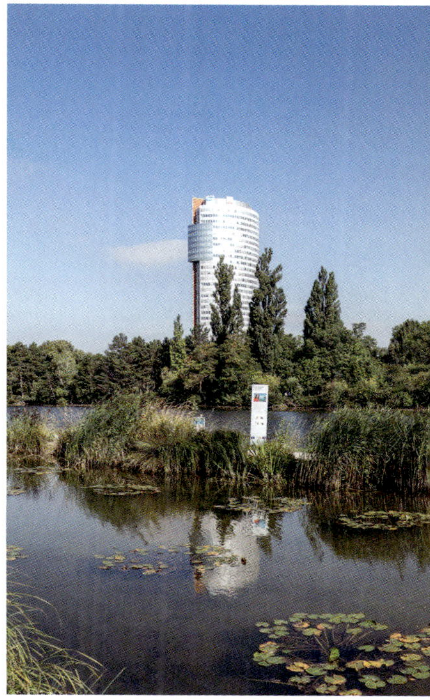

Bei der Bodenfilteranlage im Wasserpark

Linke Seite rechts: Dragonerhäufl und Donauturm vom Birnersteg

Linke Seite links: Graureiher auf der Vogelinsel

Durch das Dragonerhäufel zur Neuen Donau Nach dem Eingang zum städtischen **Strandbad Angelibad** am Birnersteig achten wir auf ein niedriges Tor auf der linken Seite, das uns den Zugang zum **Dragonerhäufel** ermöglicht. Der Name erinnert an die leichte Reitertruppe in den Napoleonkriegen 1809. Im Sommer darf hier gratis gebadet werden. Auf der Lagerwiese findet man Tischtennistische und einen Volleyball-Sandplatz. Da der Weiterweg neben den Schrebergärten nichts Neues bringt, kehren wir am besten vor dem Sandplatz auf demselben Weg um. Zurück am Birnersteig biegen wir gleich nach der Jausenstation **Zum Goldenen Anker** und vor der WC-Anlage nach rechts und folgen am Rande der **Lagerwiese Angelibad** zu einer Wegteilung. Geradeaus erkennen wir eine Minigolfanlage des »Golfstüberls«. Wir aber benutzen den schräg links verlaufenden Verbindungsweg zur Arbeiterstrandbadstraße und halten uns dort rechts. Vorbei an Einfamilienhäusern mit Gärten kommen wir zu einer Brücke und kurz danach zu einem Parkplatz vor der **U-Bahn-Station Neue Donau**. Gehwillige können noch entlang der Neuen Donau weiterwandern.

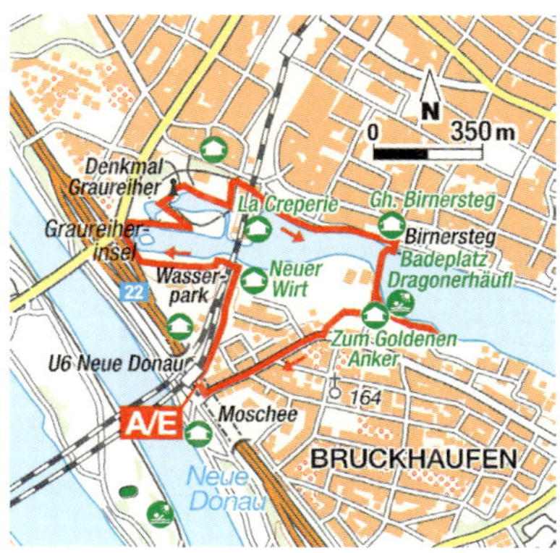

18 Am Marchfeldkanal

Natur aus zweiter Hand

Leicht | 6,7 km | 35 Hm | 2.15 Std.

Tourencharakter
Asphalt- und Schotterwege

Ausgangspunkt
Bushaltestelle Lohnergasse (Linie 34A). GPS: 48.28209, 16.36907

Endpunkt
Bushaltestelle Tilakstraße (Dr.-Richard-Buslinie 510)

VOR
Man kann die Tour an folgenden Haltestellen unterbrechen: Steinamangergasse/Ödenburger Straße (Buslinie 30A, 32A), Jedleseer Straße/Marchfeldkanal (Buslinie 30A).

Einkehr
Keine

Info
Im Marchfeldkanal gilt Badeverbot.

Insel bei der Hasswellgasse

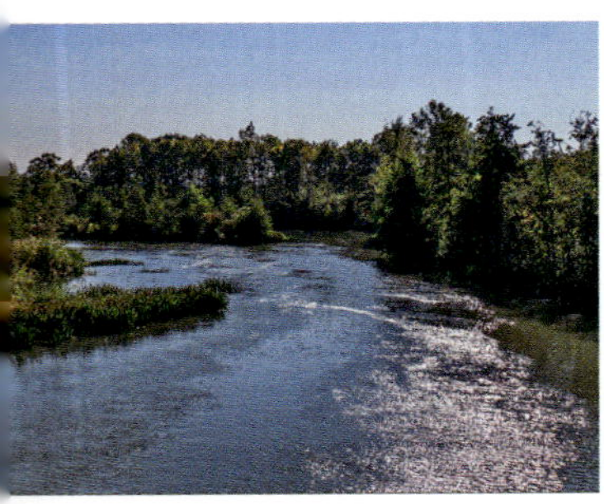

Seitdem der Marchfeldkanal eröffnet wurde, um das trockene Marchfeld-Gebiet mit Donauwasser anzureichern, zeigen uns 30 Jahre, wie schnell die Natur Einzug in einen naturnahen angelegten Wasserlauf halten kann. Sogar einst ausgestorbene Biber sind wieder da!

Großartige Ausblicke Zu Beginn orientieren wir uns gemäß des Radwegweisers »Marchfeldkanal« und folgen dem Weg am linken Ufer des **Marchfeldkanals** unterhalb der Zufahrtsrampe der Donauuferautobahn hindurch. Gleich danach zweigen wir rechts über einen **Brückensteg** ab. Genau im Scheitel der Straßenbiegung führt nun nach links ein schmaler Pfad durch Büsche und Wald, bietet aber schöne Ausblicke über den **Schönungsteich**, in dem Donauschwebstoffe zum Absetzen gebracht werden sollen. Über baumbestandene Wiesen gelangen wir zum Ende des Sees, wo wir weiterhin am rechten Uferweg bleiben. Vom **Brückensteg** auf Höhe **Autokaderstraße** bietet sich ein herrlicher Rückblick zum Leopoldsberg.

Hike oder besser bike? Danach setzen wir unseren Weg am Radwegweiser »Euro Velo 9 Stammersdorf« fort, unterqueren drei Brücken und gehen an einer Kleingartenanlage vorbei. Am Graedenerweg biegt der Marchfeldkanal in fast rechtem Winkel nach Südosten. Rund 220 Meter weiter folgen wir dann nach links dem Wegweiser »Weinviertel-Radweg 9« und begleiten das rechte Ufer über eine Feldbrücke bis zur **Steinamangerbrücke**, wo wir auf das linke Ufer wechseln. Vorbei an der Honeyranch eines Imkermeisters unterqueren wir die Brücke an der **Strebersdorfer Straße**, wonach unser Weg von Äckern und Windschutzhecken begleitet wird. In einer Biegung kommen wir am **Gebetsgarten**, einem Ort für das stille Gebet, vorbei. Bei der folgenden **Brücke** wechseln wir entgegen des Richtungswegweisers »Brünnerstraße« zur rechten Uferseite zum **Begleitdamm** neben der **Hasswellgasse**. Am Waldrand biegt ein Nebenweg rechtwinkelig nach links, während der Hauptweg parallel mitten durch den Wald verläuft. (Warum der Nebenweg aber »aus Sicherheitsgründen gesperrt« ist, war mir bei der Begehung nicht nachvollziehbar, bietet dieser doch immer wieder interessante Einblicke und Blickwinkel.) Bei der nächsten **Marchfeldkanalbrücke** münden Haupt- und Nebenweg wieder ineinander und wir wechseln wieder auf den linken Uferweg. Nun halten wir uns zweimal rechts und unterqueren dann die Brücke unter der **Jedlersdorfer Straße**.

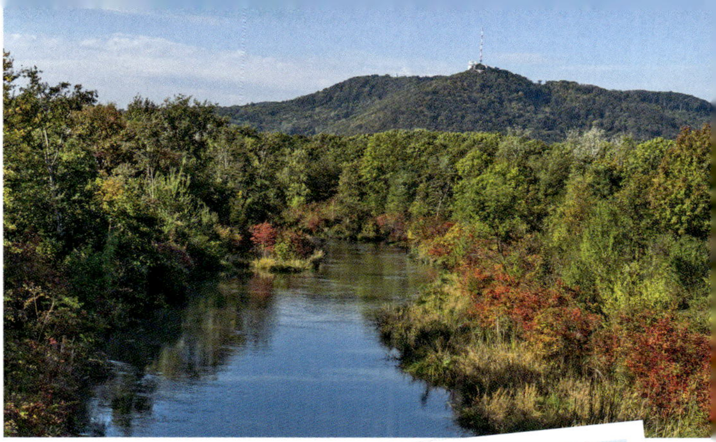

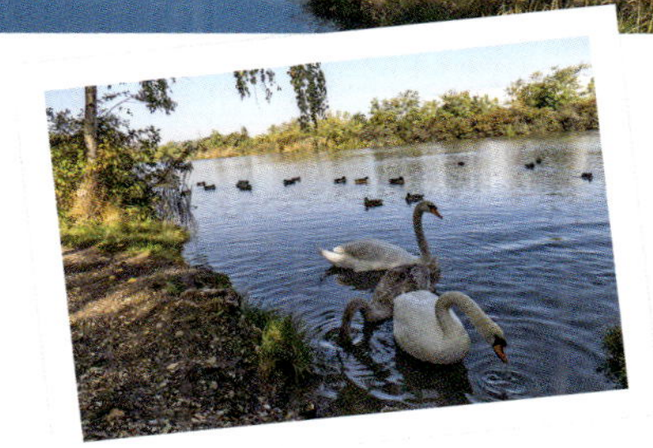

Schwäne am Schönungsteich

Ganz oben: Rückblick zu Kahlen- und Leopoldsberg

Durch Stammersdorfer Siedlungsgebiet Auch beim **Felix-Slavik-Steg** bleiben wir am linken Ufer und kommen in weiterer Folge zu Spielplätzen, einer Skatebahn und dem **Marchfeldkanal-Infopunkt** mit drei großen Infotafeln. Wieder halten wir uns rechts und unterschreiten die Straßenbrücke der **Brünner Straße**. Nach einem Links-rechts-Bogen verlaufen auch Pfade weiter unten vom Hauptweg, wo wir nähere Einblicke auf das Gewässer haben. Bei den brachliegenden Grundstücken auf der Rückseite des **Heeresspitales** brachte vor ein paar Jahren das Vorkommen geschützter Ziesel ein Bauprojekt zu Fall. Schließlich führt der Weg hoch zur **Stammersdorfer Straße**, wo wir den Bus Linie 510 in Richtung Brünner Straße nehmen können.

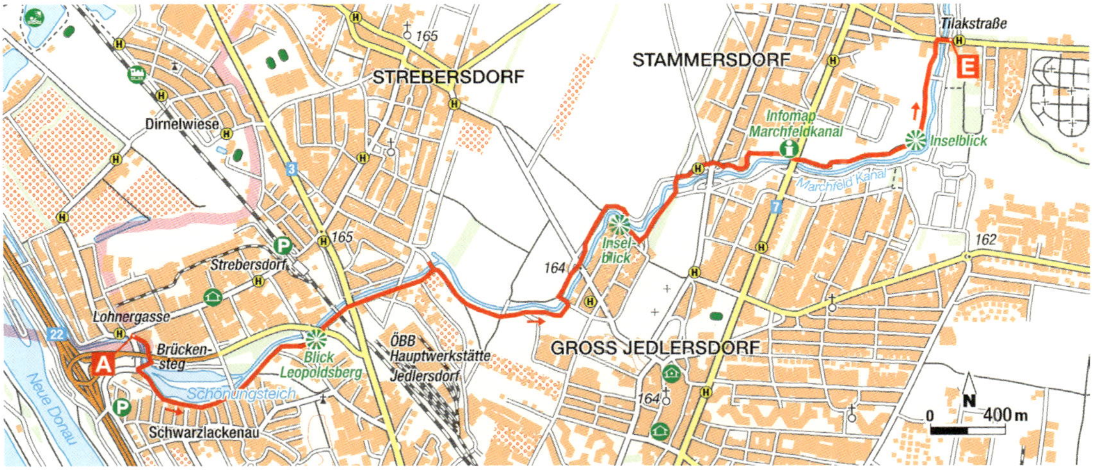

19 Am Bisamberg

Weinriede über der Wiener Pforte

Leicht | 8,0 km | 185/190 Hm | 2.30 Std.

Tourencharakter
Asphalt-, Pflaster-, Schotter- und Erdwege

Ausgangspunkt
Haltestelle Untere Jungenberggasse (Heurigen Express). GPS: 48.30124, 16.38506

Endpunkt
Bushaltestelle Anton-Böck-Gasse (Linie 32A)

VOR
Man kann die Tour an der Bushaltestelle Senderstraße/Parkplatz Stammersdorfer Kellergasse (Linie 501) unterbrechen.

Einkehr
Weingut Walter, Buschenschank Familie Szüts, Magdalenenhof, Heuriger Weinhandwerk, Nichtraucherheuriger Beim Günter im Grünen, Gasthaus Stotzek

Info
Vienna Heurigen Express II: www.liliputbahn.com; fährt in der Rußbergstraße 24 ab, vom 20. Mai bis 31. Okt. jeden Fr. bis So. zwischen 12:00 und 18:00 Uhr alle 1,5 Std.

Zwischen Bisamberg und Leopoldsberg hat die Urdonau einst einen Durchbruch geschaffen: die Wiener Pforte. Wärmeliebende Eichenwälder, Steppenrasen und Weingärten liegen hier in enger Verzahnung. Interessant sind auch die schluchtartigen Löss-Hohlwege.

Durch Lössschluchten Wir starten in der **Unteren Jungenberggasse** aufwärts, einem typischen Lösshohlweg mit steil eingeschnittenen Böschungen mit gegrabenen Weinkellern. Vorbei am Stiegenaufgang zum **Weingut Walter** und am Steinbügelweg kommen wir geradeaus zu einer aussichtsreichen Verebnung zwischen den Weingärten mit erstem Wienblick. Der weitere Verlauf der Unteren Jungenberggasse ist durch die tief eingeschnittene, kreuzende Bründelgasse unterbrochen. Auf der Bründelgasse kurz links haltend, erreichen wir rechts die Fortsetzung der Unteren Jungenberggasse. Die Lössschluchten werden immer uriger mit den Kellereingängen und den erodierten Baumwurzeln in steiler Böschung. Vorbei am **Buschenschank Familie Szüts** und der einmündenden Rothengasse folgen wir dem Floridsdorfer Heurigenpfad bis zur nächsten Abzweigung. Dort biegen wir links in die kurzen Wiesenthalen, wo sich beim **Weingut Miedler** schöne Ausblicke ergeben. Am Ende des befestig-

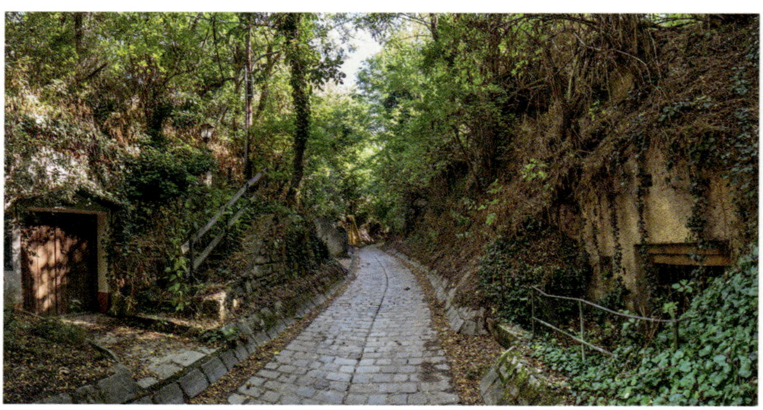

Weinkeller in den Lösshohlwegen der Unteren Jungenberggasse

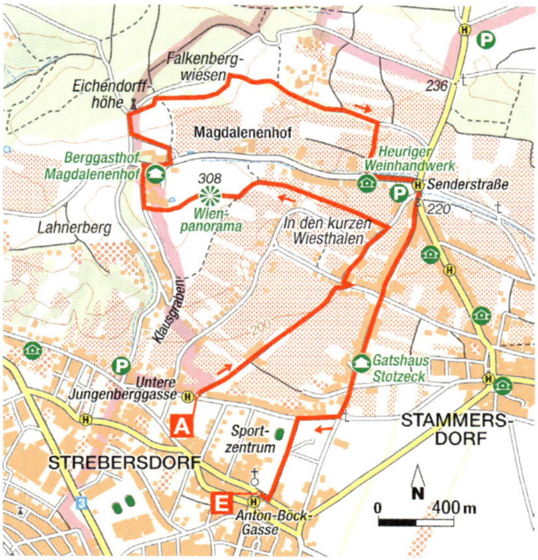

Panorama

von der Senderwiese Bisamberg:

UNO-City – DC Tower und Donauturm – Franz-von-Assisi-Kirche und TrIIIple Tower – Peak Vienna (ex Florido Tower) – Millennium Tower – Augarten-Leitturm – Stephansdom – Augarten-Gefechtsturm – Peterskirche – Museen – Votivkirche – Vienna Twin Tower – Fernwärmewerk Spittelau – Universitätsklinikum AKH – Anninger – Hochwechsel – Sooßer Lindkogel – Plackles (Hohe Wand) – Hoher Lindkogel – Kahlenbergerdorf – Schneeberg – Leopoldsberg

ten Weges führt ein schmaler Erdweg an einer aussichtsreichen Geländehochkante weiter. Durch eine kurze Waldpassage kommen wir zu einem Acker, von dem links der Stadtwanderweg 5 abzweigt. Wir bleiben aber am Waldrand und erreichen die **Senderwiese** (302 m). Vom Rand der Weinriede bietet sich ein guter Blick auf Wien.

Zum Falkenberg Nun halten wir uns links und benützen einen schmalen Pfad zwischen zwei Zäunen, bis wir auf Wiesen und den geschotterten oberen Weg aus dem Klausgraben gelangen. Dort gehen wir rechts weiter. An der querenden Senderstraße biegen wir rechts ab, wo wir zur Weinpresse vor dem **Magdalenenhof** kommen. Sofern wir nicht einkehren, gehen wir noch weiter zum **Forsthaus** und biegen dort nach links. Ein schräg aufwärts verlaufender Asphaltweg führt zur **Eichendorffhöhe** (ca. 330 m). An diesem Kreuzungspunkt mehrerer Wege bleiben wir auf den aussichtsreichen **Falkenbergwiesen** nahe dem Waldrand. Bei einem kleinen Spielplatz folgen wir nicht dem markierten Kaspar-Schrammel-Steig, sondern wandern fast weglos ostwärts durch die Wiesen. Die Löcher im Boden stammen zumeist von Zieseln,

Blick von der Senderwiese

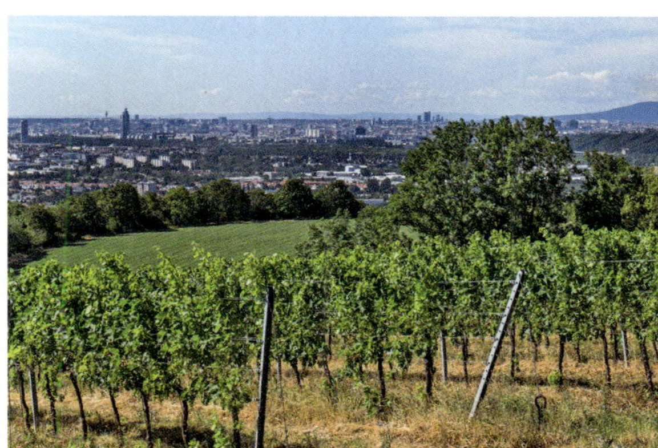

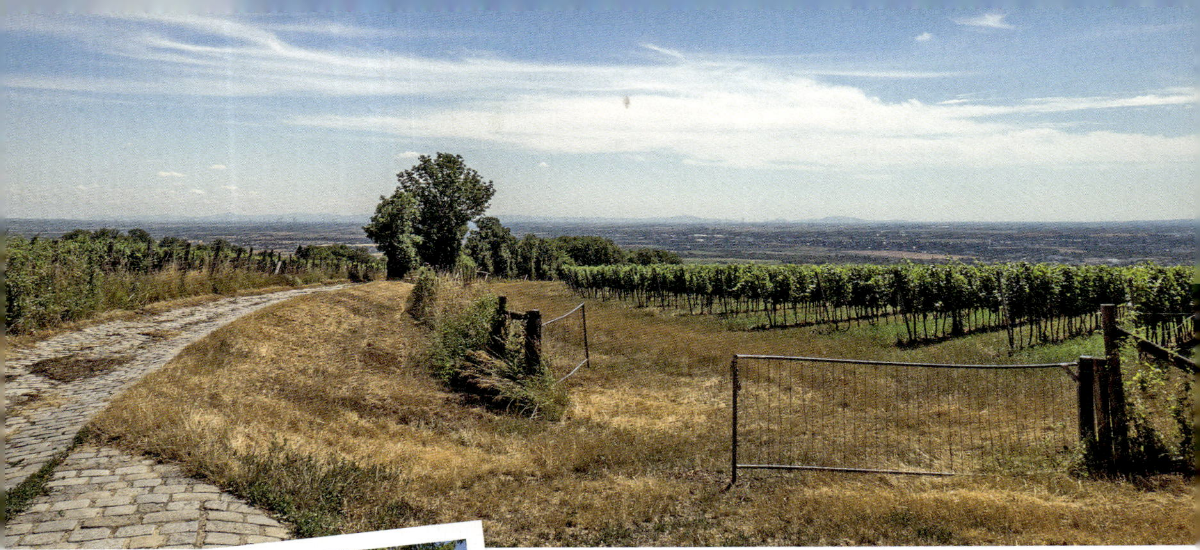

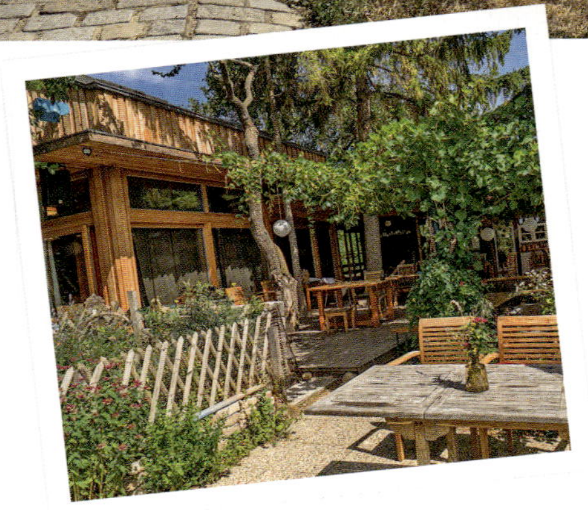

die hier beheimatet sind. Am Wiesenende treffen wir auf einen Steig, dem wir links zum kreuzenden, gepflasterten **Kallusweg** folgen. Hier beginnt rechts unser Abstieg.

Gemütliche Gartenlaube des Weinhandwerk-Heurigen

Ganz oben: Am aussichtsreichen Kallusweg

Hohlwege und Kellergassen Mit anfangs weitem Ausblick bis zur Hainburger Pforte wandern wir zwischen Weinrieden abwärts, später über einen bewachsenen Hohlweg. Nach einem eingezäunten, bebauten Grundstück achten wir auf Holzbohlenstufen auf der rechten Seite. Diese führen zu einem Weg zwischen den Weingärten. Beim **Heurigenlokal Weinhandwerk** treffen wir auf die asphaltierte **Senderstraße**, die für den öffentlichen Verkehr gesperrt ist und zum großen Parkplatz an der Stammersdorfer Kellergasse hinunterleitet. Hier könnte man den Bus nehmen. Wir aber gehen noch die Krottenhofgasse, die links neben dem **Restaurant Genusshütte** abzweigt, weiter hinunter in Richtung Strebersdorf. In der hübschen, gepflasterten Kellergasse gibt es nicht so viele Heurige wie in der Stammersdorfer Kellergasse, dafür aber auch weniger Verkehr. So kommen wir am **Biohof 5 Buschenschank im Weingarten**, am **Nichtraucher-Heurigen Beim Günter im Grünen** und beim **Gasthaus Stotzek** vorbei, ehe wir nach der Bioläranlage zum Bildstock an der Querung »Am Bisamberg« gelangen. Dort begeben wir uns rechts und biegen nach dem Friedhof nach links, bis wir bei der nachfolgenden Straßenbiegung ein schmales Gässchen passieren, das uns zur **Anton-Böck-Gasse** leitet. Um die Ecke befindet sich die Bushaltestelle.

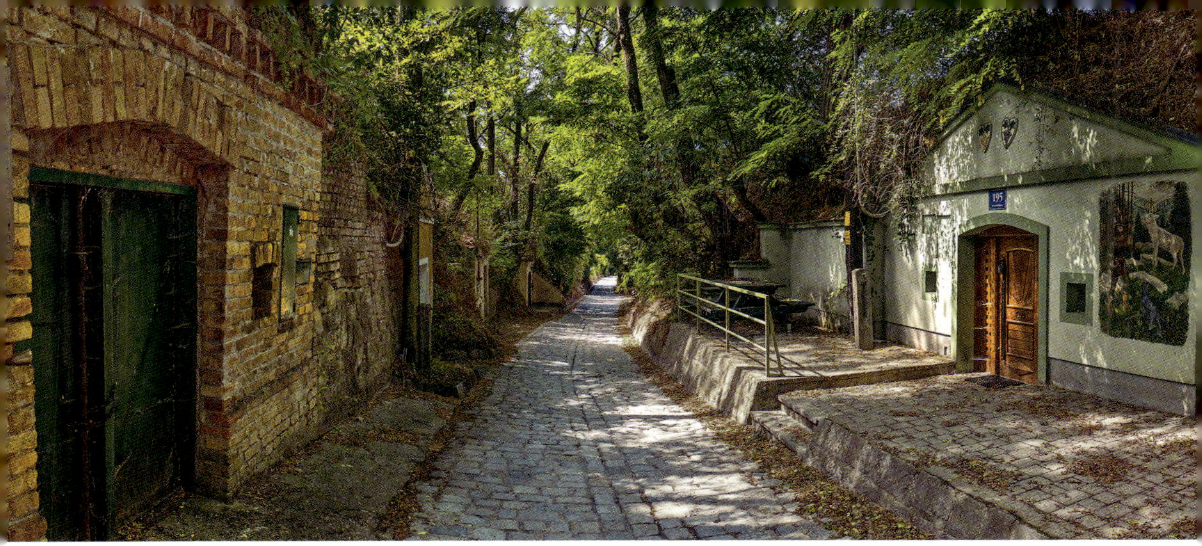

Auch die Krottenhofgasse wird von Weinkellern gesäumt.

Variante

Ohne Heurigen Express muss man die Tour von weiter unten beginnen, zum Beispiel von der Bushaltestelle des Endpunktes oder von der Haltestelle Strebersdorfer Platz der Linie 32A. In diesem Fall wandert man die Rußbergstraße nach Norden und biegt dann nach links an den De La Salle-Schulen der Schulbrüder vorbei, danach rechts an den Tennisplätzen vorbei und »Am Bisamberg« links zum Ausgangspunkt.

Wissenswertes

In Hochwasserzeiten stand das Wasser der unregulierten Donau nah »bis am Berg«. So kam der **Bisamberg** zu seinem Namen. Geologisch zählt er zum Sandstein-Wienerwald, der in der Wiener Pforte zwischen Leopoldsberg und Bisamberg durch die Urdonau abgetrennt wurde. In den Eiszeiten kam es zu Flugsand-Ablagerungen in Form mächtiger Lössschichten, in die einige für das Weinviertel typische Kellergassen gegraben wurden. Auf den kalkhaltigen Quarzsanden der Flyschzone wurde bereits seit der Kelten- und Römerzeit Weinbau betrieben. Zur Hochblüte kam es im 16. und 19. Jahrhundert, als Wein vom »Bisamberger Weingebirge« als einer der besten in der ganzen österreichischen Monarchie galt. Heute umfassen die Rebflächen der Großlage Bisamberg-Wien 232 Hektar in über 30 Rieden mit dem größten Anteil vom Wiener Weinbauort Stammersdorf. Neben den Weinrieden findet man am Bisamberg wärmeliebende Eichen-Hainbuchenwälder, aber auch Steppen- und Trockenrasen infolge aufgelassener Beweidung. 362 Hektar des Bisamberges wurden als Europaschutzgebiet Natura 2000 ausgewiesen. Unter den seltenen Tieren, die am Bisamberg heimisch sind, finden sich u.a. Ziesel, die Schmetterlingsart »Russischer Bär« und Hirschkäfer. Info: www.wien.gv.at/umwelt/wald/erholung

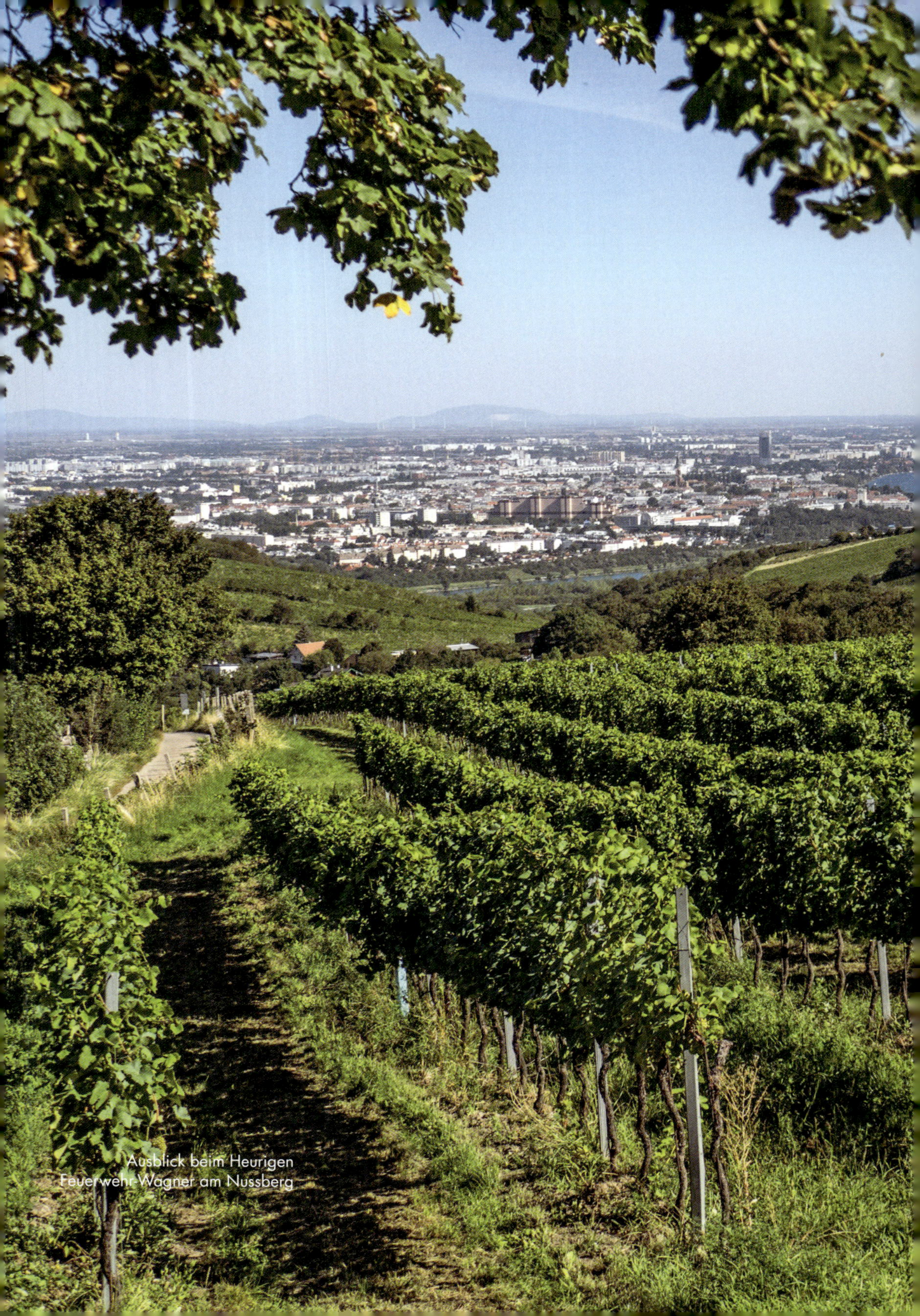

Ausblick beim Heurigen Feuerwehr-Wagner am Nussberg

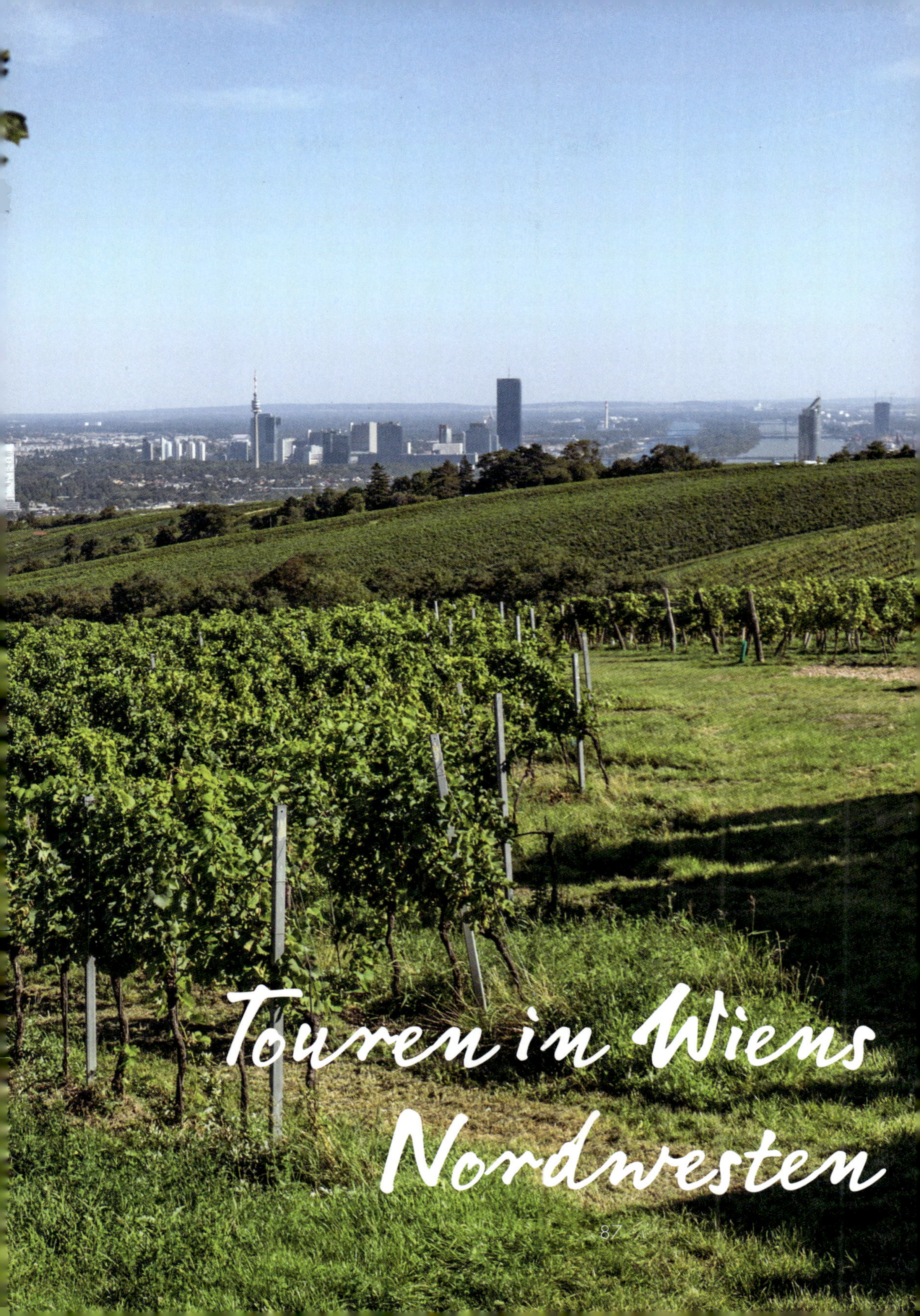

Touren in Wiens Nordwesten

20 Leopoldsberg

Ein fast alpines Ende der Alpen

Mittel | 5,3 km | 300 Hm | 2.00 Std.

Tourencharakter
Zum Großteil Asphaltwege (teils aufgebrochen) und Erdwege

Ausgangs-/Endpunkt
Bushaltestelle Kahlenbergerdorf (Linie 400).
GPS: 48.27461, 16.35675

VOR
Man kann die Tour an folgenden Haltestellen unterbrechen: Leopoldsberg oder Elisabethwiese (Buslinie 38A).

Einkehr
Josefinenhütte, Heuriger Hirt, Heurige und Buschenschänke im Kahlenbergerdorf

Info
Aktuelle Informationen zum Waldseilpark und zur Josefinenhütte: www.erlebniswelt-kahlenberg.at

Am Nasenweg finden Alpen und der UNESCO Biosphärenpark Wienerwald ihr nördliches Ende. Der aus Kalkmergel gebildete Steilabfall zur Donau bietet nicht nur seltene Flora und Fauna, sondern auch die schönste Aussicht auf Wien und die Donau.

Vom Kahlenbergerdorf über die Nase Von der Bushaltestelle **Kahlenbergerdorf** überqueren wir die Heiligenstädter Straße und wenden uns bei der Tafel »Zentrum« links über die Rudolf-Friedl-Stiege in Richtung der Pfarrkirche Kahlenbergerdorf. In der Bloschgasse wenden wir uns rechts, vorbei am **Heurigenschank Pospisil** und passieren den kleinen Parkplatz am Ende der Straße. Ein Wegweiser leitet uns weiter nordwärts zum Beginn des **Nasenweges**, der auf eine Weganlage um 1800 von Feldmarschall Carl Joseph Fürst de Ligne zurückgeht. Schnell gewinnen wir an Höhe und sehen hinüber zum Bisamberg

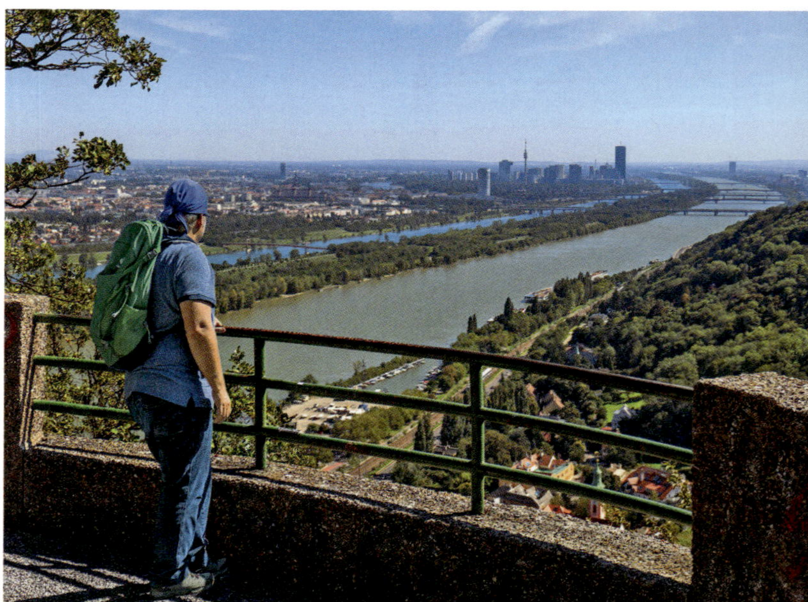

Von der Aussichtskanzel am Nasenweg bietet sich ein herrlicher Donaublick.

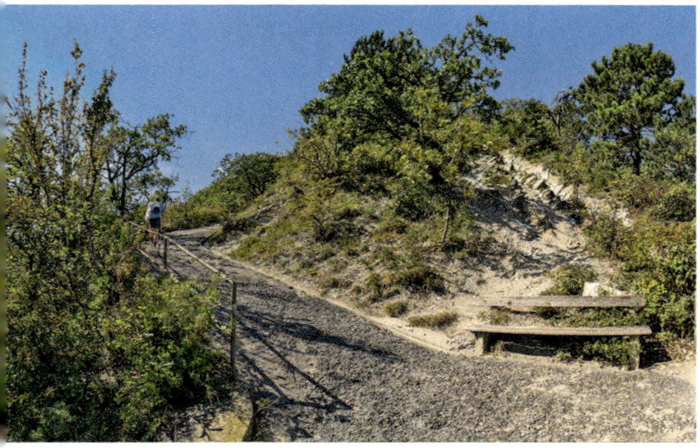

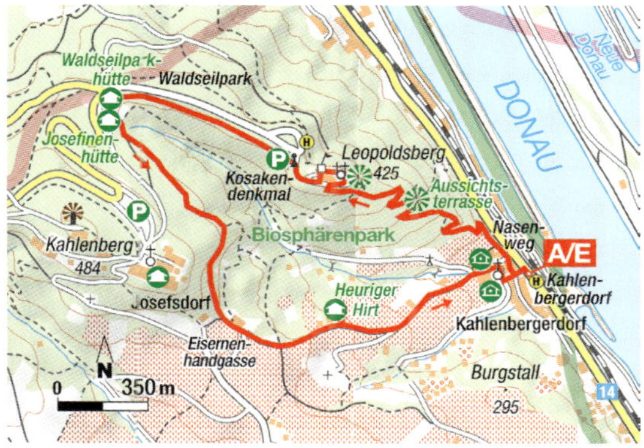

An dieser Stelle zweigt ein alpiner Abkürzungssteig über Gesteinsrippen ab.

jenseits der Wiener Pforte des Donaustromes. Eine Infotafel gibt kund, dass wir uns in einer der 37 Kernzonen des Biosphärenparks Wienerwald mit seltenen wärmeliebenden Flaumeichenwäldern befinden.

Nun dreht der Weg auf Süd über Stiegen, die uns zur **Leopold-Pröll-Ruhe** (Betonsitzbank) führen. Bald zweigen die ersten Abkürzungssteige vom grob asphaltierten Weg ab, doch wir verbleiben vorerst am Hauptweg. Im September reifen hier die Kornelkirschen des Dirndlstrauches. Bei der insgesamt fünften Wegkehre zeigt der Nasenweg seine alpine Seite. Von einer Sitzbank zieht ein etwas abschüssiger, unbezeichneter Steig über steil einfallende Felsrippen nach oben. Wer trittsicher und schwindelfrei ist, kann sich an diesem Abkürzungsweg erproben. Die Rückblicke zur Donau mit dem Kahlenbergerdorf sind eindrucksvoll. Nach der **Aussichtsterrasse** mit Rastbänken und hübschem Ausblick folgt nach der letzten, zwölften Kehre eine Abzweigung des Stadtwanderweges 1a, die wir wegen der Steilheit unberücksichtigt lassen. Also setzen wir – zwar auch steil – unseren Weg bis zu den Burgmauern fort und zweigen unmittelbar darunter nach rechts zur basteiartig vorspringenden **Aussichtsterrasse** (425 m) ab, die uns das schönste Wien- und Donaupanorama bietet.

Panorama
vom Leopoldsberg:

Im Norden: Stift Klosterneuburg – Waschberg – Michelberg – Burg Kreuzenstein – Buschberg – Bisamberg; im Osten: Kleine Karpaten (Devinska Kobyla – Braunsberg – Hundsheimer Berg); im Südosten: Alte Donau – Donauturm – Donau City – Donau – Millennium Tower – Prater – Leithagebirge; davor: Flaktürme Augarten – Belvedere – Ringturm – Stephansdom – Peterskirche – Karlskirche – Fernwärmewerk Spittelau – Votivkirche – Museen – Rathaus; im Süden AKH – Vienna Twin Tower – Rosaliengebirge – Anninger – Hochwechsel – Hoher Lindkogel – Schneeberg – Rax – Schneealpe – Hocheck – Unterberg – Reisalpe; im Westen: Kahlenberg

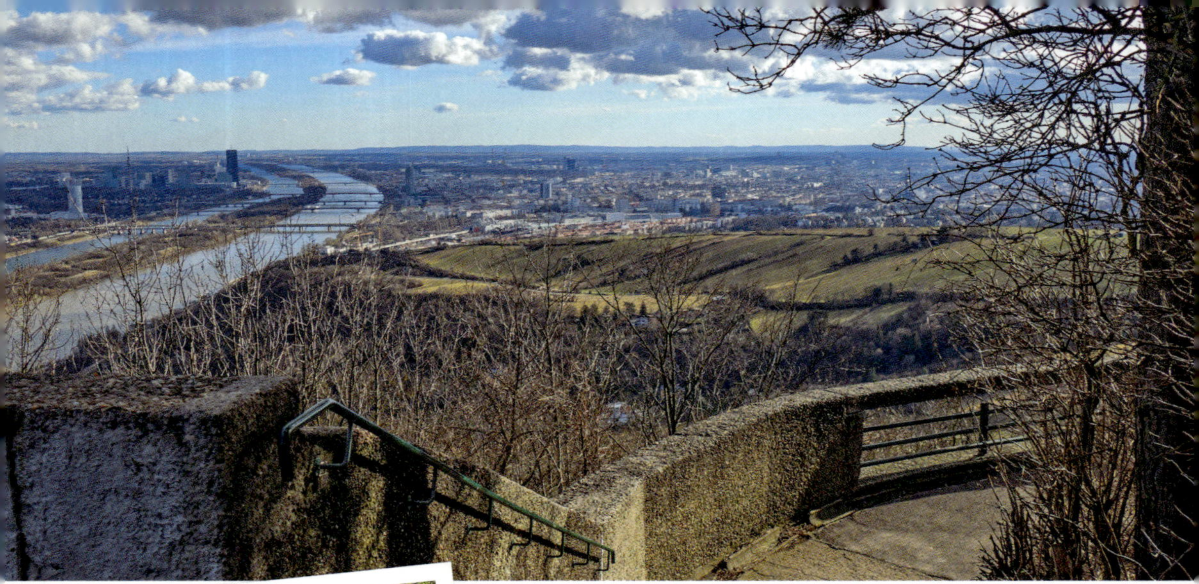

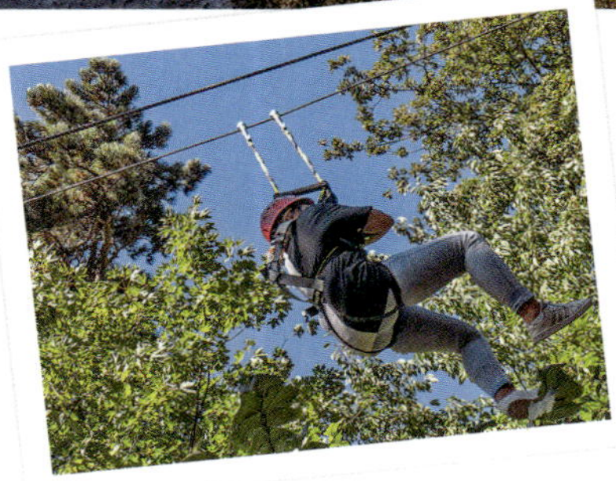

Der Rundgang um die **Burg Leopoldsberg** führt nordseitig zu einem weiteren Aussichtsplatz mit Blick zum Stift Klosterneuburg und Burg Kreuzenstein in der Ferne. Hat man den Rundgang um die Burganlage beendet, gelangen wir neben einer Mauer und vorbei an einer ukrainischen **Kosaken-Skulptur** hinunter zum **Parkplatz**. An der Straßenschleife der Höhenstraße befand sich einst eine spätkeltische Höhensiedlung.

Seilrutsche im Waldseilpark

Ganz oben: Der schönste Donaublick bietet sich vom Leopoldsberg.

Erlebniswelt Kahlenberg In Fortsetzung des Stadtwanderweges 1a wandern wir in Richtung »Elisabethwiese/Kahlenberg« auf dem asphaltierten Höhenweg neben der Höhenstraße weiter. Kurz vor der Elisabethwiese befindet sich der **Waldseilpark,** einer der größten Kletterparks Österreichs mit 17 Parcours. Wir gehen geradeaus weiter und passieren die Abzweigung zum Waldbachsteig, die wir aber ignorieren. Schließlich kommen wir zur **Waldseilparkhütte** und zur **Josefinenhütte**. Unmittelbar links davor kommen wir zur **Elisabethwiese**, über die wir in südöstlicher Richtung absteigen.

Abstieg Vorbei an einem Hydranten treten wir in den Buchenmischwald ein. Wir folgen dem **Stadtwanderweg 1** in südöstlicher Richtung weiter abwärts über einen Erdweg mit eingewalzten Steinen, bis dieser vor aussichtsreichen Weinrieden rechts abzweigt. Hier halten wir uns geradeaus in der asphaltierten Eisernenhandgasse weiter abwärts, wo wir zum kreuzenden Kahlenbergerdorfer Weinrundwanderweg kommen. Mit

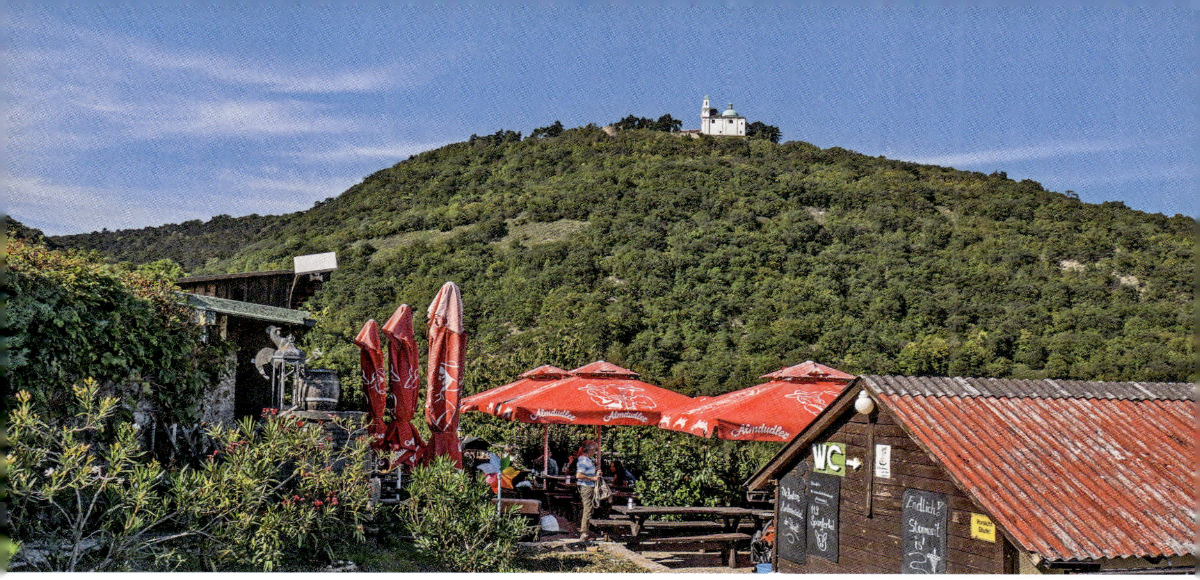

Beim Heurigen Hirt mit Blick zur Leopoldskirche

Aufblick zur Leopoldskirche, Tiefblick zum Kahlenbergerdorf und Fernblick zur Donau City gelangen wir zum **Heurigen Hirt**, der sich einer schönen Lage erfreut. Zwischen Rieden mit Weißburgunderreben erreichen wir schließlich das **Kahlenbergerdorf** mit einer Donaumädchen-Skulptur vor der Pfarrkirche St. Georg. Nach dem **Buschenschank Taschler** biegen wir rechts in die Wigandgasse, wo wir sogleich durch die **Billerstiege** links abzweigen, um über die **Rudolf-Friedl-Stiege** zurück zur Bushaltestelle zu kommen.

Wissenswertes

In der früheren babenbergischen **Burg Leopoldsberg** aus dem 12. Jahrhundert nahm die Schleierlegende des Stifts Klosterneuburg seinen Ursprung, wonach der vom Wind verwehte Brautschleier der Gemahlin des Markgrafen Leopold III. den Ort zur Kirchengründung bestimmte. Auch heute noch befindet sich der Schleier, der neun Jahre nicht gefunden wurde, unter den Reliquien des Stiftes Klosterneuburg. Wegen Streitigkeiten zwischen dem Besitzer Stift Klosterneuburg und dem Pächter ist die ehemalige Burganlage nach wie vor nicht öffentlich zugänglich (Stand Mai 2022).

Gerade hier, am eigentlichen »Kahlengebirge« erfolgte 1683 der Auftakt zur Befreiung Wiens von der Zweiten Türkenbelagerung, als die verbündete Allianz des Entsatzheeres unter Führung des polnischen Königs Jan III. Sobieski gegen die feindlichen Osmanen zur Schlacht aufbrach. Während ein Teil unter Herzog Karl V. von Lothringen auf einer Front angriff, brachten die von der Flanke dazustoßenden Elitetruppen den Sieg. 1693 wurde unter Kaiser Leopold I. anstelle einer zerstörten Kapelle eine neue fertiggestellt, die um 1720 zur heutigen **Leopoldskirche** umgebaut wurde.

21 Am Nussberg

Weinberg mit Donaublick

Mittel	7,0 km	205 Hm	2.15 Std.

Tourencharakter
Asphalt- und Erdwege

Ausgangs-/Endpunkt
Tram-Haltestelle Nussdorf/ Beethovengang (Linie D). GPS: 48.25952, 16.36271

VOR
Keine Möglichkeit unterwegs

Einkehr
Folgende Heurigen und Buschenschänke: Wagnerei Weinbau Wagner, Emmerich, Franzinger, Müller, Wieninger am Nussberg, Sirbu, Mayer am Nussberg, Wanderer am Fuße des Nussbergs. Am Ausgangspunkt in Nussdorf Einkehr zur Zahnradbahn (Endstation Linie D)

Ähnlich wie am höheren Leopoldsberg bietet der vorgelagerte Nussberg ein großartiges Wien-Panorama mit Tiefblick zum Donaustrom. Im Unterschied zu seinem höheren Nachbarn prägt fast ausschließlich Weinbau die Landschaft.

Durch die Weingärten Von der Endstation in **Nussdorf** folgen wir der Schienenschleife bis zu einer Grünfläche zurück, wo uns die Wegweiser »**Beethovengang**« bzw. »Wildgrube« zum Weg rechts neben dem Betonbett des **Schreiberbachs** leiten. Bei einer Wegteilung achten wir auf das Schild »Heiligenstädter Friedhof«. Auf der gegenüberliegenden Uferseite erreichen wir die querende Eroicagasse, über die wir rechts zum **Nussdorfer Friedhof** kommen. In Fortsetzung der Gasse beginnt neben der Friedhofsmauer ein Durchgang zu den **Weingärten**, der zuletzt steil ansteigt. Am Querweg setzen wir unseren Weg links fort, bis zu einem Wiesenstreifen, der die Weinriede trennt. Hier wenden wir uns rechts über den Hang aufwärts bis auf eine erhöhte Terrassenstufe, die die Weingärten unterbricht.

Gspritzer und Traubenmost

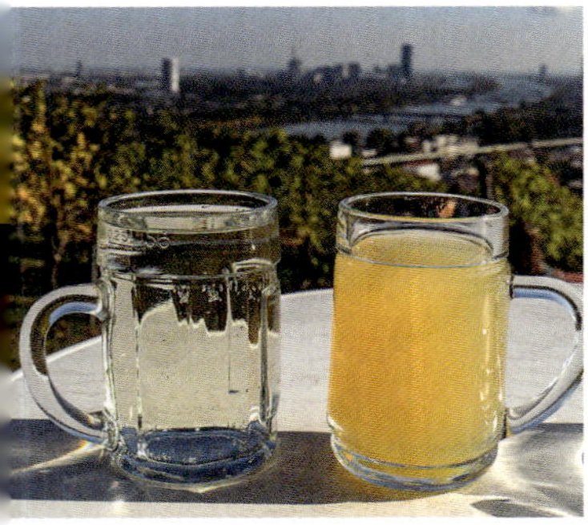

Dem querenden, aussichtsreichen Höhenweg schließen wir uns rechts an. Je weiter in östlicher Richtung, desto besser wird der Tiefblick zur Donau. Zur Traubenreife gibt es oft inmitten der Weingärten Ausschänke der Weinbauern, wie z.B. vom **Weingut Emmerich**. Sofern wir den Verlockungen widerstehen können, wandern wir bis zu einem betonierten **Sammelbecken**, wo unmittelbar danach ein unbezeichneter Weg links aufwärts zieht. Der folgende Querweg mündet schließlich flach nach rechts in die **Eichelhofstraße** zu einem aussichtsreichen **Kreuz**. Abgesehen vom flacheren Blickwinkel kann man zur Orientierung das Panorama vom Leopoldsberg heranziehen (siehe S. 89). Dort schwenken wir gemeinsam mit Stadtwanderweg 1 auf der befestigten Straße nach links hinauf, wo sich erste Ausblicke auf Kahlenberg und Leopoldsberg ergeben.

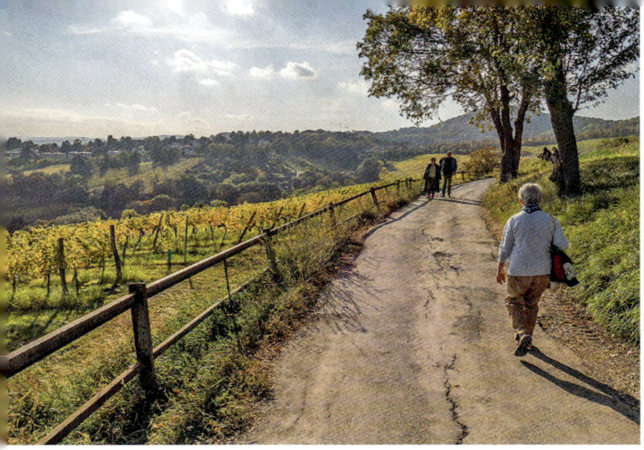

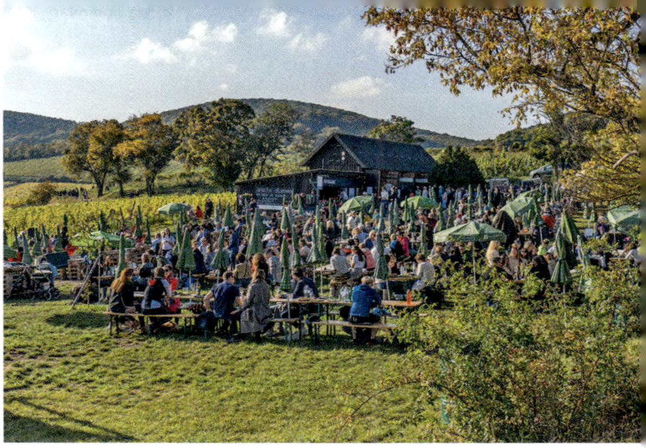

Beim Heurigen Mayer am Nussberg

Links: Unterwegs am Höhenweg

Nach einigen Hinweisen zu Buschenschanken inmitten der Weingärten (Emmerich, Franzinger, Müller) gelangen wir im flachen Gelände zum **Weingut Wieninger am Nussberg**. Von hier hat man immer noch einen schönen Ausblick zu den zentrumnahen Bezirken. Nach der unauffälligen, höchsten Erhebung des **Nussbergs** (342 m) senkt sich der Weg hinunter zur Kahlenberger Straße, wo der **Heurige Sirbu** und der überaus beliebte **Mayer am Nussberg** einen Ausschank betreiben.

Abstieg über Wildgrube und Mukental Unmittelbar links nach dem Heurigen Mayer biegen wir in den asphaltierten Wirtschaftsweg, der zunächst als Höhenweg weitere Weinriede quert, später abwärts durch Wald zur **Wildgrube** führt. Hier treffen wir wieder den Stadtwanderweg 1, der von der Sulzwiese herabführt. Wir treten nun den abschließenden Abstieg ins Tal an. Stets neben dem Schreiberbach entlang, wandern wir über das **Mukental** abwärts. Dabei kommen wir auch an einem Baumhaus mit buddhistischen Objekten und danach an seltsam ineinander verwachsenen Gehölzen vorbei. In der Folge erreichen wir den **Heiligenstädter Friedhof**, wo auch der Schriftsteller Ödön von Horváth und der Rennfahrer Niki Lauda begraben liegen. Nach Überquerung der Kahlenberger Straße betreten wir den **Beethovenpark**, wo der **Beethovengang** am Schreiberbach entlang ansetzt. Bei der kreuzenden Eroicagasse nehmen wir zur Abwechslung den Promenadenweg an der Zahnradbahnstraße, die an die ehemalige Trasse der Kahlenberg-Zahnradbahn aus dem 19. Jahrhundert erinnert. Die Promenade bringt uns zurück zur Straßenbahn-Endstation in **Nussdorf**.

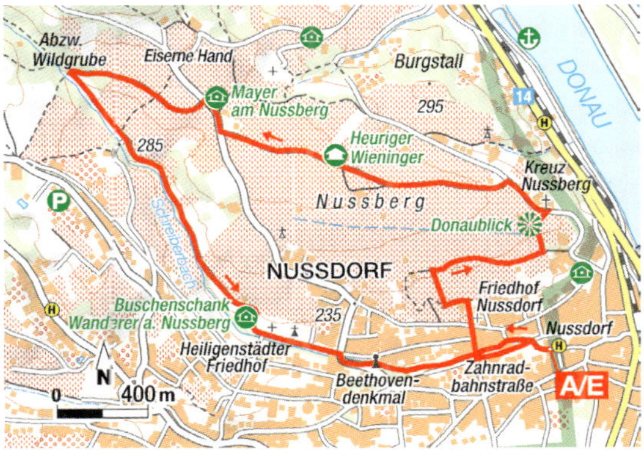

22 Heiligenstädter Parks

An eiszeitlichen Terrassen in Döbling

Leicht | 3,5 km | 85 Hm | 1.20 Std.

Tourencharakter
Überwiegend Asphaltwege, zum Teil Kies- und Pflasterwege

Ausgangspunkt
U-Bahn-Station Heiligenstadt, Ausgang 12.-Februar-Platz (Linie U4). GPS: 48.24888, 16.36598

Endpunkt
Bushaltestelle Gunoldstraße (Linie 10A/39A)

VOR
Man kann die Tour an folgenden Haltestellen unterbrechen: Tram Döblingerbad oder Barawitzkagasse (Linie 37).

Einkehr
Pizzeria Da Contessa (Heiligenstädter Str. 84, Nähe Halteraugasse), McDonald's

Info
Waschsalon Nr. 2/Karl-Marx-Hof: www.dasrotewien-waschsalon.at. Setagaya Park: geöffnet von April bis Okt. von 7:00 Uhr bis 19:00/20:00/21:00 Uhr, je nach Jahreszeit; Hundeverbot im Park. In den anderen Heiligenstädter Parks gilt Radfahrverbot und Leinenpflicht für Hunde.

Bei dieser Wanderung ersteigen wir den Steilabfall der eiszeitlich geprägten Arsenalterrasse und durchqueren drei Parkanlagen von Heiligenstadt. Wie Funde belegen, lebten einst Mammuts, Wollhaarnashorne und Höhlenhyänen in diesem Gebiet!

Durch den Karl-Marx-Hof Durch einen Tordurchgang betreten wir den **12.-Februar-Park** des **Karl-Marx-Hofs**, dem mit 1050 Metern angeblich längsten verbundenen kommunalen Wohnbau der Welt. Der Name der Grünanlage erinnert an die blutige Februar-Revolution 1934 gegen das faschistische Regime des Kanzlers Engelbert Dollfuß. An der **Statue »Der Sämann«** vorbei, wenden wir uns neben der Heiligenstädter Straße nach rechts. Bei dem Haus Nr. 84 wechseln wir in den Innenhof und gehen bis zur querenden Halteraugasse. Knapp rechts befindet sich der **Waschsalon Nr. 2** (Gedenktafel, Ausstellung »Das Rote Wien«). Dann folgen wir der Halteraugasse nach links, überqueren die Heiligenstädter Straße und benützen den Durchgang im Haus Nr. 141 zum **Heiligenstädter Park**, den wir nach einem Umkehrplatz halb links erreichen.

Auf die Arsenalterrasse Zwischen Spielplatz und Schrebergärten gelangen wir zum Beginn der Böschung, über die wir in mehreren Kehren die Oberkante der **Arsenalterrasse** erreichen, die aber kaum Aussicht bietet. Beim Hundeauslauf schwenken wir nach rechts und kommen in einer Linksschleife zu schönem Baumbestand und einer Lagerwiese, an deren Rand links der künstlich angelegte, sanierte **Heiligenstädter Teich** liegt. Danach kehren wir zum südlich verlaufenden Weg zurück und biegen beim Sportplatz nach rechts zum **Parktor** des ehemaligen Rothschild Gartens. Links haltend kommen wir neben dem **Hallen- und Sommerbad Döbling** über einen begrünten Durchgangsweg zum Parkplatz neben dem **Stadion Hohe Warte**. Die Stürzergasse setzen wir mit dem Karl-Decker-Weg fort, der

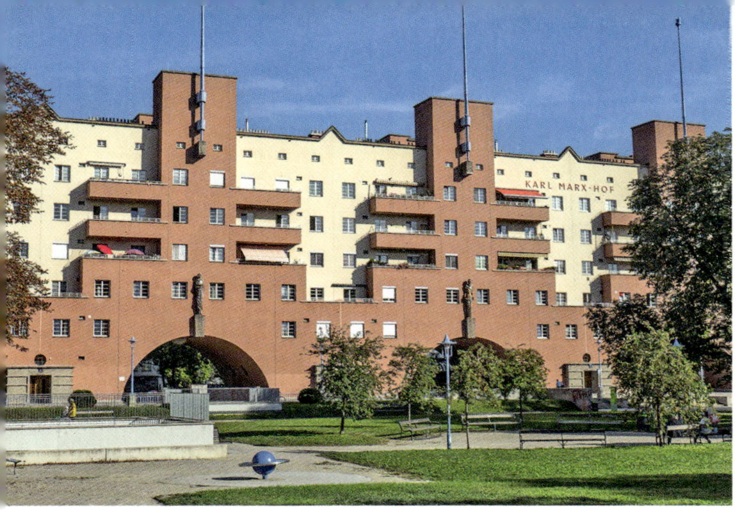

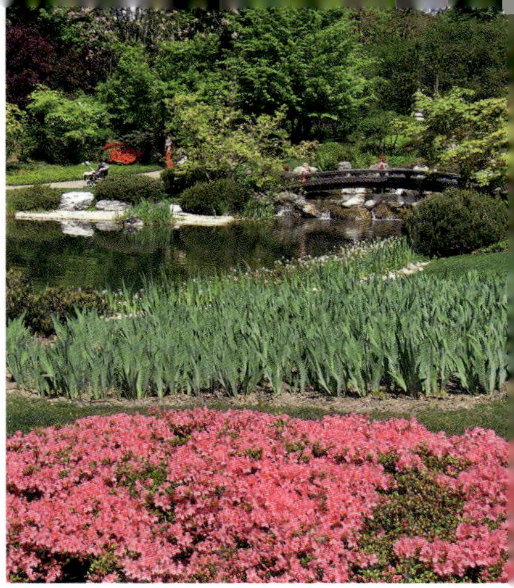

Japanische Azalee im Setagayapark

Links: Der Karl-Marx-Hof – ein Paradebeispiel des sozialen Wohnungsbaus in Wien

neben dem Gebäude der **Zentralanstalt für Meteorologie und Geodynamik** (ZAMG) beginnt und durch einen erstaunlich dunklen Waldabschnitt hinunterführt. So erreichen wir ein ruhiges Wohngebiet, in dem wir uns zweimal rechts halten, um zur Schienenstraße der Hohen Warte zu gelangen. Hier biegen wir nach links in einen begrünten Begleitweg.

Durch den Setagayapark Nach wenigen Metern betreten wir links durch ein Tor den japanischen Garten. Im **Setagayapark** besichtigen wir den schönen Teich, die Steinlaterne, die Brücke am Wasserfall, die Steinpagode und schließen die Runde durch das kleine Paradies über dasselbe Tor. Nach links setzen wir unseren Weg zur stark befahrenen Barawitzkagasse fort und kommen zu einer Brücke über die Vororte-Bahnlinie.

Wertheimsteinpark Danach folgt links ein schmales Tor mit Stiegenabgang in den **Wertheimsteinpark**. Halb links gelangen wir zum Rest des **Krottenbachteiches** mit verlandendem Schilfbewuchs. Über die Brücke an dessen Ende nehmen wir den mittleren Weg aufwärts, der uns zuletzt über Stufen zum Hauptweg leitet, auf dem wir links weitergehen. Vorbei an einem **Gedenkstein**, der an die Parkstiftung durch Franziska von Wertheimstein erinnert, kommen wir auch hier zur Terrassenböschung der **Arsenalterrasse**. Im Rechts-Links-Rhythmus der Wegtrassen erreichen wir mit Blick auf Millennium Tower und Ö3-Sendehaus den nordöstlichen **Parkausgang** gegenüber dem McDonald's. Von dort wenden wir uns nordwärts unter der Bahnbrücke hindurch zur Bushaltestelle **Gunoldstraße**.

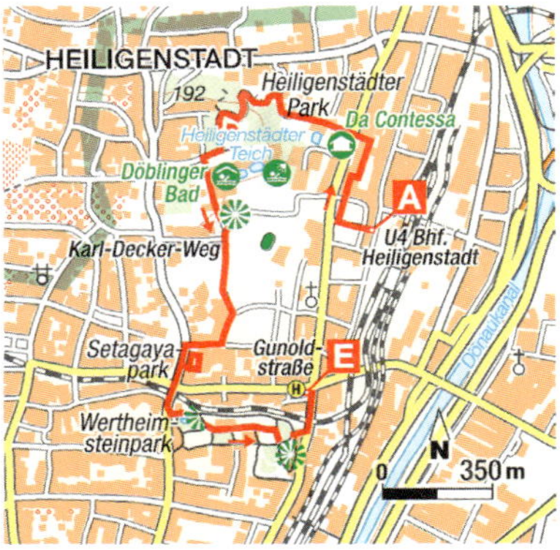

23 Von Grinzing zum Cobenzl

Wiener Weintradition im Wienerwald

Mittel | 5,8 km | 210 Hm | 1.30 Std.

Tourencharakter
Asphalt-, Erd- und Schotterwege

Ausgangs-/Endpunkt
Bushaltestelle Grinzing (Linie 38A). GPS: 48.25575, 16.34242

VOR
Man kann die Tour an folgenden Haltestellen unterbrechen: Cobenzl Parkplatz, Oberer Reisenbergweg/Mündung in Cobenzlgasse (Buslinie 38A).

Einkehr
Restaurant Waldgrill, Café & Restaurant Weitsicht Cobenzl (ab Herbst 2022), Genuss am Cobenzl, Heurige und Restaurants in Grinzing

In den Urkunden wurde der pittoreske Weinort Grinzing bereits 1114 erwähnt und gilt als das älteste Weinhauerdorf Österreichs. Weinbau prägt auch die Landschaft am Reisenberg bis hinauf zum Cobenzl, einem der besten Aussichtsplätze über Wien.

Über den Paula-Wessely-Weg Dort, wo sich die Fahrbahn in **Grinzing** teilt, nehmen wir rechts die wenig befahrene Cobenzlgasse. Gleich zu Beginn bei Nr. 8 wirbt der **Rudolfshof** mit »einem der schönsten Gärten von Wien« zur Einkehr. Vor der Grinzinger **Pfarrkirche Zum Heiligen Kreuz** wechseln wir die Fahrbahn und bewundern die alte Linde, die 1710 gepflanzt wurde. Auf der Kirchenorgel spielten bereits Beethoven und Schubert. Nach dem **Eissalon Vidoni** folgen wir links der Himmelstraße bis zum **Heurigen Wiegel** an der Ecke zur Feilergasse.

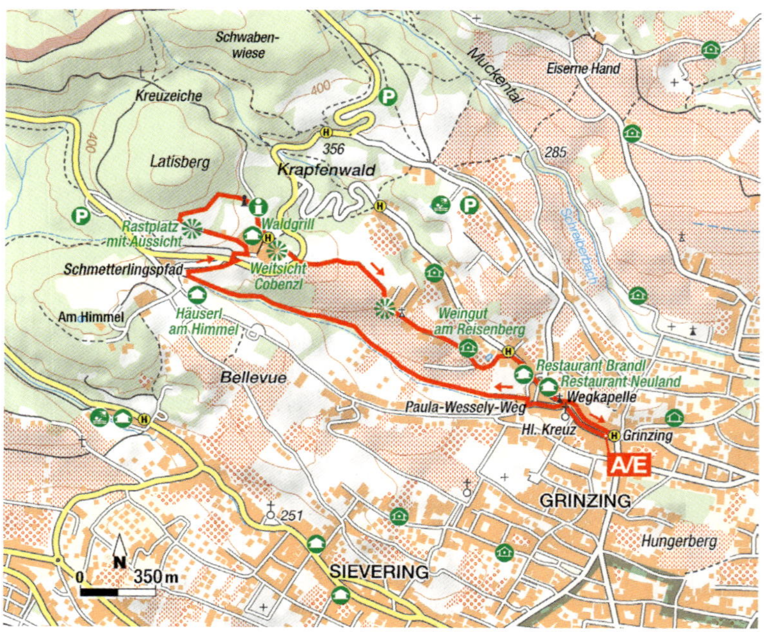

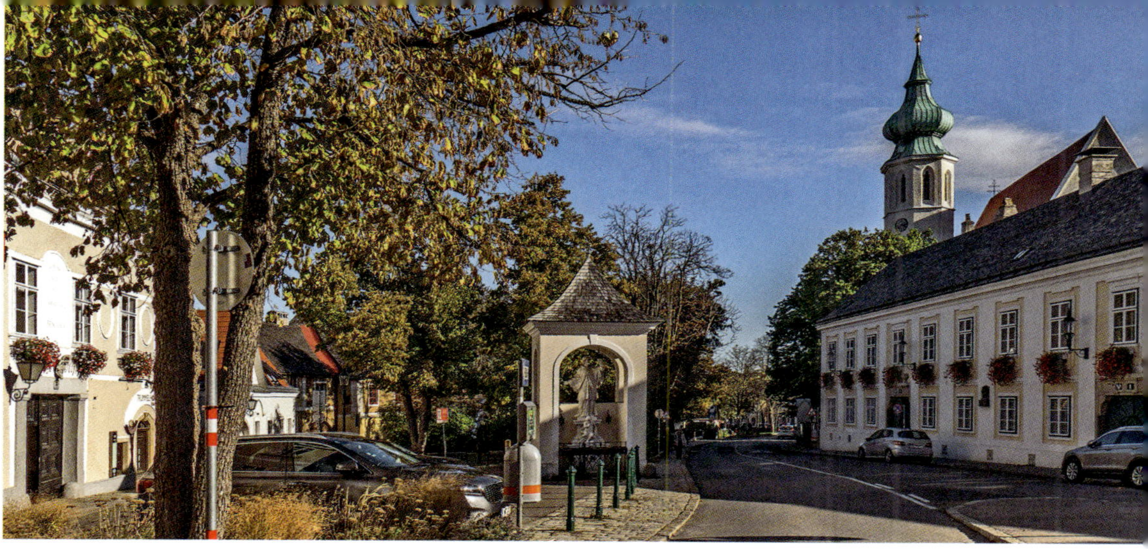

Im Weinort Grinzing

Gleich dahinter verbirgt sich ein schmaler Durchgang zwischen den Häusern nach rechts, der leicht zu übersehen ist. Dort hindurch kommen wir zum Beginn des **Paula-Wessely-Weges**, der stets neben dem Reisenbach entlang führt. Ohne große Fernblicke wandern wir am Fuße der Reisenberg-Weingärten aufwärts. Bald erreichen wir ein tief eingeschnittenes Waldtal. Bei einem querenden Steig könnte man bereits rechts zur Wiese abkürzen. Wir aber steigen weiter bergauf, passieren eine Schranke sowie eine Hinweistafel zum **Schmetterlingspfad**.

Bildstock am Reisenbergweg

Wissenswertes

Als der **Cobenzl** noch Reisenberg hieß, kaufte Graf Johann Philipp Cobenzl den Besitz der Jesuiten und errichtete ein Schloss mit Landschaftsgarten. Entgegen der Bräuche öffnete er den Park mit Baumtempel, Grotten, exotischen Pflanzen und Tieren für die zahlende Öffentlichkeit. Auch Wolfgang Amadeus Mozart war 1781 zu Gast und schwärmte von der riesigen Grotte am Nesselbach, die mit einem Wasserfall und Kristallen an den Wänden ausgestattet war, »als ob sie von Natur wäre«. Schloss und Herrschaft wurden 1835 an den Freiherrn von Reichenbach verkauft, den »Zauberer vom Kobenzl«. Geheimnisumwoben waren seine Aktivitäten und Experimente mit Dunkelkammern für seine Apparate, die tief unter der Erde lagen. Vom Erbe des Grafen Cobenzl blieb leider nur mehr der Name übrig. Das Schloss wurde in der Nachkriegszeit abgerissen und der Ort der Grotte bleibt rätselhaft.

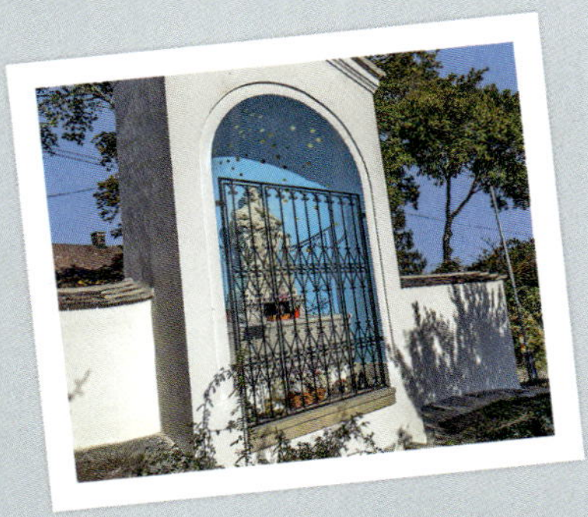

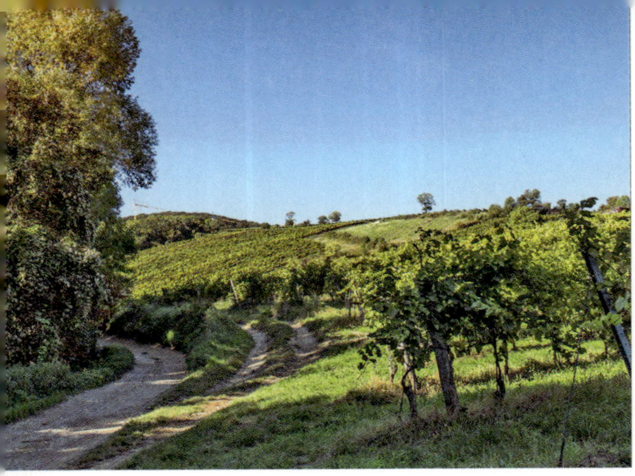

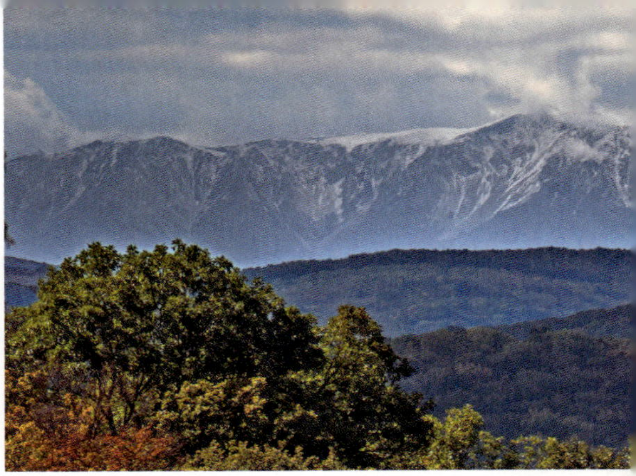

Der Paula-Wessely-Weg verläuft im Mittelteil zwischen Bach und Weingärten.

Mitte: Schneeberg und Rax von der Cobenzlwiese gesehen

Nun achten wir noch vor dem **Häuserl am Himmel** auf eine Abzweigung rechts. In einem Rechtsbogen gelangen wir an den oberen Wiesenrand nahe der Himmelstraße. Sitzbänke laden mit Blick auf Donauturm und Donau City zum Verweilen ein.

Zur Cobenzlwiese Unmittelbar nach der Lehrtafel »Schlehdorn« des Schmetterlingspfades bahnt sich ein Steig den Weg durch die Hecke. Dort überqueren wir die **Höhenstraße** und ersteigen die Wiesenböschung. Dabei peilen wir das oberste Gebäude des Weinguts Cobenzl als Ziel an, bis wir auf den querenden Weg am Wiesenrand treffen. Schon nach wenigen Metern öffnet sich von der **Cobenzlwiese** ein wunderbares Panorama auf Wien. Wir bleiben auf der Wiese vor der Hecke, auch wenn uns die Markierung hinter diese leiten will. Rastplätze mit Aussicht verleiten hier zum Picknick oder Genießen. Schließlich kommen wir hinauf zum Waldrand, von wo wir bei guter Fernsicht den besten Blick auf das Schneeberg-Massiv und die Voralpen haben.

Panorama
von der Cobenzlwiese:

Im Südosten: Donau City – Millennium Tower – Donau – Prater – Leithagebirge; davor: Augarten Flaktürme – Fernwärmewerk Spittelau – Hochhäuser Landstraße und Leopoldstadt – Stephansdom – Peterskirche – Richtfunkturm Arsenal – Belvedere – Votivkirche – Karlskirche – Hofburg – Rathaus; im Süden: AKH – Vienna Twin Tower – Schneeberg – Rax – Schneealpe – Unterberg – Göller – Reisalpe

Am Rückweg Wir folgen dem Waldrand wiesenseitig nach rechts, bis wir auf den Schotterweg am nordöstlichen Wiesenende treffen. Dieser führt uns durch Wald abwärts zum **Lueger-Denkmal**, wo der asphaltierte Hauptweg quert. Dort biegen wir nach rechts ab und kommen an Infotafeln und am Landgut und dem **Weingut Cobenzl** vorbei. Rechts liegt das beliebte **Restaurant Waldgrill** mit schönem Gastgarten. Das Ende der Großbaustelle am ehemaligen Café Luft-

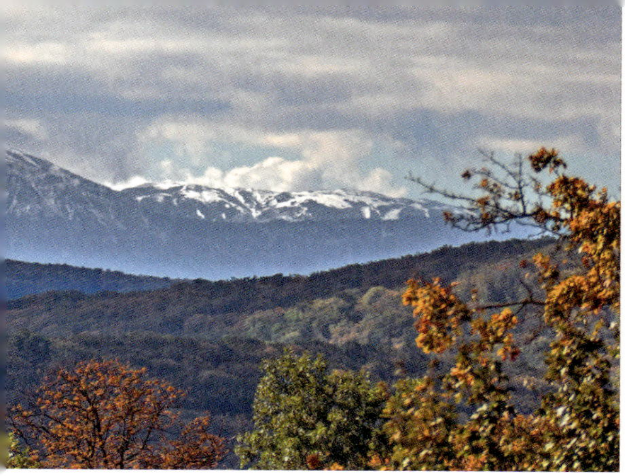

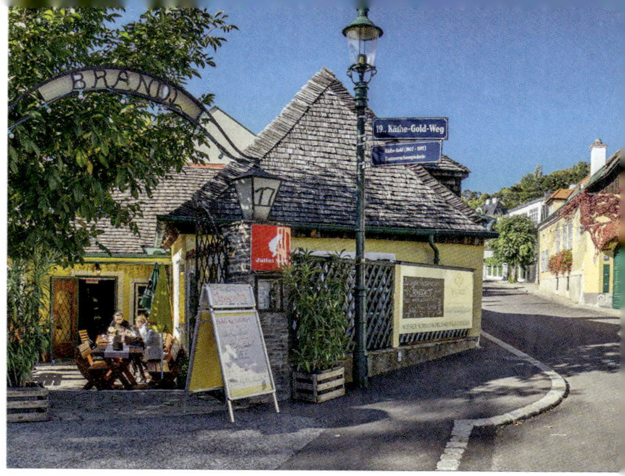

schloss Cobenzl ist mit Herbst 2022 avisiert. Hier eröffnet dann ein neues Café-Restaurant mit Namen **»Weitsicht Cobenzl«**, das dann mit öffentlicher Dachterrasse zum Besuch verlockt. Bis dahin müssen wir uns mit den Aussichtsbänken zwischen Hecke und Höhenstraße begnügen. Dazu halten wir uns schräg gegenüber der Parkplatzeinfahrt auf einem Pfad rechts durch die Hecke. Danach wenden wir uns in südöstlicher Richtung hinunter zur Höhenstraße, wo der **Obere Reisenbergweg** abzweigt. Links daneben befindet sich der Ausschank von **»Genuss am Cobenzl«** mit Liegestühlen im Weingarten.

Das traditionsreiche Grinzinger Restaurant Brandl

Finaler Abstieg Den **Oberen Reisenbergweg** kann man dank der Straßenbeleuchtung auch gut zur Dämmerung oder am Abend begehen. Abgesehen von den wegbegrenzenden Zäunen bietet sich eine beeindruckende Aussicht über Wien und den Grinzinger Steinbruch unterhalb des Krapfenwaldbades. In der Hälfte des Asphaltweges kommen wir am **Bildstock »Halbeimerkreuz«** aus 1734 vorbei. Die aussichtsreiche Location **»Weingut am Reisenberg«** kann man auch für private Feiern mieten.

Der historische Trummelhof in Grinzing

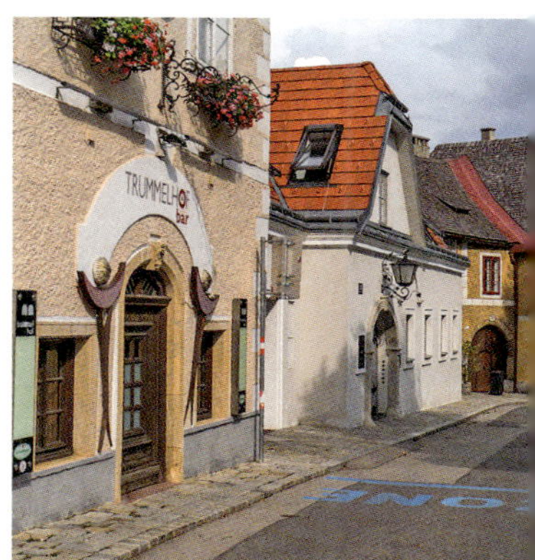

Nach der Einmündung in die Cobenzlgasse erkunden wir noch den Weinort Grinzing und lassen die Tour in einem der Restaurants oder Heurigen ausklingen. Dazu wandern wir die Cobenzlgasse weiter hinunter. Beim **Restaurant Brandl** wechseln wir die Straßenseite und spazieren durch den kleinen Park. Beim **Wirtshaus Neuland** mit österreichisch-chilenischer Küche wenden wir uns der barocken **Wegkapelle Hl. Nepomuk** im Fahrbahnteiler zu. Gegenüber befindet sich der **Trummelhof**, der auf eine ehemalige Befestigungsanlage der Babenberger zurückgeht. Wo sich Cobenzlgasse und Himmelstraße vereinigen, liegt die Haltestelle der Buslinie 38A.

24 Sternwarte- und Türkenschanzpark

Waldwildnis vs. Landschaftspark

Leicht | 3,1 km | 65/50 Hm | 1.00 Std.

Tourencharakter
Überwiegend Asphaltwege, im Sternwartepark Erd- und Schotterwege

Ausgangspunkt
Bushaltestelle Gregor-Mendel-Straße (Linie 40A). GPS: 48.23414, 16.33773

Endpunkt
Bushaltestelle Dänenstraße (Linie 10A/ 40A)

VOR
Keine Möglichkeit unterwegs

Einkehr
Meierei Diglas bzw. Eisdiele, Mensa BOKU Wien

Info
Im Sternwartepark gilt Hundeverbot, im Türkenschanzpark Leinenpflicht für Hunde. In beiden Parks ist Radfahren verboten.

Über ein Jahrhundert lang durfte sich im Sternwartepark eine erstaunliche Wildnis unter Ausschluss der Öffentlichkeit entwickeln, ganz im Gegensatz zum gepflegten Türkenschanzpark mit seinem teils exotischen Altbaumbestand und seinen schönen Teichen.

Zum Sternwartepark Von der Bushaltestelle sind es nur wenige Meter zum Eingangstor des **Türkenschanzparks**. Dort gehen wir geradeaus zwischen einer WC-Anlage und Kinderspielplätzen mit einem Rutschenhügel und einem Wasserspielplatz vorbei. Vor einer Lagerwiese wenden wir uns links durch ein weiteres Parktor über die Hasenauer Straße ins **Währinger Cottageviertel**. Entlang der Türkenschanzstraße mit ihren Villen kommen wir an der querenden Sternwartestraße zum Eingangstor des **Sternwarteparks**.

Naturjuwel aus Wildnis Schon wenige Schritte vom Tor wähnt man sich in einer anderen Welt. Kies- und Erdwege zwischen verrottendem Totholz erinnern eher an den Wienerwald, als an einen städtischen Park. Auch der Geruch der Luft erscheint hier würziger und intensiver als in anderen Parkanlagen. Immer der weiß-roten Markierung folgend, beschreiten wir den Rundweg,

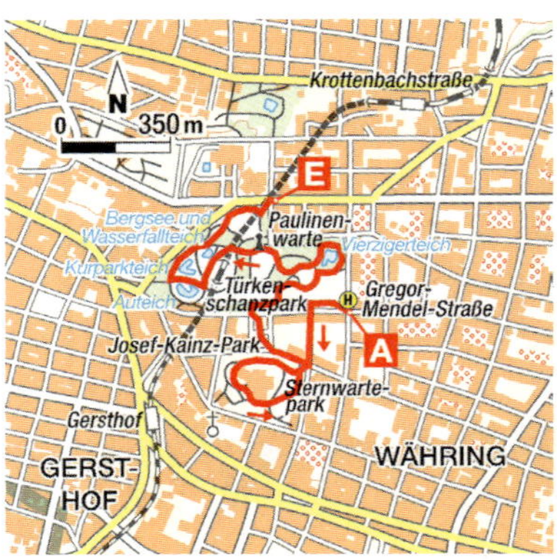

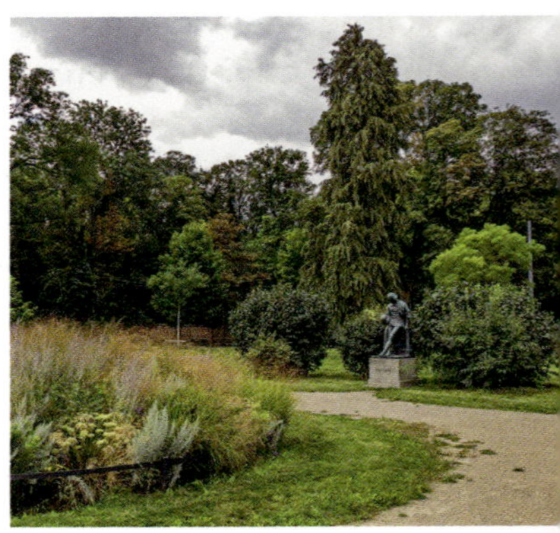

Im Josef-Kainz-Park

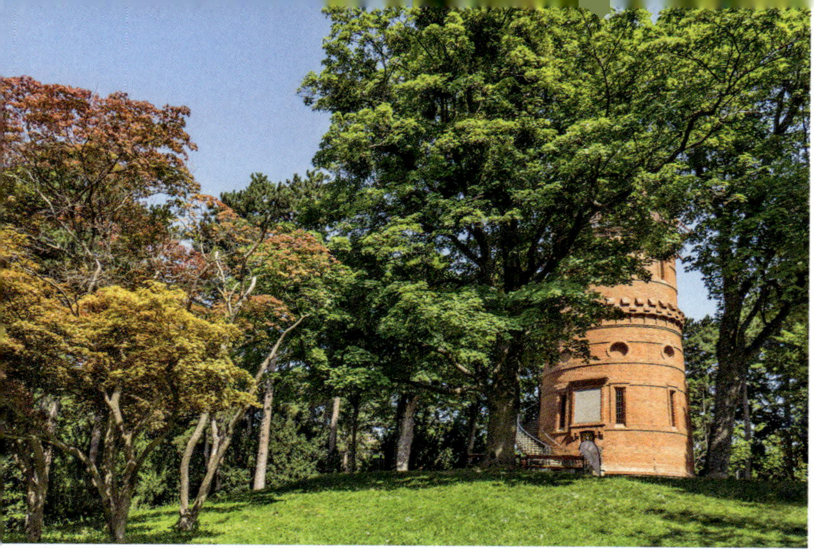

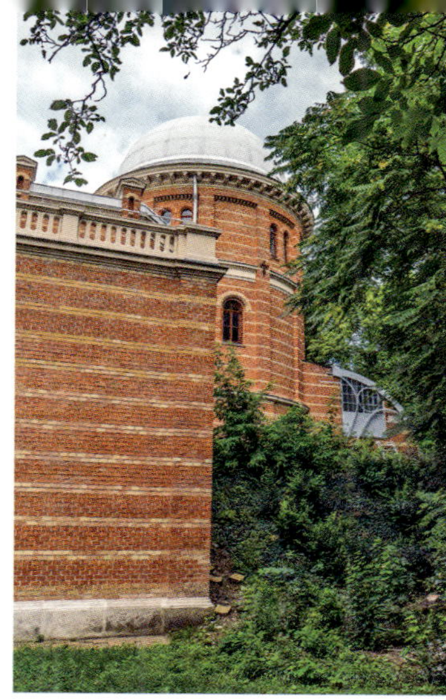

Die Universitätssternwarte

Links: Die Paulinenwarte ist bereits von Baumkronen überwachsen.

der zunächst an einem kleinen Backsteingebäude vorbei führt. Stellenweise erobert der Efeu ungehindert Baumkronen. Schließlich dreht der Weg zur Südseite der **Universitätssternwarte** und erlaubt Einblicke auf architektonische Baudetails. (Zu meiner Begehung fanden Sanierungsmaßnahmen an Fenstern, Fassaden und Rinnen statt.) Wir bleiben auf dem Ringweg und verlassen den Park durch dasselbe Tor und wenden uns sogleich neben der Parkmauer nach links zum kleinen **Josef-Kainz-Park**. Der nach einem k. & k. Hofschauspieler benannte Park weist im Zentrum ein Rondeau mit verschiedenen Blütenpflanzen auf und verfügt über ein Denkmal des Charakterdarstellers. Der Park ist rasch durchschritten. Am Ende halten wir uns links und wechseln über die Hasenauerstraße zu einem Parktor des **Türkenschanzparks**.

Durch den Türkenschanzpark Vor einem Spielplatz biegen wir nach rechts ein zum **Arthur-Schnitzler-Denkmal** an einer Weggabelung. Links kommen wir zu einer Lagerwiese, wo sich unterhalb der Paulinenwarte ein Weg nach rechts krümmt. Dieser führt beim **Alpinum** vorbei und schwenkt danach nach links. Bei der nächsten Wegkreuzung gehen wir scharf rechts zum Kuchenbaum, von dem wir einen schönen Blick zum **Vierzigerteich** mit seinem Springbrunnen haben. Wir umrunden den Teich entgegen dem Uhrzeigersinn, wobei wir ein Salettl passieren. Recht schöne Szenerien hat man auch am **Prießnitzbrunnen**. Vom **Quellbrunnen** des Teiches, der dem Begründer des Naturheilverfahrens mittels Wasseranwendung gewidmet ist, gehen wir hinauf zur **Paulinenwarte** mit einer besonders urig gewachsenen Stieleiche davor. Die mittlerweile zugewachsene

Aussichtswarte lohnt kaum die Mühe der Besteigung. Am besten überblickt man noch die südwestlichen Stadtgebiete, von der Otto-Wagner-Kirche über Schloss Wilhelminenberg, Jubiläumswarte bis zur Pfarrkirche Weinhaus. Aber immerhin bietet der historische Aussichtsturm auch selbst einen schönen Anblick.

Der Türkenschanzpark wartet mit zahlreichen Brunnen und Gewässern auf, wie dem Auteich (ganz unten) oder dem Wasserfallteich (rechte Seite).

Nun schlagen wir den nordwestlich verlaufenden Weg ein, der über eine Brücke zum Querweg vom **Vierzigerteich** führt. Sobald sich der Weg nach Westen biegt, befindet sich links ein sehenswertes **Kosaken-Denkmal**, das an die Mithilfe ukrainischer Kosaken im Entsatzheer gegen die Osmanen erinnert. Danach biegen wir am Querweg rechts ab, sodass wir zu einem runden Platz mit **Sandspielplatz** kommen. Dort halten wir uns links und bei der nächsten Weggabelung wieder links. Neben dem **Bergsee** kommen wir zu einer schönen Mammutbaum-Gruppe. In südlicher Richtung wandern wir schließlich zur **Meierei Diglas** (Montag Ruhetag) mit eigener Eis-

Das Kosaken-Denkmal

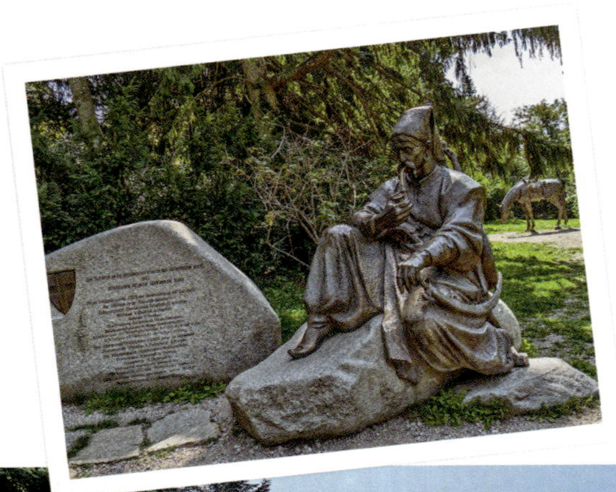

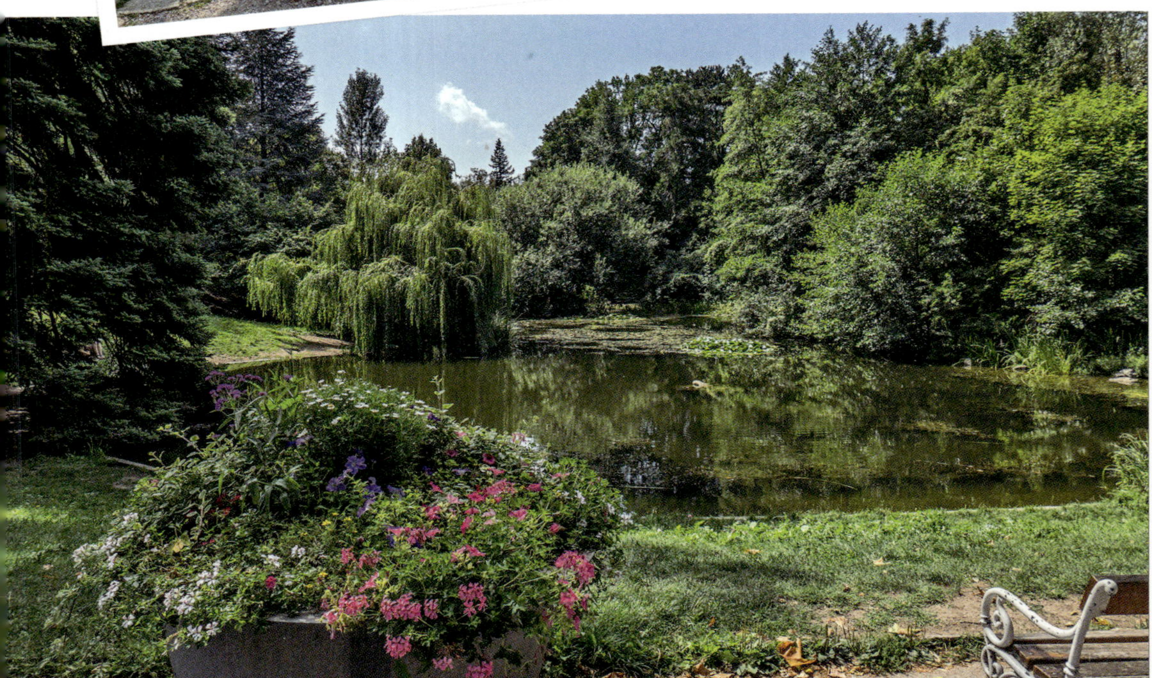

diele im Sommer. Von dort wenden wir uns ein paar Schritte zurück und nehmen dann den links abzweigenden Weg zwischen **Auteich** und **Kurparkteich**. Nahe dem Westufer wandern wir dann rechts weiter, wo ein runder Platz um einen kleinen Spielplatz folgt. Hier nehmen wir den zweiten Weg rechts, wo wir zu einer schönen Aussichtsstelle kommen: Südlich liegt der zauberhafte Bergsee zu unseren Füßen und nördlich plätschern zahllose Kaskaden in den **Wasserfallteich**. Die schöne Szenerie verlassen wir über einen nordöstlich verlaufenden Weg, der uns zum **Türkenbrunnen** leitet. Dieser wurde von der Türkei als Zeichen der Freundschaft und in Erinnerung an den türkischen Volksdichter Yunus-Emre gestiftet. Nur wenige Meter dahinter erreichen wir den Ausgang vom Türkenschanzpark. Über die **Dänenstraße** kommen wir schließlich zur Bushaltestelle.

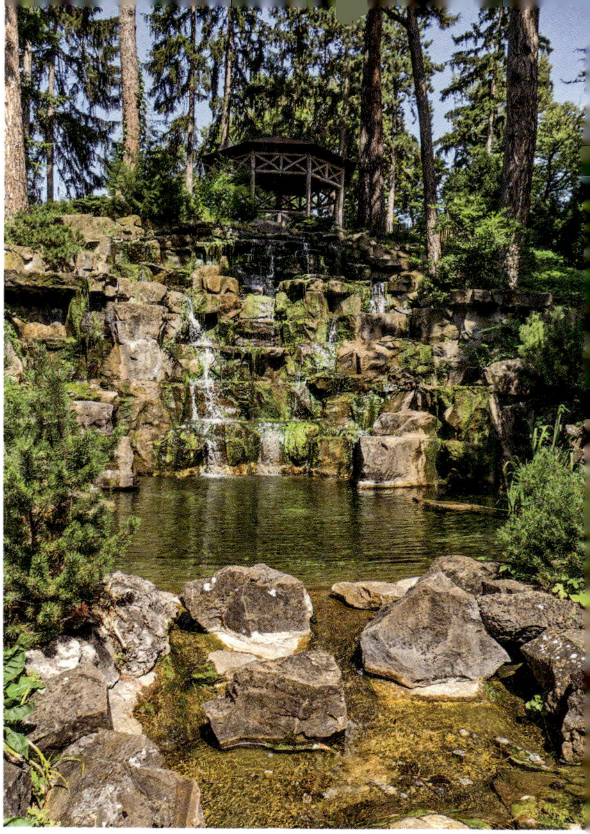

Wissenswertes

Erst seit 2013 ist der **Sternwartepark** öffentlich zugänglich. Rund 140 Jahre lang, seitdem der Park angelegt wurde, entwickelte sich aus Alt- und Totholzbeständen ein Wald ohne menschliche Eingriffe. Als Lebensraum für seltene Flora und Fauna kommt dem 5,8 Hektar großen Park eine wichtige Bedeutung zu: Seltene Insekten wie Sandbienen, Nachtpfauenauge oder Hirschkäfer können hier beobachtet werden. In den Altbäumen finden Vögel Nisthöhlen und Erdhöhlen bieten Füchsen und Dachsen Unterschlupf. Die große **Wiener Universitätssternwarte** im Park wurde 1883 in Anwesenheit von Kaiser Franz Joseph I. eröffnet und wird heute vom Institut für Astrophysik betrieben.
Info: www.wien.gv.at/umwelt/wald/erholung

Zur Zweiten Wiener Türkenbelagerung befand sich an der **Türkenschanze** eine türkische Befestigung mit Kanonen, die vom Entsatzheer unter Karl von Lothringen in einer blutigen Schlacht zurückerobert werden konnte. Später wurden am Wienerwald-Ausläufer des Michaelerberges Pulvermagazine errichtet, die vom Militär bewacht wurden. Ein großer Munitionsturm musste schließlich 1896 der Universität für Bodenkultur weichen. Der 15 Hektar große **Türkenschanzpark** entstand ein paar Jahre davor im Sinne eines englischen Landschaftsgartens mit 6500 m² Wasserflächen, mit Zierbäumen aus China, Japan und Nordamerika sowie dem Aussichtsturm Paulinenwarte mittendrin.
Info: www.wien.gv.at/umwelt/parks/anlagen

25 Sieveringer Panoramatour

Zum Himmel und zur Bellevuewiese

Mittel | 4,4 km | 180/210 Hm | 1.30 Std.

Tourencharakter
Überwiegend Asphaltwege, Erd-, Fels- und Pflastersteinwege

Ausgangspunkt
Bushaltestelle Gspöttgraben (Dr. Richard Linie 415). GPS: 48.25591, 16.31458

Endpunkt
Bushaltestelle Karthäuserstraße (Linie 415 und 39A)

VOR
Keine Möglichkeit unterwegs

Einkehr
Café-Restaurant Oktagon, Restaurant Häuserl am Himmel

Ähnlich wie Grinzing zählt auch Sievering zu den traditionellen Wiener Weinorten. Mit der Tour über den Sieveringer Römersteinbruch erhält die Streckenwanderung eine alpine Note und gipfelt mit grandiosen Panoramen von der Himmel- und Bellevuewiese.

Über den Steinbruch Gspöttgraben West Wir starten in Richtung stadtauswärts, bis rechts der Asphaltweg in den **Gspöttgraben** abzweigt. Nach einem Schranken biegt die gelb markierte Route nach links ab, doch bei der folgenden Rechtsbiegung verlassen wir den markierten Weg nach links, wo wir einen Schranken passieren. Wir bleiben auf dem Hauptweg, auch wenn nach einer kleinen Wiese einige Abschneider abzweigen. Unser Weg biegt nun rechts um eine Berglehne in den **Steinbruch Gspöttgraben West**. Bei einer Feuerstelle folgen wir einem schmalen, zuneh-

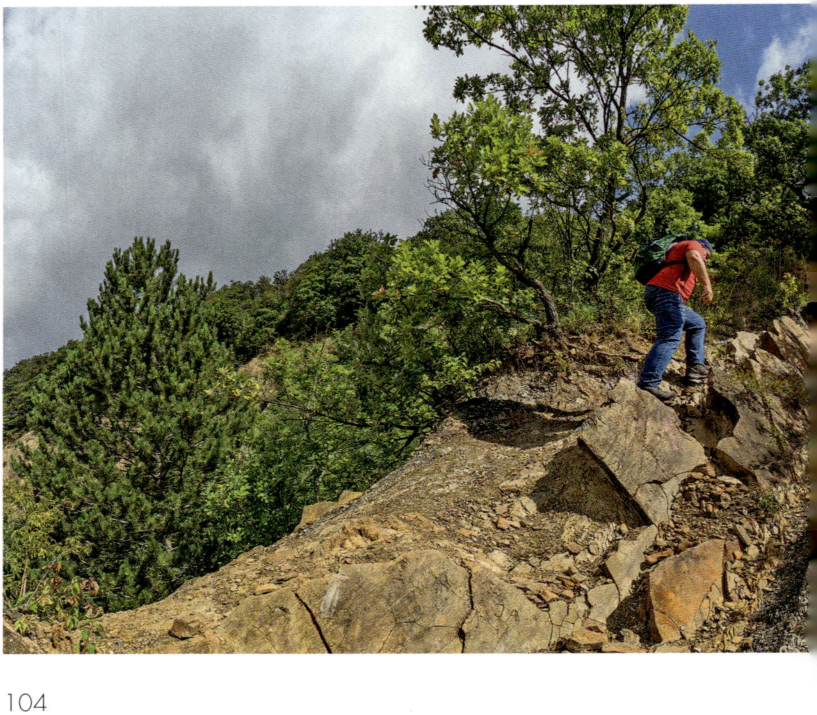

Rechte Seite: Sisi-Kapelle am Pfaffenberg

Aufstieg über den Steinbruch Gspöttgraben

mend steinigen Weg nach rechts auf eine aussichtsreiche Bergschulter, an der die steil einfallenden Schichtplatten der Sieveringer Schichten zutage treten. Mit erstem Ausblick auf die Stadt (vom Prater über Stephansdom bis zur Gloriette) führt der Steig wildromantisch über die felsige Berglehne. Oben an der **Geländekante** des Steinbruchs zweigen einige Pfade ab, wo wir dem fast ebenen Steig geradeaus bis zu einem umgestürzten Baum folgen. Dort halten wir uns links im Wald aufwärts zum Bergplateau. Durch das Geäst hindurch erblicken wir bereits geradeaus mit leuchtend weißer Fassade das nächste Ziel: die neugotische **Sisi-Kapelle**.

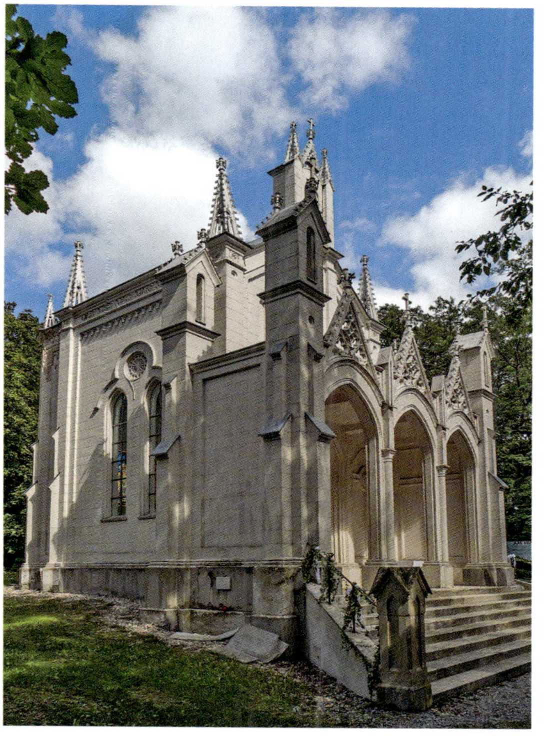

Pfaffenberg und Himmel Von der Hinterseite der Kapelle mündet ein schmaler, unscheinbarer Pfad in einen Querweg. Diesem Erdweg folgen wir zu einer Wegverzweigung westwärts, wo wir uns rechts halten.

Wissenswertes

Schon seit Römerzeiten wurde im **Sieveringer Steinbruch** Sandstein zur Pflasterung der Straßen im Militärlager Vindobona abgebaut. Bis 1724 gab es nur in der Innenstadt durchgehend gepflasterte Straßen, was zu einer Intensivierung des Abbaus in der frühen Neuzeit führte. Versuche unter Maria Theresia ergaben im 18. Jahrhundert, dass die Pflastertechnik aus Kopfsteinpflaster anstatt Katzenkopfpflaster Vorteile gegenüber der Verwendung unregelmäßig behauener Steine bot. Statt Sandstein wurde nun Granit verwendet, der länger der Belastung standhielt. Nach 1921 wurde der Sieveringer Steinbruch stillgelegt und die Natur begann, das Areal zurückzuerobern.

Anlässlich der Hochzeit von Kaiser Franz Joseph I. und Elisabeth ließ Baron Carl Freiherr von Sothen die neugotische **Sisi-Kapelle** in den 1850er-Jahren errichten. Aus einfachen, bürgerlichen Wiener Verhältnissen stammend kam er durch Los- und Lotteriegeschäfte zu Reichtum, doch er galt als Ausbeuter seiner Bediensteten. 1881 wurde er aus Rache von seinem Förster erschossen und in der Gruft der Sisi-Kapelle beigesetzt. Nach dem Zweiten Weltkrieg beschädigt und in Verfall geraten, wurde die Kapelle Ziel von Vandalismus. 2002 wurde sie durch den Verein Kuratorium Wald erworben, renoviert und modernisiert und dient seit 2006 u.a. für Kulturveranstaltungen.

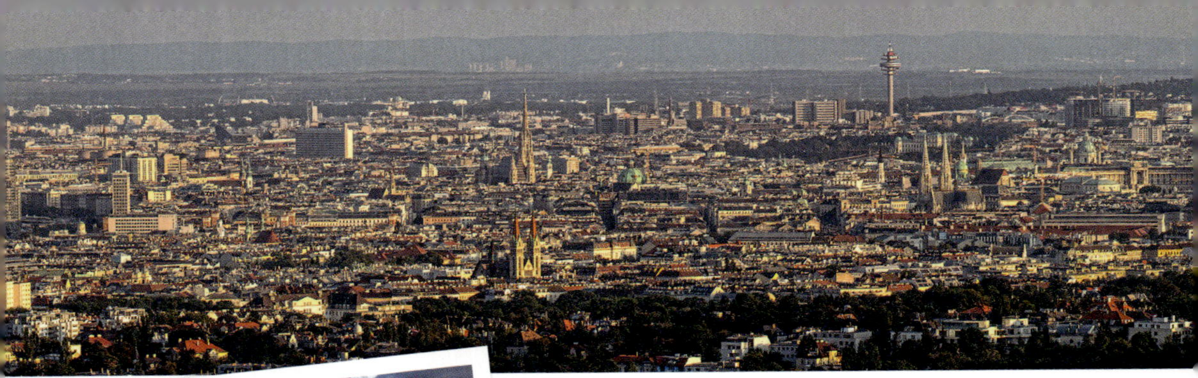

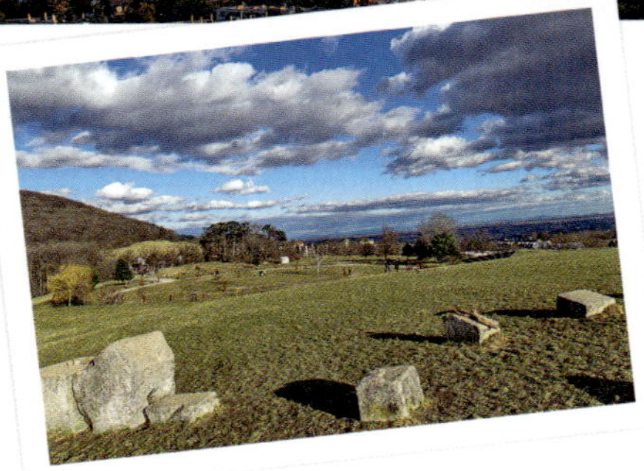

Am Pfaffenberg

Ganz oben: Von der Bellevuewiese öffnet sich ein tolles Wienpanorama – hier vom Ringturm bis zur Hofburg

Nach der Überschreitung eines Grabens erreichen wir den mit Wasserlinsen bedeckten **Pfaffenbergteich**, einer wenig attraktiven Lacke kurz vor dem Waldrand. Von dort führt ein Pfad hinaus auf die freien Wiesen des **Pfaffenbergs** (415 m) mit einigen verstreuten Granitblöcken. Hier öffnet sich ein reizvoller Ausblick über den Lebensbaumkreis hinweg zum Cobenzl und dem nördlichen Wien. Nun steigen wir links neben dem **Lebensbaumkreis** hinunter zu dessen Zugangsweg und erkunden im runden Amphitheater die einzelnen Hörstationen und Infotafeln. Von der **Himmelwiese** gelangen wir danach am Zugangsweg zum großen Spielplatz und dem **Café-Restaurant Oktagon** mit hübscher Gastterrasse. Der Weg führt hinaus zur querenden Himmelstraße, wo wir rechts dem gelb markierten Gehsteig folgen. Vorbei am gegenüberliegenden **Restaurant Häuserl am Himmel** überqueren wir den Zugangsweg zum Gspöttgraben.

Panorama
von der Bellevuewiese:

Donauturm – UNO City – Millennium Tower – Donau City – Donaukraftwerk Freudenau – Augarten-Leitturm – Prater – Flughafen-Tower – Fernwärmewerk Spittelau – Augarten-Gefechtsturm – Hochhäuser Landstraße und Leopoldstadt – Ringturm – Stephansdom – Votivkirche – Richtfunkturm Arsenal – Belvedere – Karlskirche – Hofburg – Rathaus – AKH – Vienna Twin Tower – Gloriette

Zur Bellevuewiese Gegenüber der einmündenden Bellevuestraße treten wir auf der linken Seite auf die **Hundeauslaufwiese** hinaus und folgen am Rand der Baumhecke bis zur Holztafel mit Schmetterlingsymbol nach rechts. Dort überqueren wir nochmals die Himmelstraße und wenden uns bei einem Schranken neben den Weinreben hangaufwärts. Oben auf der **Bellevuehöhe** (388 m) befindet sich ein **Rastplatz** an einer Infotafel des Schmetterlingspfades mit schönem Ausblick auf Cobenzl, Kahlenberg und Teile der Stadt Wien zwischen dem Donaukraftwerk Freudenau, Stephansdom und Belvedere.

Nach kurzem Abstieg südwestwärts mündet unser Weg in die asphaltierte, für öffentlichen Verkehr gesperrte Bellevuestraße, die wir, begleitet von Weingärten, hinabwandern. Sobald links Stufen auf die **Bellevuewiese** hinaufführen, sollten wir keinesfalls auf den Abstecher verzichten, denn von dort hat man einen der besten und umfassendsten Ausblicke auf Wien. Im östlichen Bereich erinnert ein **Denkmal** an **Dr. Sigmund Freud**, der hier im Jahr 1895 Inspiration für seine Traumdeutung fand.

Abstieg Wir verlassen die Bellevuewiese neben der Abzäunung der Weingärten und setzen auf der Bellevuestraße den Abstieg fort. Bald kommen wir an mondänen Villen vorbei. Wo eine Straße von schräg links einmündet und die Bellevuestraße nach rechts dreht, achten wir auf den rechts abzweigenden **Schatzlsteig**, der einen direkten Stiegenabgang zur Sieveringer Straße hin ermöglicht. Am Ende befindet sich die Bushaltestelle auf der gegenüberliegenden Straßenseite. Rechts finden wir einen Brunnen und ein **Denkmal** der **Gans Lilli** als Symbol der Gemütlichkeit.

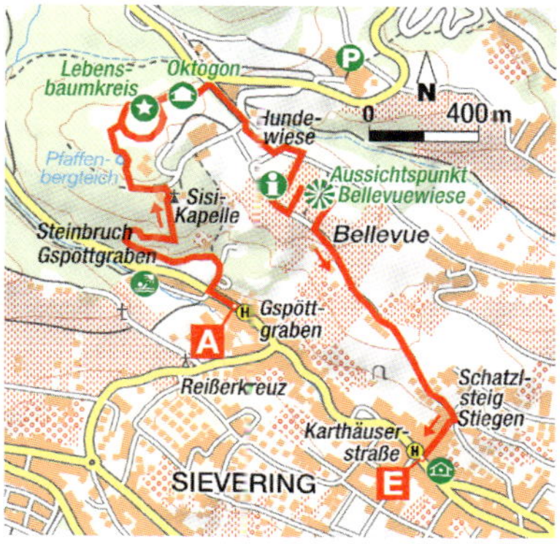

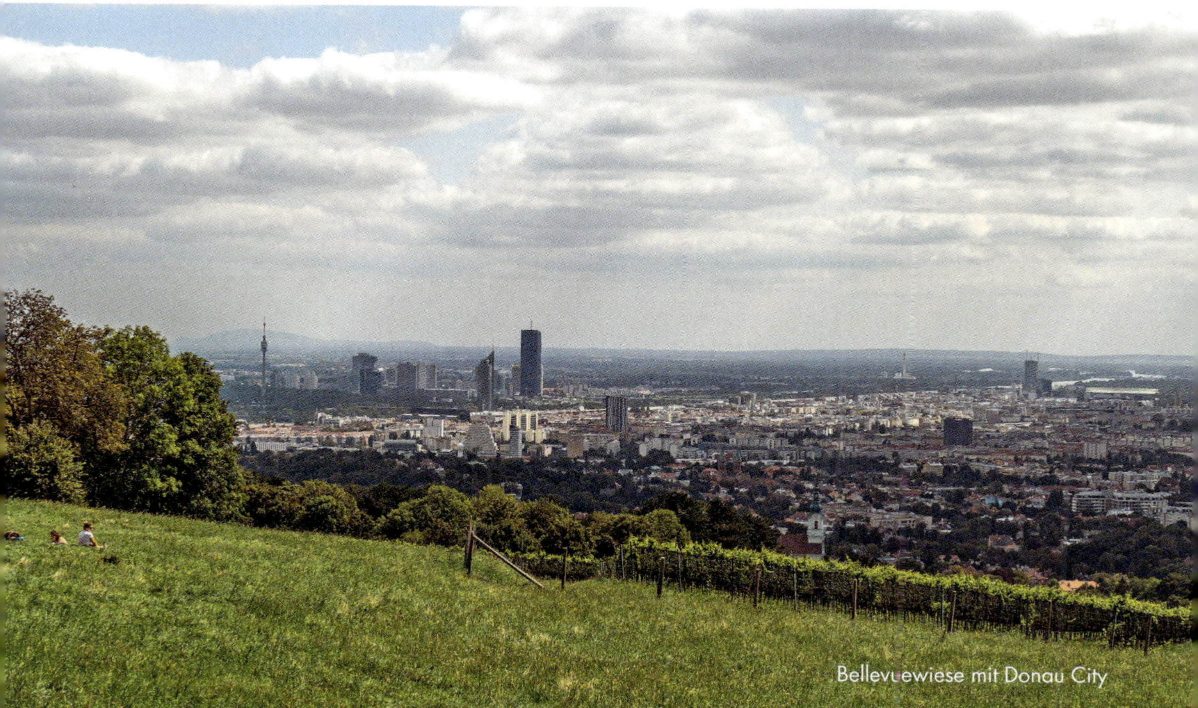
Bellevuewiese mit Donau City

26 Hermannskogel

Zum höchsten Gipfel Wiens

Mittel | 4,7 km | 230 Hm | 1.30 Std.

Tourencharakter
Überwiegend Asphaltwege, steinige Erd- und Schotterwege

Ausgangs-/Endpunkt
Bushaltestelle Höhenstraße/ Rohrerwiese (Linie 43A). GPS: 48.26695, 16.29655

VOR
Keine Möglichkeit unterwegs

Einkehr
Fischerhaus, Gasthaus zum Agnesbrünnl, Grüass Di a Gott Wirt

Info
Öffnungszeiten Habsburgwarte: April bis Okt. Sa. 13:00 bis 18:00 Uhr, So./Fei. 10:00 bis 18:00 Uhr

Das mythische Agnesbründl

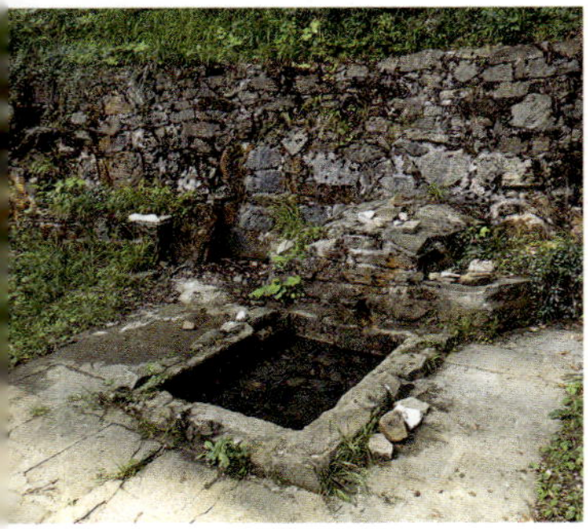

Als höchste Erhebung der Stadt Wien bietet der Hermannskogel von der Ende des 19. Jahrhunderts erbauten Habsburgwarte eine gute Aussicht. Mit Jägerwiese und Agnesbründl hat die Runde im UNESCO Biosphärenpark Wienerwald einige beliebte Orte zu bieten.

Zur Jägerwiese Über den Parkplatz zurück biegen wir links in den Zugangsweg zum **Fischerhaus**. Am Ende des Weges weist uns der Wegweiser »Grüß di a Gott Wirt« die Richtung nach links durch den Wald. Man könnte aber auch am oberen Rand der **Rohrerwiese** nach links gehen. Wo wir auf den asphaltierten Weg zur Jägerwiese treffen, zweigen wir rechts ab und wandern durch den dichten Buchenmischwald aufwärts. Von einer Bergschulter geht es kurz abwärts, ehe wir mit der **Jägerwiese** vor Augen zu einer Wegkreuzung kommen. Hier folgen wir links dem Schild »Agnesbründl« zum **Gasthaus zum Agnesbrünnl** am Rande der Jägerwiese.

Zum Agnesbründl Von der Hinterseite des Gasthauses wenden wir uns zwischen zwei Zäunen einem steinigen Waldpfad nach Norden zu. Wo der Weg nach Westen biegt, lichtet sich der Wald und wir blicken auf Wienerwaldberge um Klosterneuburg. In Kürze erreichen wir das sagenumwobene **Agnesbründl** (auch Agnesbrünnl), dessen Wasser Heilkräfte haben soll.

Auf den Hermannskogel Auf demselben Weg retour folgen wir nun dem Zaun neben der **Jägerwiese**, wo ein Haflinger und zwei Esel untergebracht sind. Die rote Markierung leitet uns auf dem Stadtwanderweg 2 durch den Wald und neben der verwilderten Kogelwiese leicht aufwärts. Beim historischen **Grenzstein 195** der Gemeinde Wien zweigt links der markierte Weg zum Gipfel ab, dem wir weiter folgen. Dieser führt zum Bergkamm, von wo wir links nach wenigen Metern über Gesteinsrippen die **Habsburgwarte** am **Hermannskogel** (542 m) erreichen.

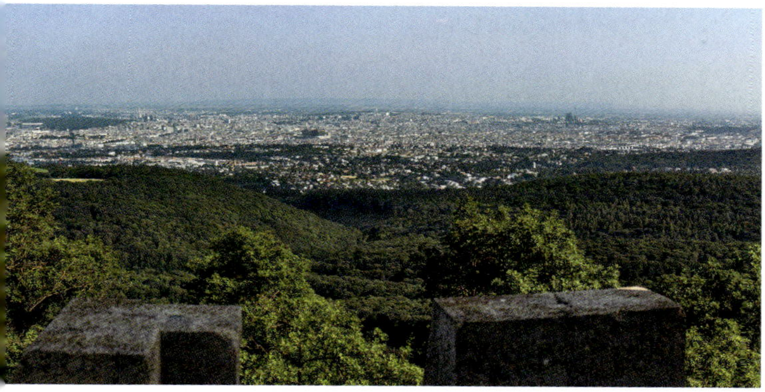

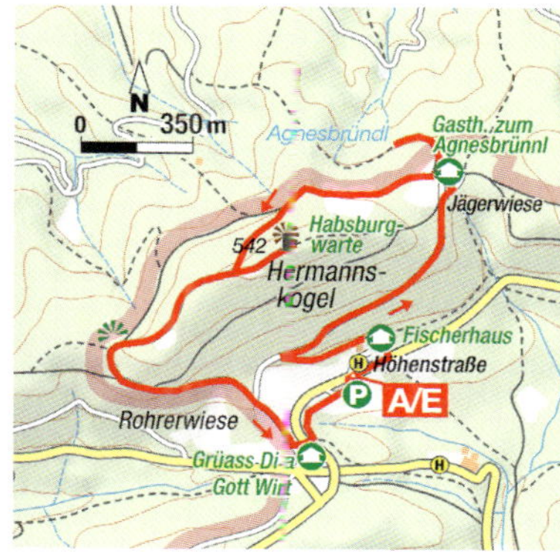

Wienblick von der Habsburgwarte

Der 27 Meter hohe Aussichtsturm wurde in Form eines mittelalterlichen Wehrturms im Jahr 1888 fertiggestellt.

Abstieg Danach wenden wir uns wieder über den südwestlich verlaufenden Kamm abwärts, wobei wir in Richtung Rohrerwiese die kleine Goldwiese und Fischerwiese passieren. Beim abzweigenden Gustav-Fischer-Steig, wo der Weg nach Südosten dreht, folgen wir weiter dem überraschend steinigen Forstweg zur **Rohrerwiese** hinunter. Zuletzt auf Asphalt wenden wir uns beim Parkplatz links in Richtung »Erbsenbach/Staubecken« und überqueren die Höhenstraße. Links finden wir einen Weg, der uns neben der Höhenstraße zum Ausgangspunkt bringt.

Panorama

von der Habsburgwarte:

Wienblick: UNO City – Donau City – Millennium Tower – Donaukraftwerk Freudenau – Prater – Augarten – Fernwärmewerk Spittelau – Flughafen-Tower – Augarten-Gefechtsturm – Hochhäuser Landstraße und Leopoldstadt – Ringturm – BOKU – Stephansdom – Peterskirche – Votivkirche – Luegerkirche – Hofburg – Belvedere – Karlskirche – AKH – Sternwartepark – Museen – Vienna Twin Tower – Schloss Schönbrunn – Gloriette. Bei guter Fernsicht: Ostalpen mit Schneeberg – Rax – Schneealpe; Voralpen mit Unterberg – Gippel – Jochart – Göller – Hochschwab – Reisalpe – Klosterhinteralm – Dürrenstein – Ötscher

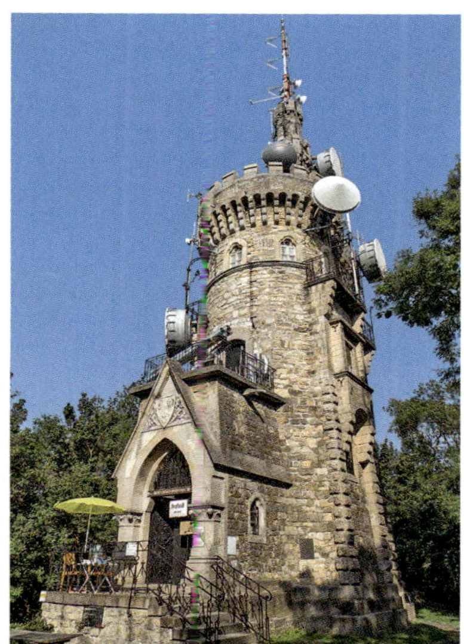

Die vom Österreichischen Touristenklub errichtete Habsburgwarte

27 Am Schafberg

Durch den Pötzleinsdorfer Schlosspark

Mittel | 5,1 km | 190 Hm | 1.30 Std.

Tourencharakter
Überwiegend Asphaltwege, teils steinige Erdwege

Ausgangs-/Endpunkt
Tram-Haltestelle Max-Schmidt-Platz (Linie 41). GPS: 48.24105, 16.31105

VOR
Man kann die Tour bei der Lagerwiese Josef-Redl-Gasse unterbrechen: Bushaltestelle Schafberghöhe (Linie 42A)

Einkehr
Wirtshaus Steirerstöckl, Buffet im Pötzleinsdorfer Park (Imbiss), Bio-Pizzeria Vero #2 (Nähe Parkhaupteingang)

Info
Pötzleinsdorfer Schlosspark: www.gv.at/umwelt/parks/anlagen. Die Schließzeiten der Tore je nach Jahreszeit sind zu beachten: Haupttor Mo.–Fr. ab 7:00 und Sa./So. ab 8:00 bis 17:00–21:00 Uhr. Im Park gilt Hunde- und Radfahrverbot.

Der Schafberg hat mit dem Pötzleinsdorfer Schlosspark einen Währinger Anteil am Biosphärenpark Wienerwald und mit den südseitigen Wiesenfluren einen Hernalser Teilbereich. Prächtige Altbaumbestände und ein reizvoller Ausblick sind hier hervorzuheben.

Im Pötzleinsdorfer Schlosspark Von der Tram-Endstation steuern wir den **Parkeingang am Löwentor** an und kommen danach zu einer Wegkreuzung mit Infotafeln. Bei der Weggabelung halten wir uns links vorbei am **Buffet**, wo wir bei den Spielplätzen kurz aufwärts gehen. In einem Rechtsbogen gelangen wir nun zwischen Sportplätzen und dem **Tiergehege** mit Schafen und Ziegen hindurch. Um die Abzäunung herum erreichen wir einen Querweg, dem wir rechts zur Einmündung des Randweges folgen. Dort wenden wir uns nach links zur **Sequoienwiese** mit zwei schönen Mammutbäumen. Statt dem ehemaligen Schloss finden wir heute eine Schule neben dem Weg. Eine Schautafel informiert über die **Attikafiguren** vom Dach des Wiener Ringtheaters, die den Großbrand 1881 überlebt haben und nun die Wiesen zieren.

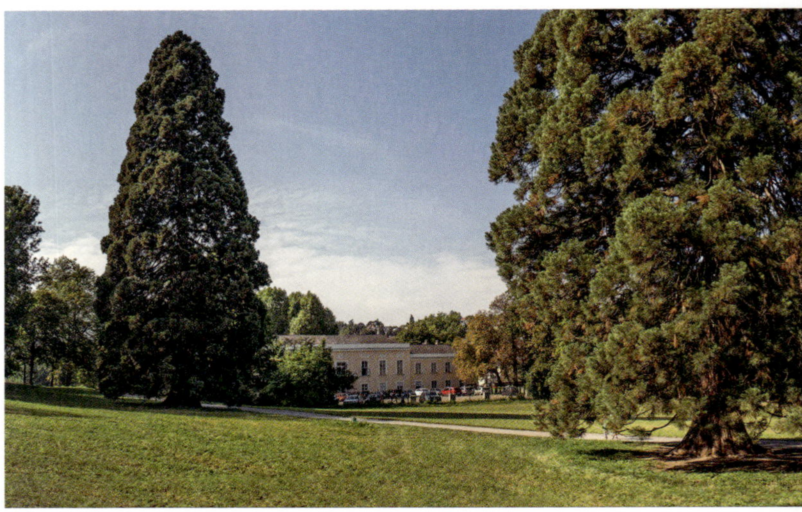

Mammutbäume im Schlosspark

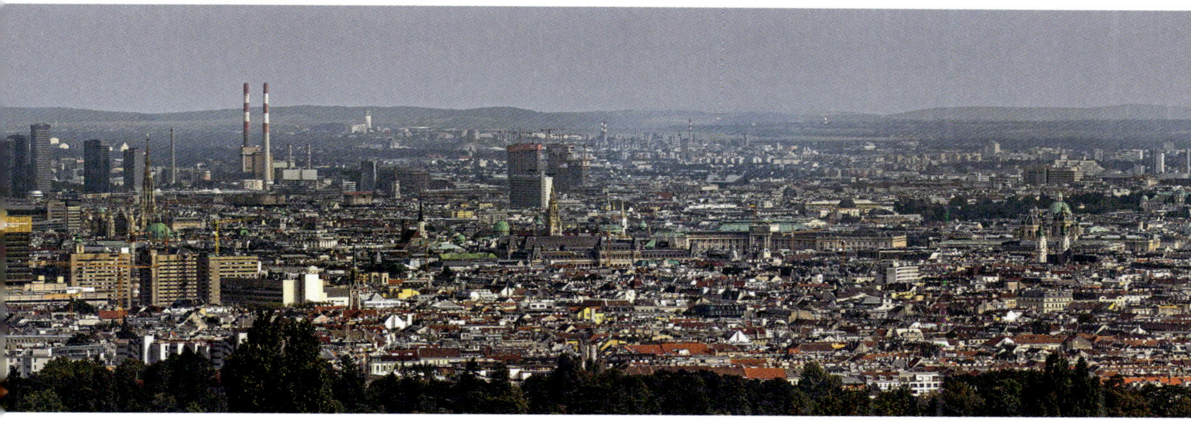

Wienblick von Ladenburghöhe

Bei der Rudolf-Steiner-Schule zweigen wir auf dem Asphaltweg links ab, wo wir am Tempel in den Wald kommen. In der Folge erreichen wir die künstlich geschaffene, eingezäunte **Quellhöhle** eines kleinen Baches. Bei den Sitzbänken setzen wir den aufwärts ziehenden Weg bis zur Infotafel »Berufszugang« fort, wo wir auf den links abzweigenden Asphaltweg wechseln. Noch ehe dieser Weg den Parkausgang Schafberggasse erreicht, biegen wir rechts in den querenden Weg, der am Lager- und Kompostplatz vorbei führt. Im weiteren Aufstieg kommen wir zu einer **Sitzreihe im Halbrund** und danach zu einem Tor in der Parkabzäunung.

Wege zum Ausblick Dort wenden wir uns neben dem Zaun auf einem Pfad nach links, der zur **Ladenburghöhe** und dem oberen Rand einer Siedlung leitet. Hier gehen wir rechts weiter. Wir überqueren das Ende der Josef-Bindtner-Gasse zu einer **Lagerwiese** hin, die uns ein erstes zentrumnahes, aber eingeschränktes **Wien-Panorama** schenkt. Von hier gesehen erscheint der Stephansdom eingezwängt zwischen AKH, den Hochhäusern von Landstraße und dem Kraftwerk Simmering. Gut zu sehen sind auch Rathaus, Hofburg, Museen und Belvedere. Im Abstieg in der Mitte der Wiese haben wir teils einen schönen Blick zur nahen Schafbergkirche, die Thomas Morus geweiht ist. An der querenden Josef-Redl-Gasse wandern wir rechts weiter. Die Gasse endet schließlich am Ende einer Siedlung bei einem kleinen Parkplatz.

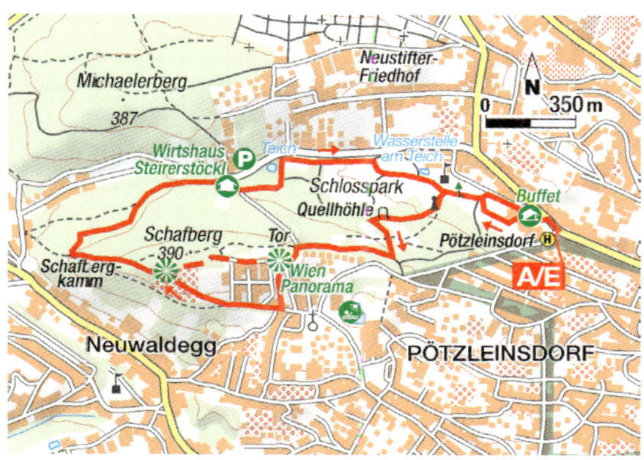

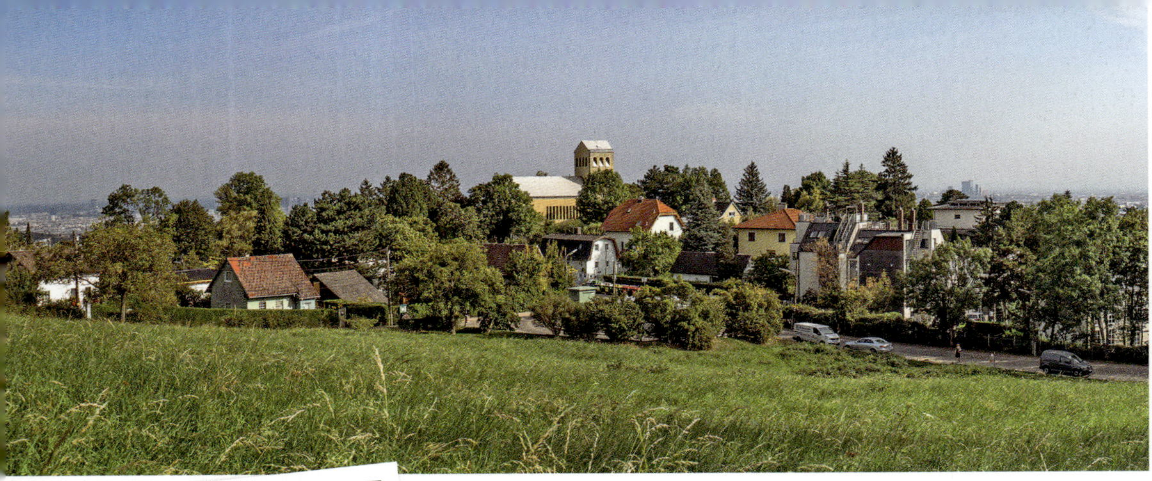

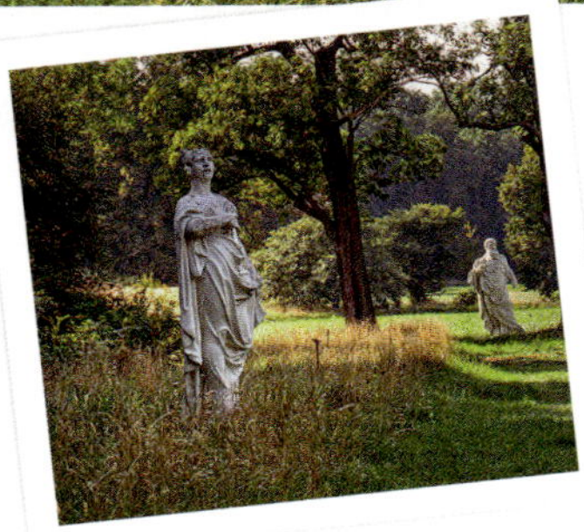

Attikafiguren des abgebrannten Wiener Ringtheaters

Ganz oben: Blick zur Schafbergkirche

Hinter einer Schranke beginnen nun zwei Wege, von denen wir den rechten, diagonal aufwärts verlaufenden Weg über **Streuobstwiesen** wählen. Dieser steigt im Gegensatz zum danach rechts abzweigenden Weg nur moderat an, bietet dafür aber weniger Aussicht, weil der Pfad von einer Hecke begrenzt wird. Dieses Manko lässt sich aber ändern, sobald der Höhenweg vom oberen Wiesenrand her einmündet. Hier muss man nur ein paar Meter nach rechts zu einem **Aussichtspunkt** queren, um einen schönen Blick auf den Süden Wiens mit dem Vienna Twin Tower und Schloss Wilhelminenberg werfen zu können.

Der Abstieg Danach folgen wir dem Höhenweg zurück und abwärts durch Wald in westlicher Richtung. Es folgt eine Wegverzweigung, bei der wir uns rechts an einem **Grenzstein** orientieren. Dann folgen wir dem überraschend steinigen Kamm an weiteren Grenzsteinen der Herrschaft Neuwaldegg (»HNW 1794«) hinunter, bis wir nach dem sechsten Grenzstein den Funkturm am Exelberg sehen. Hier achten wir auf einen schmalen, steinigen Pfad, der rechts vom Kamm abzweigt. Dieser etwas unbequeme Steig mündet bald in einen breiteren Waldweg, der vom Kamm weiter unten abzweigt. Hier biegen wir nach rechts und halten uns danach stets geradeaus, bis wir Parkplätze neben dem Weg erkennen. Dort bleiben wir weiterhin am straßennahen Begleitweg. Am dritten Parkplatz befindet sich das beliebte **Wirtshaus Steirerstöckl**, wo wir uns stärken können.

Gleich nach dem Wirtshaus beginnt rechts eine Forststraße mit Fahrverbot und Schranke. Dahinter links betreten wir wieder den **Pötzleinsdorfer Schlosspark** durch ein Tor in der Abzäu-

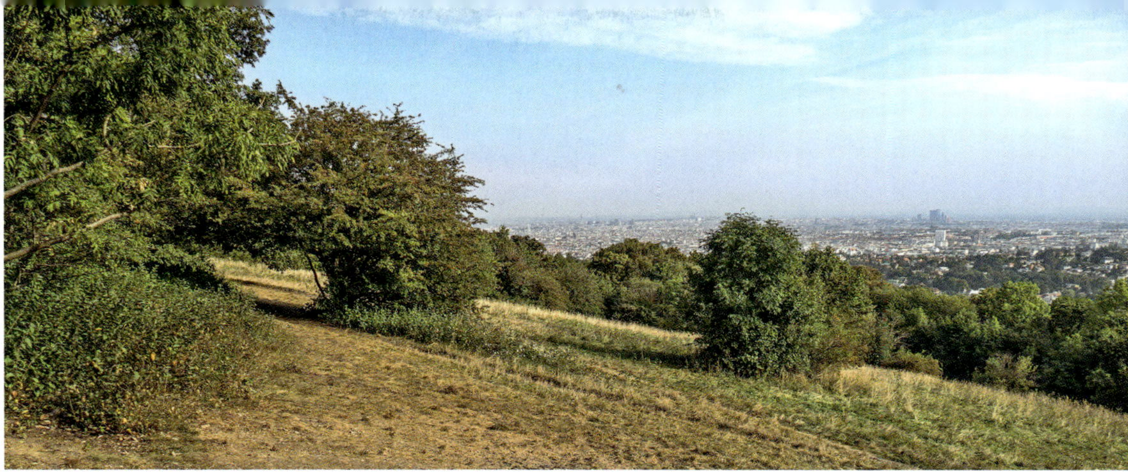

Auf dem Schafberg: Südwiese mit Wienblick

nung und wandern auf dem Asphaltweg durch den Wald weiter. Dieser biegt nach links und zieht an einem schilfbewachsenen Teich vorbei. Nach dem Teich biegt der Weg, begleitet von der nahen Pötzleinsdorfer Straße, nach Osten, während südseitig große Wiesen mit schönen Baumgruppen liegen. Bei einer Sitzgruppe schwenken wir nach rechts und umgehen eine Feuchtwiese mit Schilfzone. Nach einem weiteren Teich kommen wir wieder an Schule und **Mammutbäumen** vorbei. Bei der Weggabelung bleiben wir jetzt links, wo wir wieder das **Löwentor** erreichen.

Wissenswertes

Früher leitete sich der Name des 388 Meter hohen **Schafbergs** nicht vom Schaf, sondern von »Schof« ab. Die Bedeutung des Wortes, die eine abgeholzte Waldfläche mit Baumstümpfen für spätere Weideflächen bezeichnete, geriet in Vergessenheit. Zur Zweiten Wiener Türkenbelagerung tobten im Bereich des Roten Kreuzes, das heute unscheinbar am Rande des Pötzleinsdorfer Schlossparks im Dickicht steht, blutige Kämpfe. Während ein Teil des Entsatzheeres über die Türkenschanze vorrückte, kam der polnische König Sobieski von der Flanke über die Sophienalpe und griff vom Schafberg an. Gemeinsam konnten die gegnerischen osmanischen Truppen niedergerungen und in die Flucht geschlagen werden.

Die Grundherrschaft am Schafberg kam damals der Herrschaft Pötzleinsdorf zu. Die Gräfin Philippina von Herberstein erwarb die Herrschaft und ließ den Schlosspark bis 1781 anlegen, den der Bankier Johann Heinrich Geymüller schließlich nach Art eines englischen Landschaftsgartens umgestaltete. Die Anlage des **Pötzleinsdorfer Schlossparks** umfassten einen Wasserfall, das Schweizerhaus auf einer Anhöhe mit Wienblick, einen Tempel und das Alxinger-Grabmal. Von dieser ursprünglichen Ausstattung ist wenig geblieben. Der denkmalgeschützte Park besitzt heute viele unter Naturschutz stehende Gehölze, ein Gehege mit Kärntner Brillenschafen und Zwergziegen sowie diverse Sport- und Spielmöglichkeiten.

28 Vom Schwarzenbergpark in den Wienerwald

Am Ende lockt der Wein

Mittel | 6,9 km | 225 Hm | 2.00 Std.

Tourencharakter
Asphaltwege sowie Kies- und Erdwege

Ausgangspunkt
Bushaltestelle Schwarzenbergallee (Linie 43B). GPS: 48.24014, 16.27768

Endpunkt
Bushaltestelle Neustift, Agnesgasse (Linie 43B)

VOR
Man kann die Tour beim Parkplatz vom Häuserl am Roan unterbrechen: Bushaltestelle Dreimarkstein (Linie 43A).

Einkehr
Waldgasthaus Zur Allee, Manameierei, Häuserl am Roan, Häuserl am Stoan, Buschenschank Wolff

Von einem der größten englischen Landschaftsgärten Europas des Grafen von Lacy ist nicht viel übriggeblieben. Dennoch offeriert diese Streckenwanderung durch Wald, Wiesen und aussichtsreiche Weinberge überaus große landschaftliche Abwechslung.

Durch den Schwarzenbergpark Von der Bushaltestelle nehmen wir, geleitet von den Tafeln »WC« und »Waldgasthaus zur Allee«, den asphaltierten Querweg in den **Schwarzenbergpark**. Nach wenigen Metern kommen wir zum **Infopunkt** auf der **Schwarzenbergallee**. Gemeinsam mit Stadtwanderweg 3 wandern wir nun am **Waldgasthaus Zur Allee** (Mo./Di. Ruhetag) und dem WC vorbei. Danach zweigt links vom asphaltierten Hauptweg ein Pfad ab, auf dem wir die zwei abseits gelegenen **Schwanenteiche** besuchen.

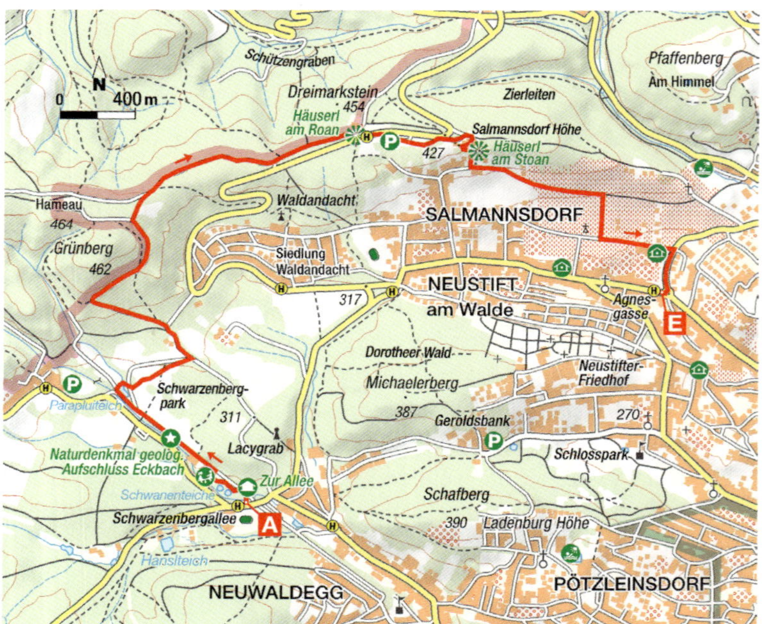

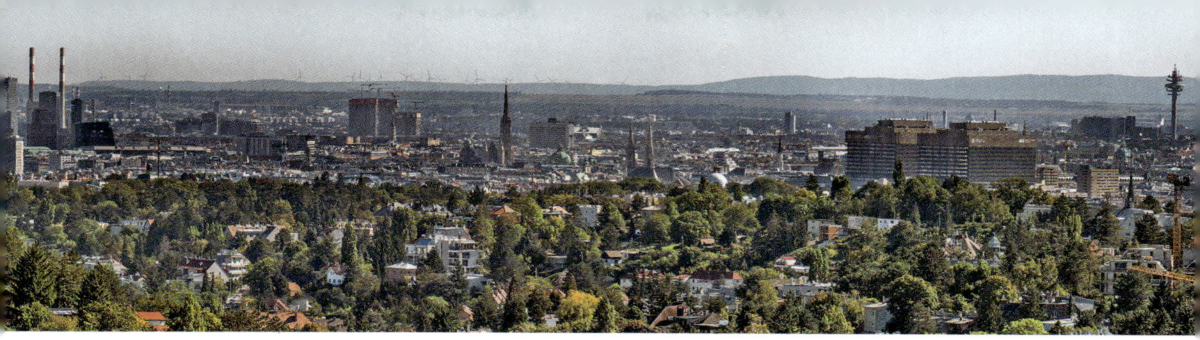

Wienpanorama von den Neustifter Weinrieden

Zurück in der **Schwarzenbergallee** sorgt ein Hydrant mit Quelltrog gegenüber einer Wiese für Erfrischung. Betrachtet man den begleitenden **Eckbach** eingehender, so finden wir hier Eintiefungen neben einem geologischen Aufschluss einer Kalkklippe im Sandsteinwienerwald – ein **Naturdenkmal**. Ein alter Plan informiert uns über das ursprüngliche, historische Parkgelände mit seinen verspielten Elementen. Nach der Einmündung des Zugangs von der Manameierei kommen wir zu einer Weggabelung, wo wir uns weiter geradeaus zum **Parapluiteich** halten. Diesen umrunden wir auf der Rückseite, bis wir wieder auf den Stadtwanderweg 3 gelangen. Statt dem Aufstieg durch den Wald können wir aber auch den nordöstlich verlaufenden Abschneider über die Wiese nehmen, wo im Herbst die schönen, aber giftigen Herbstzeitlosen blühen. Weiter oben mündet dieser wieder in den Hauptweg und beide in den blau markierten Querweg über den Waldkamm.

Am ersten Schwanenteich

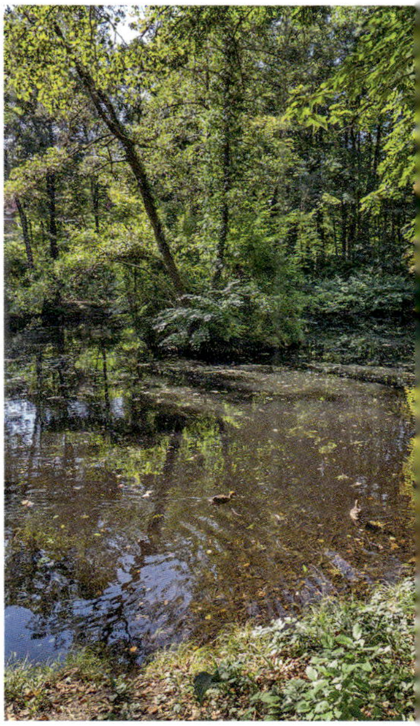

Zur Dreimarksteinwiese Wir folgen nun dem Stadtwanderweg 3 in Richtung Hameau weiter und behalten auch bei der nächsten Wegkreuzung diese Richtung bei. Kurz danach gabelt sich der Kiesweg erneut, wo wir uns links halten. In moderater Steigung zieht der Weg zu einer Rechtskehre und in einem Linksbogen über die bewaldeten Osthänge des Grünberges. Bei einem **Hinweisschild für Mountainbiker** zweigen wir auf einem unbezeichneten Pfad rechts ab, der uns flach zum rot markierten Bergkamm leitet. In dichtem Laubwald überschreiten wir die unauffällige **Erhebung »Zwei Gehängte«**, deren Name vermutlich auf eine ehemalige Richtstätte hindeutet. Nach einer Einsattelung bewältigen wir teils über aufgebrochenem Asphalt die letzte Steigung und wählen entgegen dem Stadtwanderweg 3 bei der Wegverzweigung den linken Weg, der zum **Häuserl am Roan** (Do./Fr. Ruhetag) am **Dreimarkstein** (454 m) führt. Vom südlich vorgelagerten Wiesenstreifen bietet sich ein erster Wienblick vom Kraftwerk Freudenau über Stephansdom, Votivkirche,

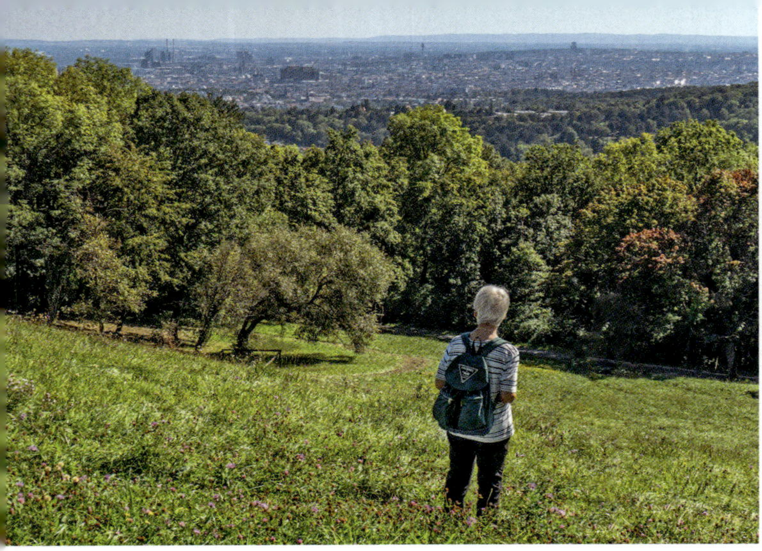

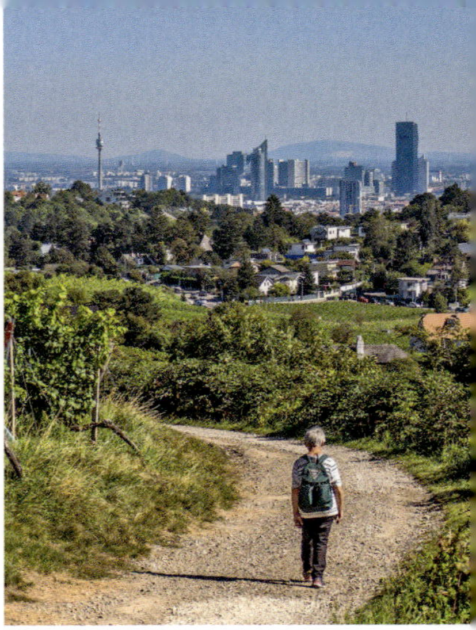

Auf der aussichtsreichen Dreimarksteinwiese

AKH, Rathaus und Belvedere bis zum Richtfunkturm Arsenal. Neben dem Restaurant folgen wir dem Wegweiser »Salmannsdorf 10 Min.« über Stiegen hinunter zur Unterführung unter der Höhenstraße. Unmittelbar danach zweigt ein schmaler Pfad links ab, der uns hinaus zur **Dreimarksteinwiese** bringt, auf der man den Wienblick auf schönen Rastplätzen genießen kann.

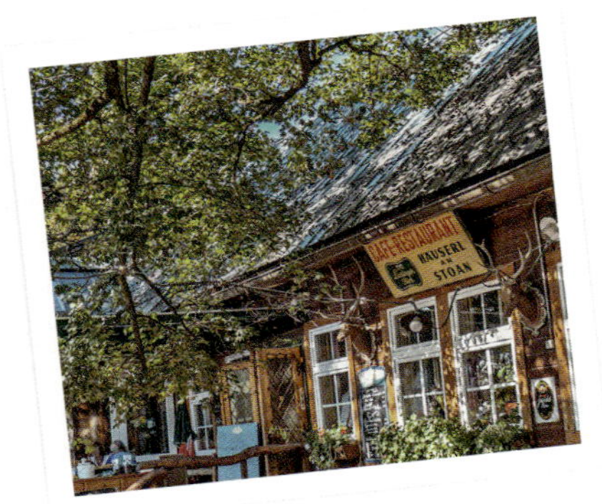

Häuserl am Stoan

Zum Häuserl am Stoan

Danach wenden wir uns auf der Wiese neben der Höhenstraße entlang und steigen zuletzt unter einem Wasserbehälter ab in die untere Wiesenecke. Wo am Waldrand ein Steig hinunterführt, achten wir auf einen links abzweigenden Pfad. Diesem folgen wir neben einer Einzäunung nach Osten, bis der Steig in den rot markierten Weg von Sievering einmündet. Dort rechts einbiegend erreichen wir nach wenigen Metern das **Häuserl am Stoan** mit seinem heimeligen, beliebten Gastgarten, der einen Blick auf das Wiener Zentrum bietet.

Abstieg zu den Weinbergen

Direkt zwischen innerer und äußerer Gästeterrasse zweigt am Restaurant ein steiniger Steig in südlicher Richtung ab, der uns über Stiegen und in Kehren hinunter zur asphaltierten **Zierleitengasse** bringt; dort links. Nach dem letzten Haus beginnen die Weingärten, wo nun ein Erdweg zwischen Weinreben sanft fallend abwärtsführt. Immer aussichtsreicher mit Blick zur Donau City kommen wir schließlich zur **Hiatahütte** an der Wendlstatt. Dort biegen wir nach rechts ein, zwischen Weinrieden hindurch zur querenden Mitter-

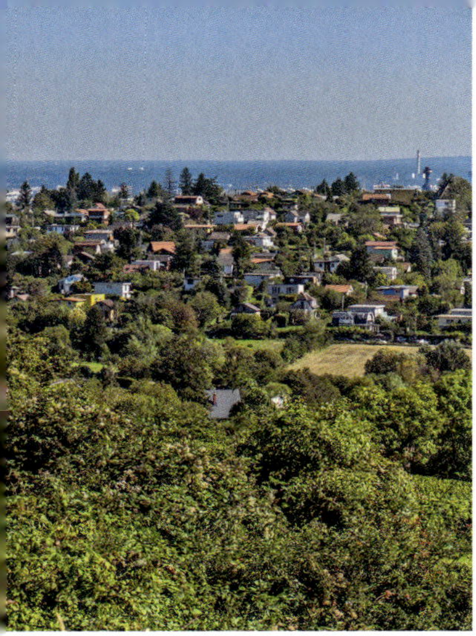

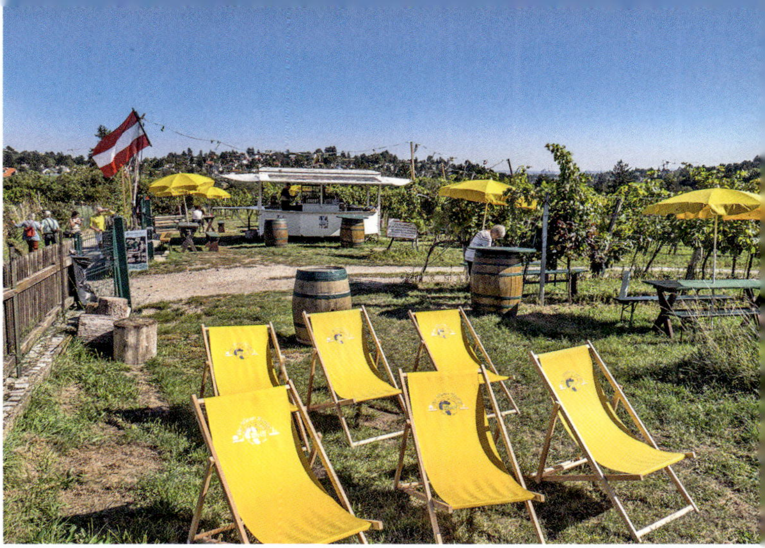

wurzergasse. Im Frühherbst gibt es dort zwischen den Weinreben einen Ausschank vom **Weinbau Wolff** (Fr./Sa. ab 16 Uhr, So. ab 12 Uhr). Nun setzen wir unseren Weg links am **Neustifter Weinwanderweg** fort, wo Tafeln über allerlei Wissenswertes informieren. Vorbei an der Abzweigung zum Weinhof Zimmermann erreichen wir die Agnesgasse, der wir rechts hinunter zum Kreisverkehr folgen. Dort wechseln wir über die Fahrbahn der Rathstraße zur Bushaltestelle.

Ausschank des Weinbaus Wolff

Mitte: Die untere Zierleitengasse gewährt einen herrlichen Wienblick.

Wissenswertes

Als Feldmarschall Franz Moritz Graf von Lacy die damalige Herrschaft **Neuwaldegg** erwarb, ließ der russische Einwanderer mit irischen Wurzeln den Schlosspark großzügig erweitern und umgestalten, sodass dieser als »ältester, größter und schönster Naturgarten in Österreich« bezeichnet wurde. Fast 30 Jahre erforderten all die Pflanzungen der 66 Hektar großen Anlage. Ein zweistöckiger chinesischer Pavillon mit entzückender Aussicht zierte neben künstlichen Grotten und Wasserfällen, einem Dianatempel, einer Tempelruine und vier chinesischen Brücken den englischen Landschaftspark in verspielter Manier. Als höchsten Punkt des Naturparks befand sich am Hameau ein künstliches Dorf nach holländischem Vorbild, das aus 17 Hütten zur Unterbringung der Gäste Lacys bestand. Nach dem Tod des Grafen verfiel die Anlage. Unter der Fürstenfamilie Schwarzenberg wurde der pflegeaufwendige Park extensiviert. Heute deutet kaum mehr etwas auf die einst reiche Ausstattung des **Schwarzenbergparks** hin. Geblieben sind nur noch die Schwarzenbergallee, der Parapluiteich sowie Wald und Wiesen des Wienerwaldes. Vergänglich wie der frühere Landschaftspark liegt die letzte Ruhestätte des Grafen Lacy heute als »Moritzruhe« versteckt im Wald. Info: www.wien.gv.at/umwelt/wald/erholung

29 Über die Sophienalpe zur Mostalm

Die Alm am Rande Wiens

Leicht	5,5 km	130 Hm	1.45 Std.

Tourencharakter
Überwiegend Asphalt- und Feinkieswege

Ausgangs-/Endpunkt
Bushaltestelle Exelberg/Rotes Kreuz (Dr. Richard Linie 445). GPS: 48.24942, 16.24190

VOR
Keine Möglichkeit unterwegs

Einkehr
Keine (der Gasthof Mostalm ist dauerhaft geschlossen, das Hotel-Restaurant Sophienalpe wird aber in absehbarer Zeit wiedereröffnet)

Von der Sophienalm erscheint die Stadt schon in weite Ferne gerückt, obwohl diese noch innerhalb der Stadtgrenze im Wienerwald liegt. Hier fühlte sich schon die Erzherzogin Sophie von Bayern, die Mutter von Kaiser Franz Joseph I., wohl.

Zur Sophienalpe Anfangs wandern wir am Rande der **Exelbergstraße** in Richtung stadtauswärts. Bei einer Schranke links vor einem Haus verlassen wir die Straße und wenden uns geradeaus auf die **Fuchswiese**. Von einer Anhöhe (ca. 500 m) aus öffnet sich bei guter Fernsicht im Südwesten ein **Panorama** vom Schneeberg über Hocheck, Schneealpe, Unterberg, Gippel, Jochart bis zum Göller. Auf einem steinigen Erdweg gelangen wir zu einer Wegverzweigung abwärts, wo wir uns links durch eine kurze Waldpassage und über eine Wiese hinunter zu den Schaukeln auf der Sophienalpe begeben. Entlang der asphaltierten Sophienalpenstraße kommen wir am **Hotel-Restaurant Sophienalpe** (geschlossen, Stand Mai 2022) vorbei, wo im Jahr 2021 eine Cannabis-Indoor-Plantage im Hotelbereich für Aufsehen sorgte. Neben dem Parkplatz gelangen wir nun gemeinsam mit dem Stadtwanderweg 8 (Wegweiser »Mostalm 20 Min.«) zu den weitläufigen Wiesen der **Sophienalm**. Ein Feinkiesweg ver-

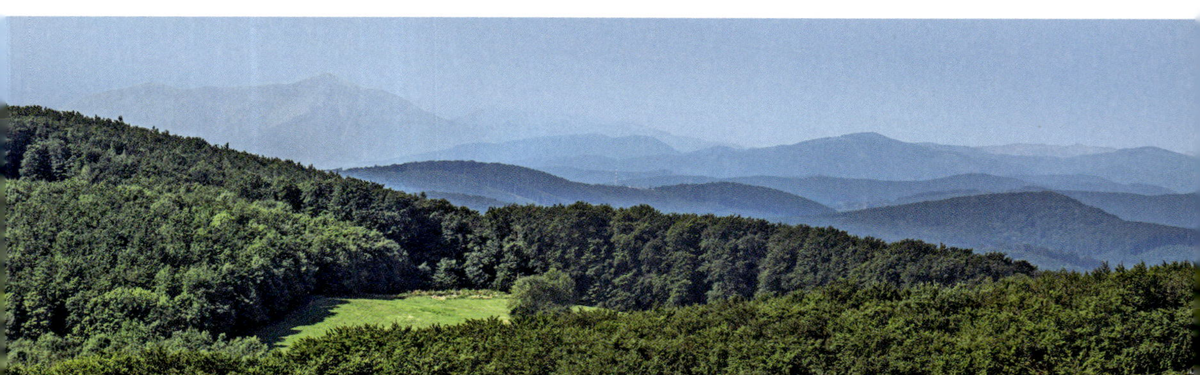

Alpenpanorama von der Fuchswiese, mit Schneeberg, Rax, Hocheck, Schneealpe, Unterberg und Gippel

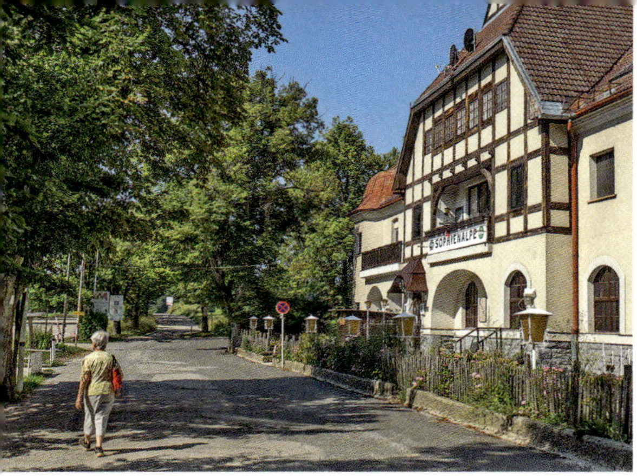

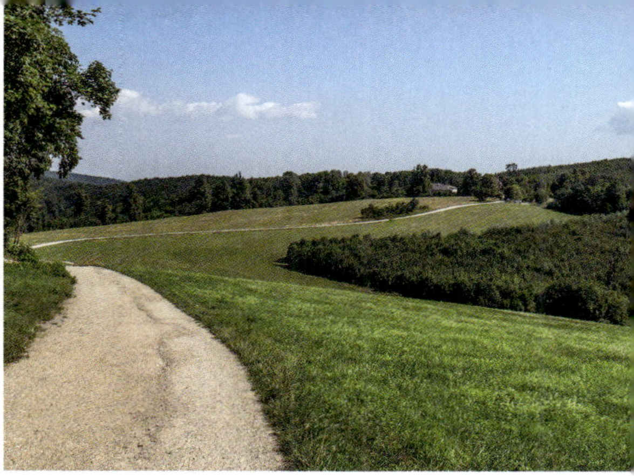

läuft in einem Bogen zu einer Weggabelung, von der wir rechts zur **Franz-Karl-Fernsicht** (488 m) kommen, die an den Ehegatten der Erzherzogin Sophie erinnert. Von dort zeigt sich die Stadt Wien um den Donauturm und DC Tower in einer schmalen Lücke zwischen den Wienerwaldbergen.

An der Franz-Karl-Fernsicht auf der Sophienalm

Links: Das Hotel-Restaurant Sophienalpe soll in naher Zukunft wieder Gäste bewirten.

Zur Mostalm und retour Durch Hochwald erreichen wir im Abstieg eine Einsattelung, von wo wir gemeinsam mit Stadtwanderweg 8 kurz aufwärts zur **Mostalm** auf der Anhöhe der Hohen Wand kommen. Die schöne Umrahmung der ehemaligen Gaststätte mit Streuobstwiese und schönem Blumengarten wird leider durch eine 360 kV Starkstromleitung etwas getrübt. Am Retourweg lassen wir uns von demselben Weg in Richtung Franz-Karl-Fernsicht hinaufleiten. Kurz vor der Anhöhe zweigt rechts ein unscheinbarer, schattiger Waldpfad bei einem Richtungsschwenk ab, dem wir leicht abwärts zur Wieseneinsattelung unter dem Hochbruckenberg folgen. Von dort schwenken wir über den Höhenweg nordwärts über die **Sophienalpe**. Der Rest des Weges ist bereits vom Hinweg bekannt.

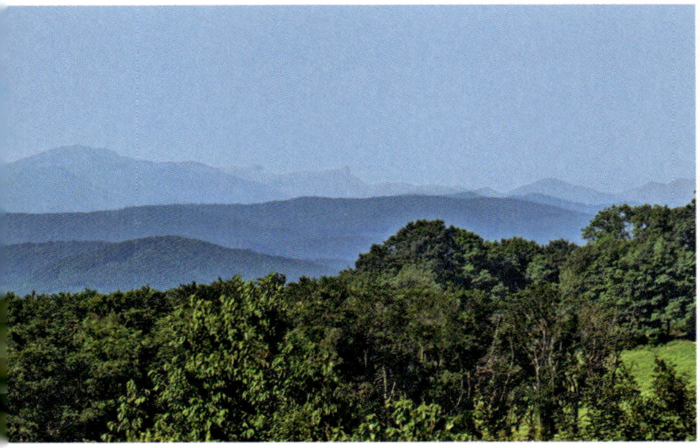

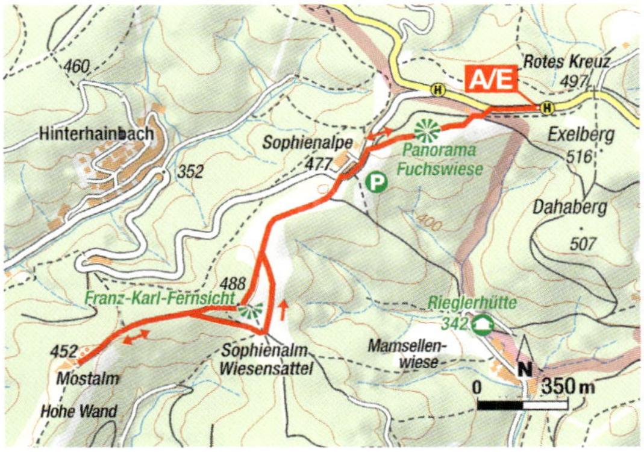

30 Zur Jubiläumswarte

Über Rosental und Steinhofgründe

Mittel | 6,0 km | 265 Hm | 2.30 Std.

Tourencharakter
Asphalt- und steinige Erdwege

Ausgangs-/Endpunkt
Bushaltestelle Feuerwache am Steinhof (Linie 46A, 46B, 52B). GPS: 48.21538, 16.27829

VOR
Die Tour kann bei Bushaltestelle Jubiläumswarte (Linie 52B) unterbrochen werden.

Einkehr
Restaurant Großes Schutzhaus Rosental

Info
In den Wintermonaten (von Dezember bis März) ist die Jubiläumswarte gesperrt.
Im Erholungsgebiet Steinhofgründe gilt Hunde- und Radfahrverbot.

Diese Runde durch den Ottakringer und Penzinger Wienerwald bietet viel Abwechslung: kaiserliche Aussicht von der Jubiläumswarte, Biotope am Jubiläumswarteteich und Silbersee und den Park an den Steinhofgründen mit der berühmten Otto-Wagner-Kirche.

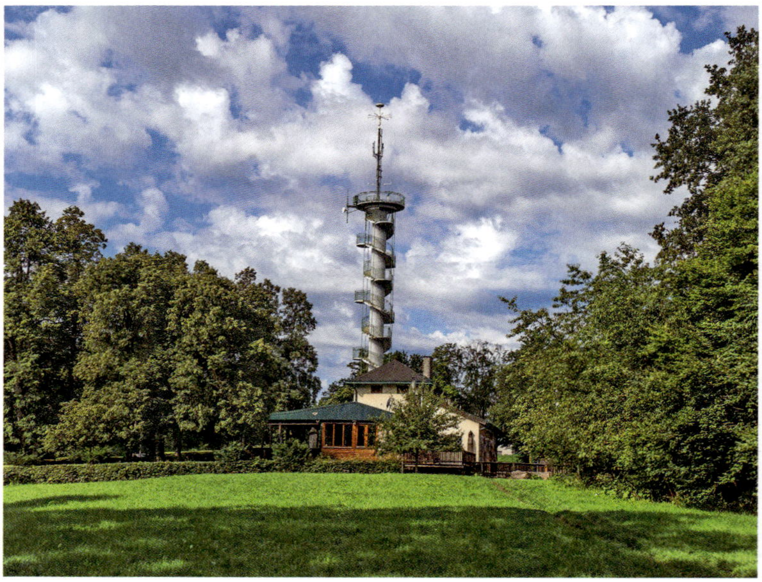

Die Kaiser-Jubiläums-Warte

Zur Jubiläumswarte Gegenüber der **Feuerwache am Steinhof** überqueren wir die Savoyenstraße, wo rechts ein steiniger, gelb markierter Weg mit Bezeichnung »Jubiläumswarte« beginnt. Stets der Markierung folgend, kommen wir im Wald zu einem Erdgraben, den wir überqueren und am Waldrand neben einem Parkplatz weitergehen. Am Ende der Parkflächen überschreiten wir die Johann-Staud-Straße beim Wegweiser »Stadtwanderweg 4a«, achten aber darauf, weiterhin die gelbe Markierung zu begleiten. Kurz darauf erreichen wir einen reizvollen Rastplatz am **Jubiläumswarteteich**. Weiter den gelben Markierungen folgend, erreichen wir die Straße und überqueren diese zur

Vogeltennwiese hin. Nun geht es entweder am grün markierten Straßenbegleitweg oder direkt über die freien Wiesen zur **Waldschule Ottakring** mit einigen Holzexponaten und schließlich zum Stiegenaufgang der **Jubiläumswarte**. Über 183 Stufen erreichen wir die 31 Meter hohe Plattform auf 480 Meter Seehöhe. Von hier eröffnet sich ein wahrlich kaiserliches Panorama.

Panorama
von der Jubiläumswarte:

Im Osten: Kleine Karpaten – Donauturm – UNO-City – DC Tower – Augarten-Flaktürme – AKH – Prater – Thebener Kogel – Votivkirche – Schloss Wilhelminenberg – Rathaus – Stephansdom – Hundsheimer Berg – Hofburg – Museen – Karlskirche – Belvedere – Richtfunkturm Arsenal – Leithagebirge – Wohnpark Alterlaa – Vienna Twin Tower – Schönbrunn – Otto-Wagner-Kirche – Gloriette; im Süden: Anninger – Hochwechsel – Hoher Lindkogel – Hubertuswarte; im Südosten: Schneeberg – Rax – Schneealpe – Hocheck – Unterberg – Göller – Hochschwab – Reisalpe – Hohenstein – Schöpfl – Ötscher

Abstieg ins Rosental Danach bleiben wir auf der rechten Seite des »Pelzer Rennwegs«, wo der grün markierte Stadtwanderweg 4 straßenbegleitend durch den Hochwald führt. Vorbei an einem Ein-Mann-Wachbunker aus dem Zweiten Weltkrieg kommen wir zum Rand der **Schnepfenwiese**. Dort überqueren wir die Fahrbahn und setzen die Route auf der Markierung fort. Der Waldweg mündet beim asphaltierten Seglerweg in eine

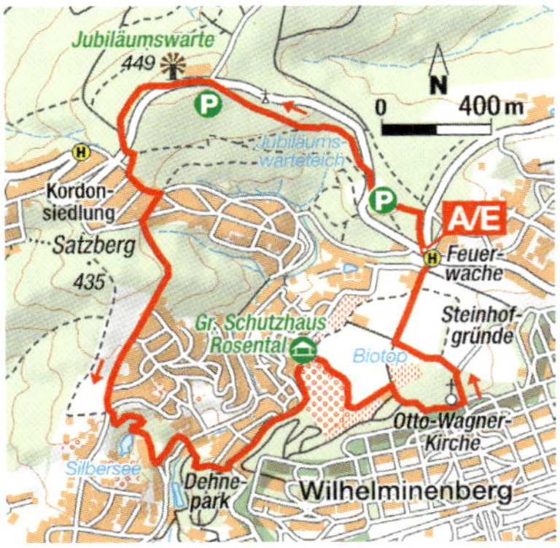

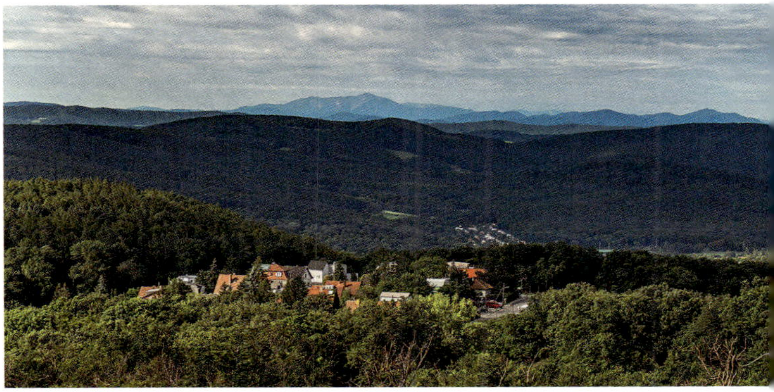

Jubiläumswarte-Panorama vom Schneeberg bis zum Unterberg

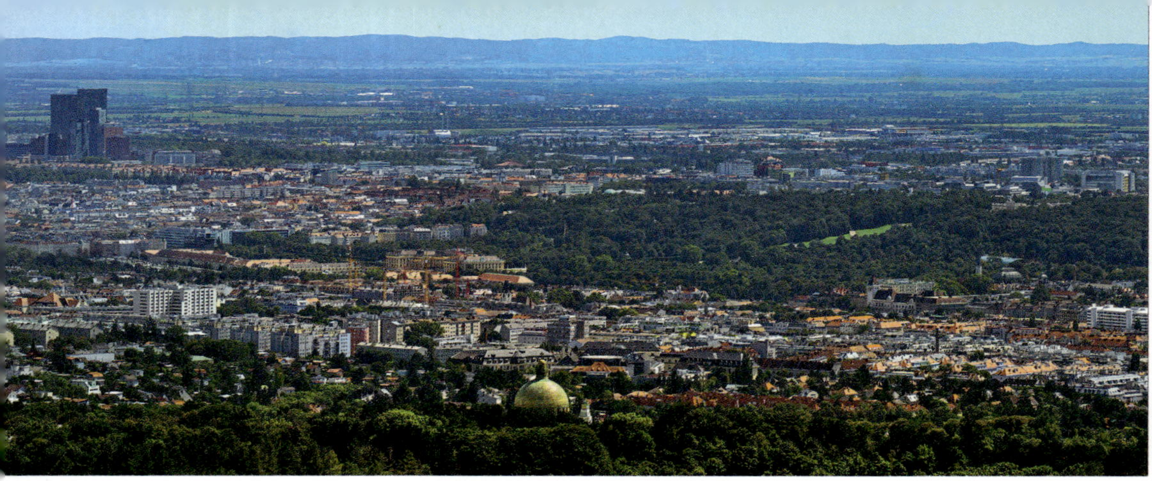

Blick von der Jubiläumswarte auf Twin Tower, Otto-Wagner-Kirche, Schönbrunn und Hietzing

Villensiedlung; hier links weiter, bis dieser aussichtsreich in die Wickengasse biegt. In der Biegung zur Pappelstraße wenden wir uns bei einer Schranke links. Auf einem Forstweg erreichen wir eine weitere Schranke vor der Steinböckengasse mit **Kleingartenanlagen** am Steilhang des Satzbergs. Über die asphaltierte Gasse hinunter erreichen wir einen Mülltrennungsplatz. Unmittelbar danach zweigt auf der linken Seite hinter einer Hecke ein Wiesenweg mit Wegweiser »Silbersee« ab. Diesem folgen wir abwärts über eine Linksbiegung und an Felsbildungen eines **ehemaligen Steinbruches** vorbei. Nach einigen Wegkehren durch Wald gelangen wir zum idyllischen **Silbersee**. Die steilen, teils felsigen Hänge zeugen vom Gipsabbau, der wegen des steigenden Grundwasserspiegels stillgelegt und von der Natur zurückerobert wurde. Danach wenden wir uns dem Weg neben der Einzäunung zu, der zuletzt neben einigen Häusern vorbei zur **Rosentalgasse** abwärts führt.

Am Silbersee

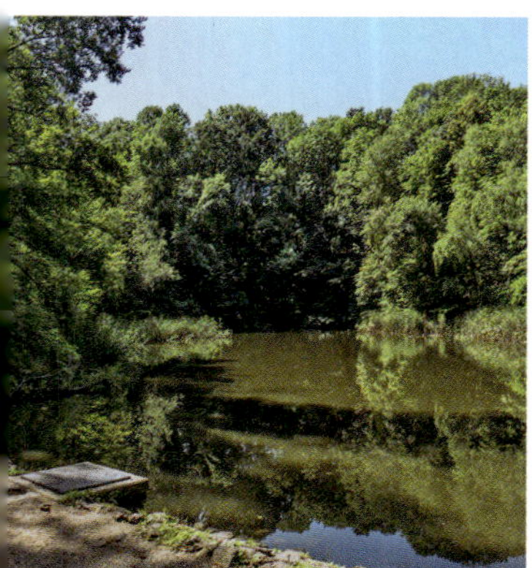

Durch den Dehnepark zu den Steinhofgründen Schräg gegenüber dem Talgrund mündet ein Weg vom **Dehnepark** ein, wo wir den Rosenbach über eine Brücke überschreiten. Kurz danach leitet ein unbezeichneter, links abzweigender Pfad in mehreren Kehren über den steilen Waldhang hoch. Bei einer Sitzbank folgen wir dem Wegweiser »Rosentalgasse« nach links hinaus zur Siedlung. Hier setzen wir am asphaltierten Heschweg neben der Mauer des **Otto-Wagner-Spitals** fort, wandern kurz abwärts und dann wieder aufwärts. Nach Einmündung der Rosentalgasse wenden wir uns rechts durch eine Toröffnung in der Mauer. Dort halten wir uns links nahe der Mauer durch waldartiges Gelände, bis wir im Anstieg ein weiteres Tor zum **Erholungsgebiet Steinhofgründe** erreichen. Außerhalb des Tores befindet sich das

Restaurant Großes Schutzhaus Rosental. Nun queren wir den Hang am unteren Rand einer großen Wiese. Nach einer Rechtsbiegung an einem Schafgehege halten wir uns bei der Wegteilung links, wo wir zu einer Wegkreuzung (Hinweistafel »Schutzhaus Rosental«) kommen. Dort biegen wir in rechtem Winkel nach rechts ein und setzen unseren Weg geradeaus fort. Dieser mündet in den asphaltierten Querweg, der links zur **Otto-Wagner-Kirche** führt. Die 1904–1907 nach Entwürfen des berühmten Architekten erbaute Kirche zum hl. Leopold am Steinhof ist ein Juwel des Wiener Jugendstils.

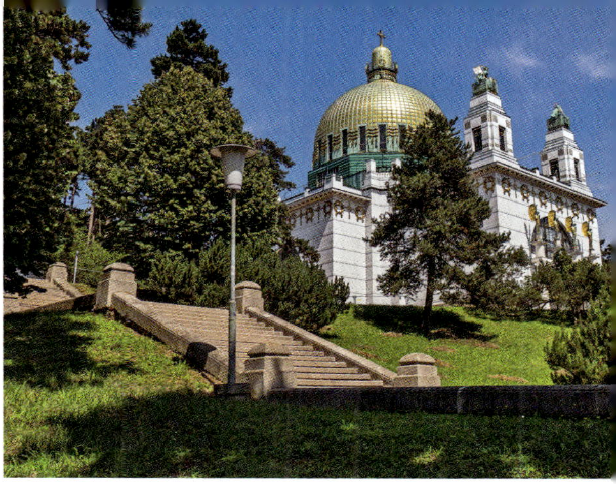

Die Kirche am Steinhof, bekannt als Otto-Wagner-Kirche

Danach wenden wir uns am Querweg in östlicher Richtung weiter, bis links ein schmaler Kiesweg ansetzt. Diesem folgen wir zu zwei Wegkreuzungen, wo wir jeweils halb links weitergehen, sodass wir zu einem schilfbewachsenen **Biotop** kommen. Bei einer rustikal gestalteten Trinkwasserstelle biegen wir rechts ab zum zentralen Tor bei der **Feuerwache am Steinhof**, wo wir die Bushaltestelle erreichen.

Wissenswertes

Zu Ehren des 50-jährigen Regierungsjubiläums von Kaiser Franz Joseph I. wurde im Jahr 1898 die hölzerne **Kaiser-Jubiläums-Warte** auf der Vogeltennwiese errichtet, die allerdings durch einen Sturm noch im selben Jahr umgeworfen und durch einen eisernen Turm ersetzt wurde. Doch auch diese musste nach 55 Jahren wegen Baufälligkeit abgerissen werden. Seit 1956 zieht die mittlerweile dritte Aussichtswarte auf dem Gallitzinberg Besucher an und ist, auch wegen ihrer leichten Erreichbarkeit direkt an der Höhenstraße, einer der beliebtesten Aussichtstürme des Wienerwaldes. Nördlich der Vogeltennwiese befindet sich im Wald der nicht mehr zugängliche, am Kriegsende des Zweiten Weltkrieges gesprengte **Schirachbunker**. Der nach dem Gauleiter benannte Gaubefehlsstand war eine wichtige Nachrichtenzentrale der Nazi-Führungsspitze. Auch die Luftwarnung für Bombenangriffe auf Wien wurde von hier aus gegeben. Über das 26 Meter tiefe Stollensystem entstanden bald Gerüchte über Reichtümer, rauschende Feste oder Hitlers private Waffensammlung, die darin vermutet wurden. Obwohl der Bunkereingang gesprengt worden war, gab es Abenteurer, die sich über Luftschächte oder selbst gegrabene Zugänge Zutritt verschafften. Schließlich wurden alle möglichen Öffnungen vom Forstamt Wien zubetoniert.

31 Rückhaltebecken Auhof

Hochwasserschutz am Wienflussweg

Leicht | 4,8 km | 35/30 Hm | 1.40 Std.

Tourencharakter
Asphalt- und Schotterwege

Ausgangspunkt
Haltestelle Hütteldorf Bujattigasse (Bus Linien 49A, 50A, 450, 453, Tram Linie 49). GPS: 48.20266, 16.25595

Endpunkt
Bahnhof Wolf in der Au (Westbahn)

VOR
Man kann die Tour an der Bushaltestelle Mariabrunn Kirche (Linie 50A) unterbrechen

Einkehr
Gasthaus Mariabrunn

Info
Wienflussweg: www.wien.gv.at/umwelt/gewaesser/wienfluss. Saisonale Öffnungszeiten des Wienflussweges sind zu beachten: je nach Jahreszeit von 5:30/8:00 bis 16:00/20:30 Uhr

Bereits im 18. und 19. Jahrhundert erkannte man die Notwendigkeit, den Hochwasserschutz am Wienfluss wegen der rasant ansteigenden Fluten voranzutreiben. Heute ermöglicht die Technik ein Nebeneinander von Sicherheit, Freizeit und neuem Lebensraum.

Zum Wienflussweg Vorbei am Kaufhaus Spar biegen wir noch vor der **St.-Nepomuk-Kapelle** links in den Weg neben dem Halterbach und wechseln über einen Brückensteg zum **Ferdinand-Wolf-Park**. Gegenüber dem Spielplatz folgen wir dem Weg neben der Mauer nach rechts. Nach der WC-Anlage wenden wir uns links, dann rechts zum Parkende am Fuße des Bahndammes hin. Gegenüber dem Hundepark durchschreiten wir links einen **Unterführungstunnel** der Westbahn. Auf der anderen Seite kommen wir noch vor einer Fußgängerbrücke zum versperrbaren Abgang zum **Wienflussweg**.

Neben dem Rückhaltebecken Auhof Flussaufwärts gelangen wir zur Einmündung des Mauerbachs in den Wienfluss. In der Folge wird der schmale Umlaufgraben vom naturnahen Mauerbach und einer hohen Betonmauer begleitet. Vorbei an beiden

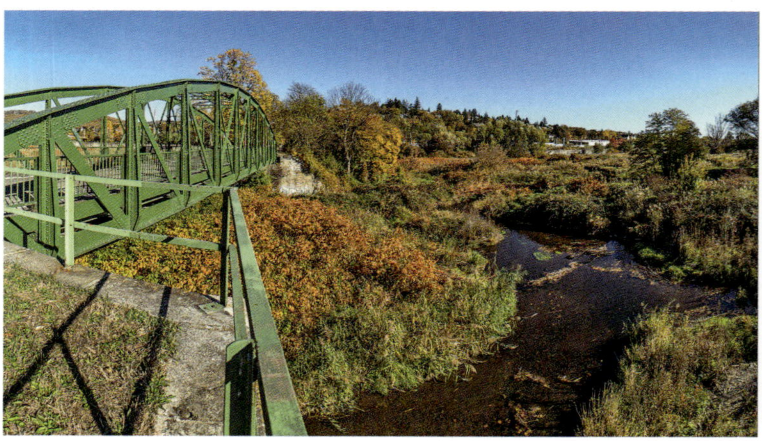

Wasserhaltung V mit Auhofbrücke

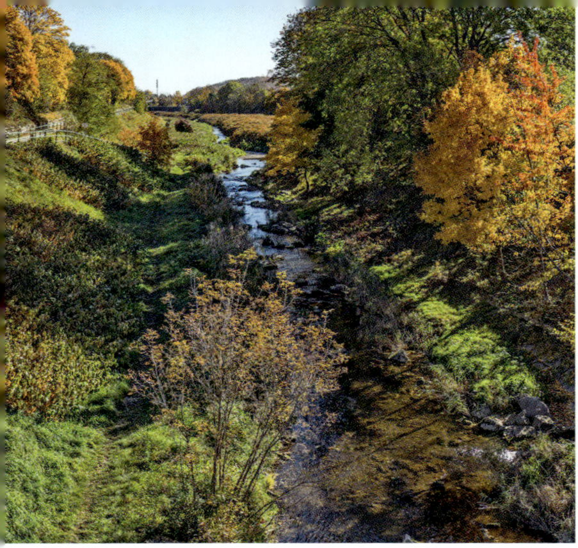

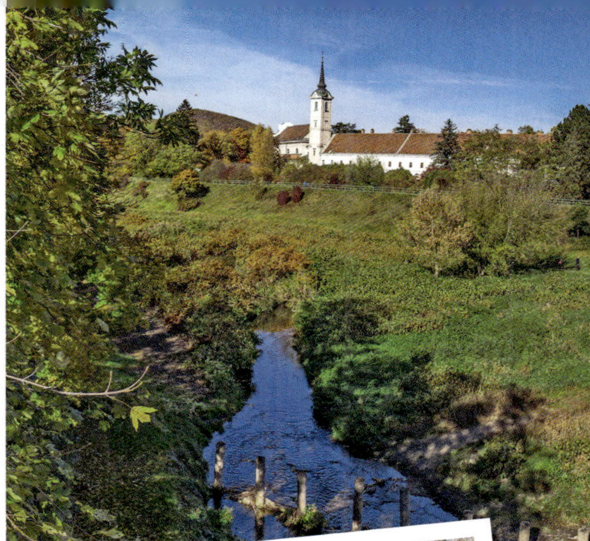

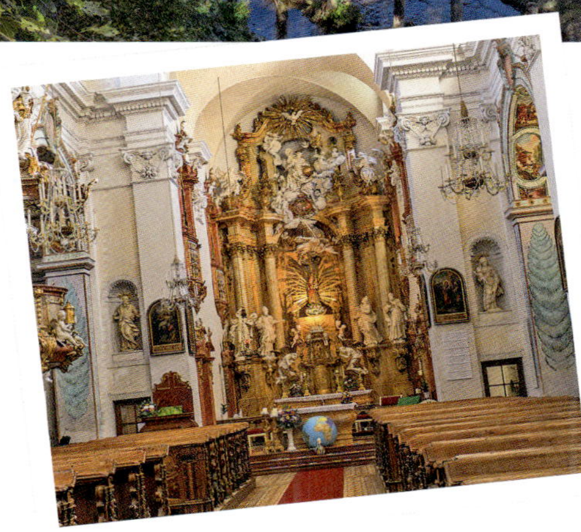

Exits zur Lindheimgasse wandern wir über die nächste Rampe des **Exits Wolf in der Au** aufwärts, wo wir den Brückenweg erreichen. Hier biegen wir nach links, wo wir zwischen den Wasserhaltungen zum südlichen Talrand hinüberqueren. Am Ende der **Auhofbrücke** ergeben sich schöne Ausblicke auf die Schlingen des Wienflusses. Gleichzeitig macht sich leider Verkehrslärm der Wientalstraße bemerkbar. Der Weg folgt nun bald auf einem Damm. Am Rande zweier weiterer Wehre öffnen sich weitere Tiefblicke auf die Wasserläufe. Rastplätze eines Grillplatzes mit Trinkwasser verleiten zu einer Pause (Grillrost und -kohle selbst mitbringen!).

Oben und ganz oben: Die Wallfahrtskirche Mariabrunn

Oben links: Wienfluss von der Luegerbrücke

Über die **Dr.-Karl-Lueger-Brücke** wechseln wir wieder zum Nordufer hinüber, das wir über den Damm rechts begleiten. Rund 340 Meter nach der Brücke achten wir auf die Tafel »WC«. Scharf links führt hier ein Weg hinunter zur sehenswerten **Wallfahrtskirche Mariabrunn**. Zurück am Damm gelangen wir neben Rechenanlagen zur Wehranlage bei der **Wienflussaufsicht**. Zwischen Absperrungen hindurch erreichen wir die **Mauerbachbrücke**. Der Wienflussweg leitet nun hinunter zu einem schmalen Graben mit Hochwasser-Warnelementen. Beim Exit Wolf in der Au wenden wir uns links hoch zum **Bahnhof Wolf in der Au**.

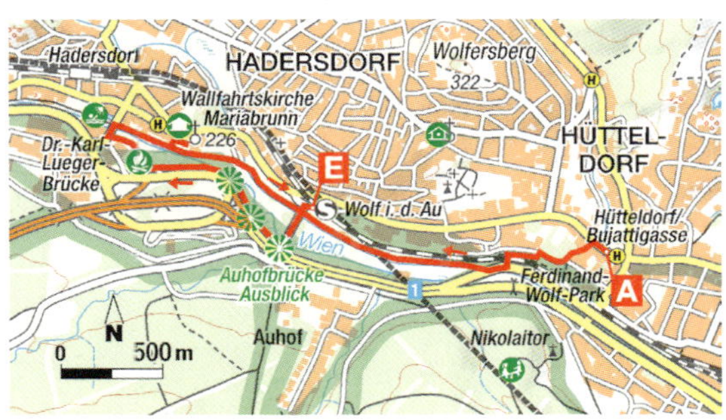

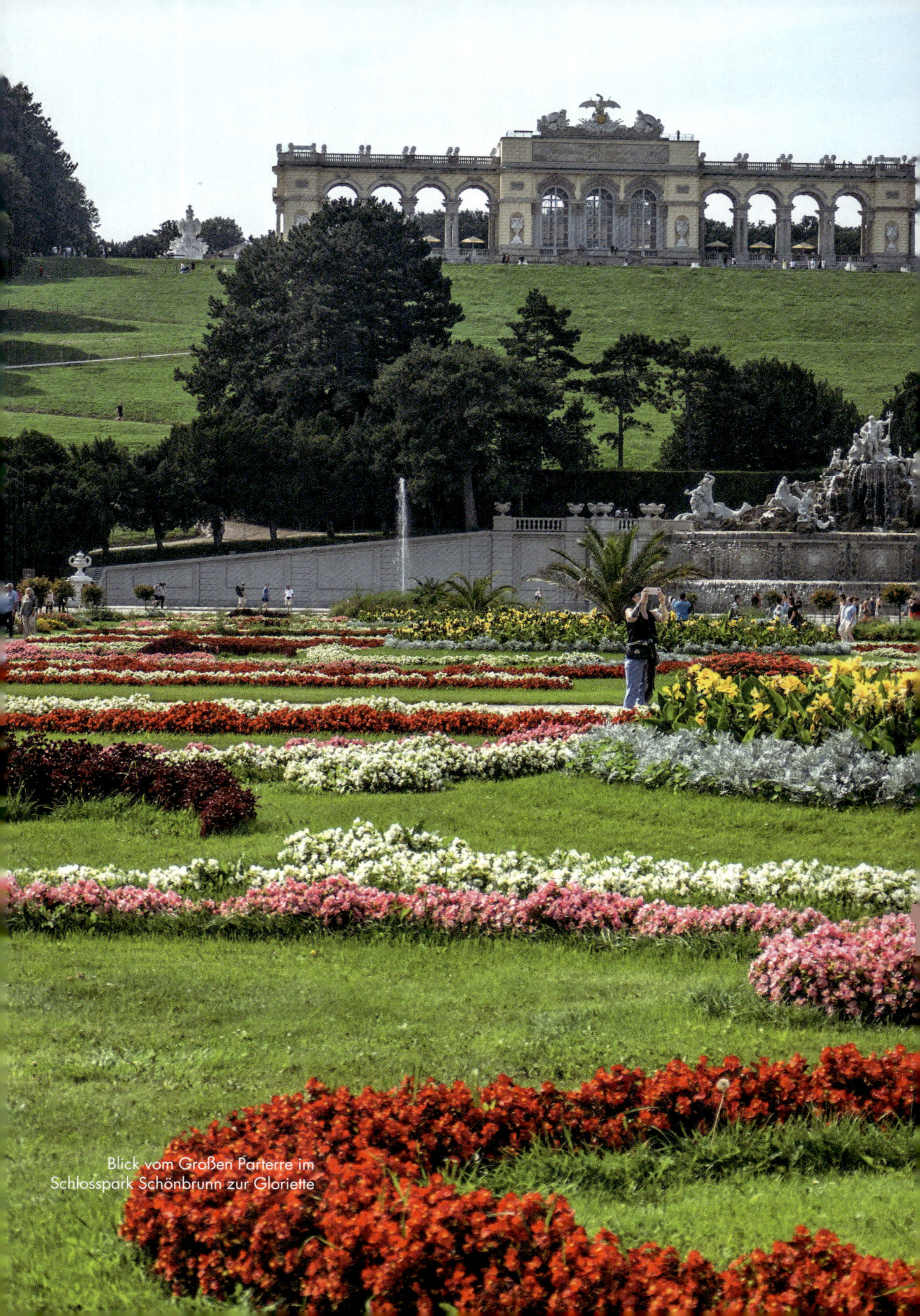

Blick vom Großen Parterre im Schlosspark Schönbrunn zur Gloriette

Touren im Süden von Wien

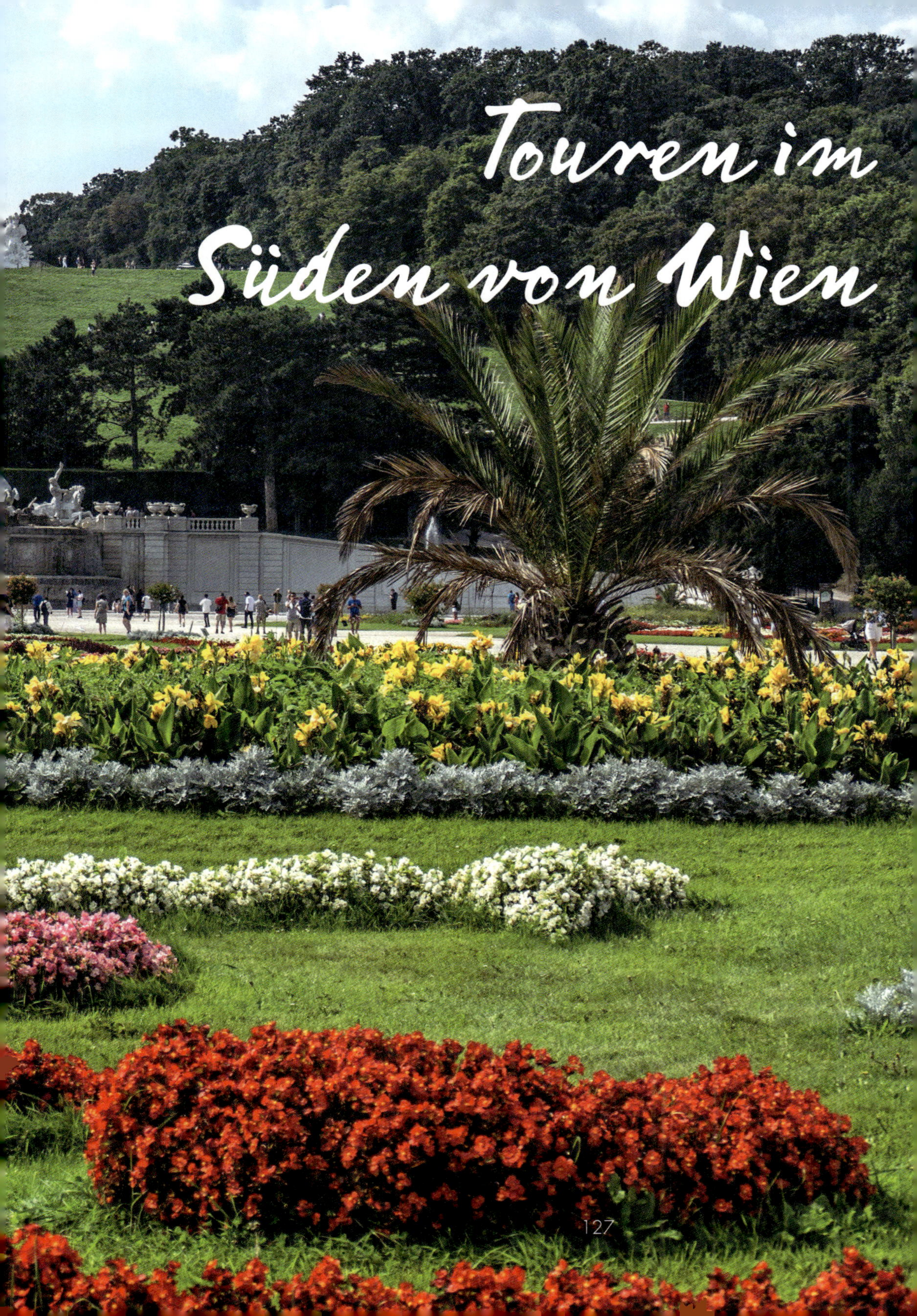

32 Lainzer Tiergarten

Über die Hermesvilla zum Wiener Blick

Mittel | 11,0 km | 330 Hm | 2.45 Std.

Tourencharakter
Asphalt- und Schotterwege

Ausgangs-/Endpunkt
Bushaltestelle Lainzer Tor (Linie 56B). GPS: 48.16687, 16.25731

VOR
Keine Möglichkeit unterwegs (die Tour kann aber vom Rohrhaus aus abgekürzt werden)

Einkehr
Café-Restaurant Hermes, Rasthaus Rohrhaus

Info
Hermesvilla: www.wienmuseum.at; geöffnet Palmsonntag bis Allerheiligen Di.–So./Fei. 10:00 bis 18:00 Uhr. Öffnungszeiten des Lainzer Tors: je nach Jahreszeit zwischen 8:00 und 17:00–20:30 Uhr. Im Lainzer Tiergarten gilt Hunde- und Radfahrverbot.

Im ehemaligen kaiserlichen Hofjagdrevier beheimatet der Lainzer Tiergarten freilaufende Wildschweine und Rotwild im Gehege. Inmitten des Hietzinger Wienerwaldes liegt auch die prächtige Hermesvilla, Kaiserin Elisabeths (Sisis) »Schloss der Träume«.

Zur Hermesvilla Wir betreten den Lainzer Tiergarten durch das **Lainzer Tor** und achten dabei auf die Sperrzeiten. Zwischen **Torwächterhaus** und **Infozentrum** hindurch halten wir uns bei der Wegteilung rechts zur Fahrstraße hin, wo jedoch nach wenigen Metern links der Naturlehrpfad (Wegweiser »Hermesvilla/Lehrpfad«) abzweigt. Dieser führt uns am **Damhirsch- und Mufflongehege** vorbei. Nach einer Holzbrücke verläuft der Weg neben einer Futterwiese. Bei einer Weggabelung verbleiben wir links bachnah am Lehrpfad. Sobald wir voraus eine bemerkens-

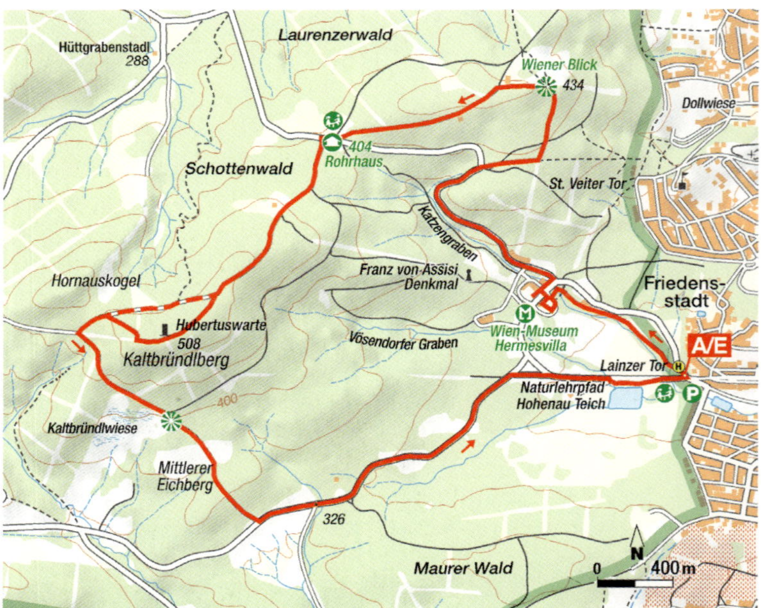

Rechte Seite oben: Die Hermesvilla vom Garten aus

Rechte Seite Mitte: Rotwild im Lainzer Tiergarten

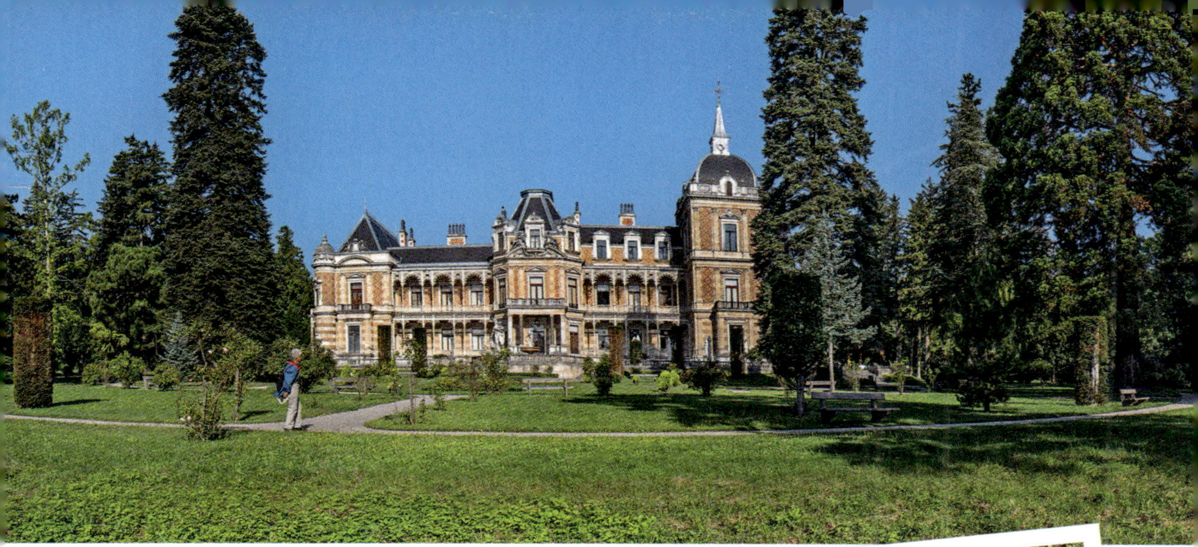

wert gewachsene Eibe sehen, halten wir uns noch vor der kreuzenden Fahrstraße am Nebenweg links, wo wir über eine kleine Brücke den prächtigen **Garten der Hermesvilla** erreichen. Unter den alten Koniferen sticht ein Mammutbaum besonders hervor. Wir begeben uns am äußeren Wegehalbkreis bis zur Mitte der zentralen Achse und wenden uns dort der 1886 fertiggestellten **Hermesvilla** zu. Vorbei an der namensspendenden Statue Hermes der Wächter erreichen wir

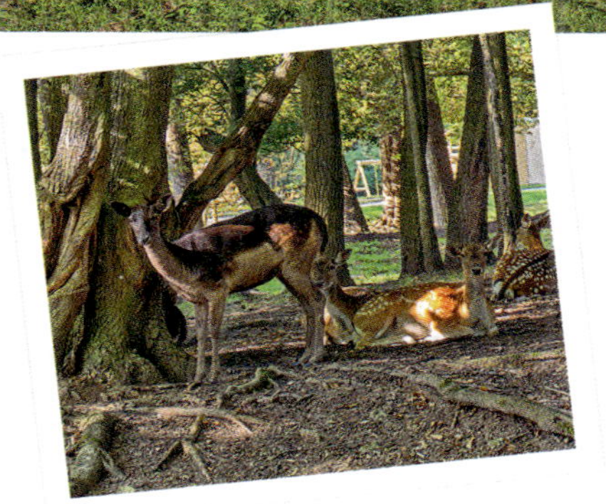

Wissenswertes

Neben dem neolithischen Steinbruch auf der Antonshöhe im Maurer Wald (s. Tour 33) belegen Funde aus jüngerer Zeit, dass auch im **Lainzer Tiergarten** in der Klippenzone prähistorischer Abbau von Radiolarit erfolgte. Die Härtlinge wurden in der Steinzeit durch Abschläge bearbeitet, um daraus Werkzeuge wie Klingen oder Pfeilspitzen herzustellen. Schon im 11. Jahrhundert ist das 2450 Hektar große Gebiet des Lainzer Tiergartens als Jagdgebiet der Babenberger dokumentiert. Unter den Habsburgern wurde der Bereich zuerst mit Holzzäunen abgegrenzt, Kaiser Joseph II. ließ schließlich im 18. Jahrhundert die 22 km lange Tiergartenmauer errichten. Mit dem Bau der **Hermesvilla** in den 1880er-Jahren wollte Kaiser Franz Joseph I. die Reiselust seiner »Sisi« bremsen, um sie länger in Wien halten zu können. Erstmals diente der Lainzer Tiergarten nicht nur den exklusiven kaiserlichen Jagdinteressen, sondern auch der Erholung. 11 Jahre lang verbrachte Sisi jährlich ein paar Tage in ihrem »Schloss der Träume«. Das Ende des Ersten Weltkrieges brachte schließlich den Niedergang des Kaiserreiches. Damit war der Tiergarten erstmals der Öffentlichkeit gegen Eintritt zugänglich. Heute steht das Gebiet unter Naturschutz. Info: www.lainzer-tiergarten.at

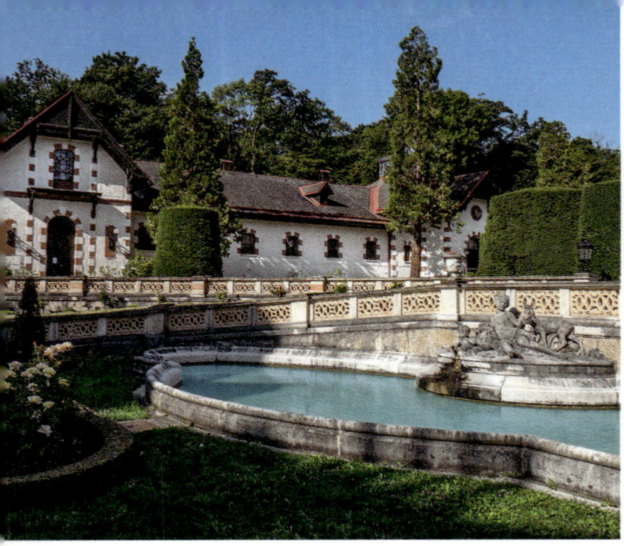

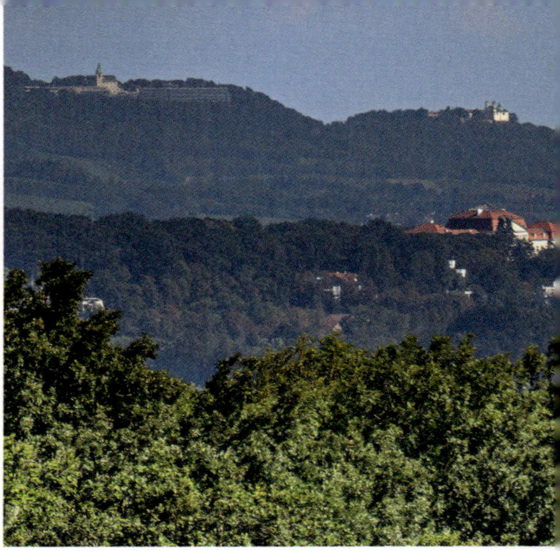

Der Dianabrunnen bei der Hermesvilla

Mitte: Kahlen-, Leopoldsberg, Schloss Wilhelminenberg und die Otto-Wagner-Kirche von der Baderwiese gesehen

den schönen **Tilgner-Brunnen** über Stiegen. Dann umrunden wir das Schloss entgegen dem Uhrzeigersinn, wobei wir an der Terrasse des **Café-Restaurants Hermes** vorbei zum Nordwest-Eingang der Hermesvilla gelangen. Dort können wir das Museum zu den Öffnungszeiten besuchen. Danach machen wir eine Runde um den interessanten **Dianabrunnen** und begeben uns wieder zurück zur Fahrstraße, wo wir den Weg in Richtung »Rohrhaus« fortsetzen.

Zum Wiener Blick Am Wegesrand ziehen zwei weitere Mammutbäume unsere Aufmerksamkeit an. Neben dem **Kantinengebäude** und Arbeiterwohnhaus entlang kommen wir nun zu einer stärker ansteigenden Passage des Asphaltweges. Nach einem Zauntor schwenkt der Weg rechts in ein Seitental. Wo der Weg zu einer Linksschleife ansetzt, achten wir auf abzweigende Pfadspuren in östlicher Richtung, die an einem Baum mit Doppelstamm vorüberführen und bald unmittelbar neben einer Abzäunung zu einem weiteren Tordurchgang leiten. Auf der anderen Seite des Zaunes weist uns die Tafel »Nikolaitor über Wienerblick« die weitere Richtung, da der Weg in diesem Bereich nur schwach ausgeprägt ist. Also wenden wir uns dort links, wo wir in kurzem Anstieg die **Baderwiese** (434 m) mit dem schönen **Wiener Blick** erreichen.

Panorama
vom Wiener Blick auf der Baderwiese:

Kahlenberg – Leopoldsberg – Schloss Wilhelminenberg – Otto-Wagner-Kirche – Universität für Bodenkultur (BOKU) – Flötzersteig – Universitäts-Sternwarte – Peak Vienna (ex Florido Tower) – Fernwärmewerk Spittelau – Millennium Tower – AKH – Donauturm – Augarten-Flaktürme – DC Tower – Votivkirche – Rathaus – Peterskirche – Stephansdom – Museen – Haus des Meeres – Karlskirche – Schloss Schönbrunn

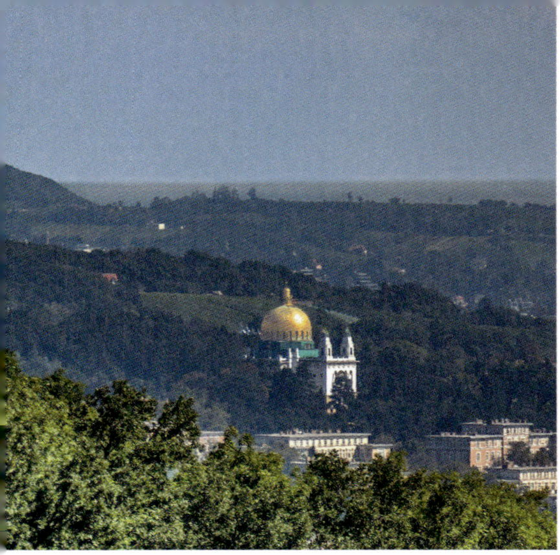

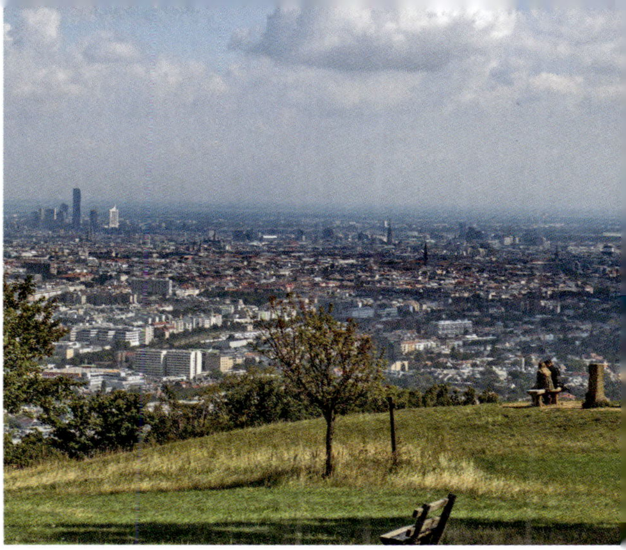

Baderwiese mit Wiener Blick

Über den Kaltbründlberg Über die Baderwiese steigen wir hinauf zu einer Anhöhe, wo der Hackenbergweg von rechts einmündet. Diesem folgen wir in Richtung Rohrhaus hinunter, bis wir die **Rohrhauswiese** mit dem **Rasthaus Rohrhaus** (405 m) erreichen. Vor dem Restaurant zweigt ein Weg zur Hermesvilla ab, wo man die Runde verkürzen könnte. Wir aber wenden uns nach dem Gasthaus links in Richtung »Hubertuswarte«. Ein Schotterweg führt hinauf zu einer Weggabelung. Links kommen wir zur **Hubertuswarte** am **Kaltbründlberg** (508 m). Der Ausblick von dort gewährt wegen des teils zugewachsenen Waldes leider nur Durchblicke, z.B. auf Mariabrunn, Sophienalpe, Kahlenberg, Leopoldsberg und Schloss Wilhelminenberg. Dann folgen wir der Tafel »Hirschgstemm« abwärts durch den Wald zu einem querenden Weg, dem wir links in Richtung »Gütenbachtor« folgen. Bald treffen wir auf das **Kaltbründl**, eine Quelle am Rande der **Kaltbründlwiese**. Ein paar Schritte abseits des Weges zeigt sich sogar von der Wiese der ferne Schneeberg! Über die nachfolgende **Kleefrische Wiese** und eine Waldpassage mündet der Kaltbründlweg in das querende, asphaltierte Schlossergassl. Gemäß dem Wegweiser »Lainzertor« biegen wir dort links ein und wandern am Rande der reizvollen **Lainzer Großen Stockwiese** über eine Rosskastanienallee. Die Richtung beibehaltend passieren wir ein Zauntor und die Abzweigung zur Hermesvilla, während unser Asphaltweg rechts einbiegt. Nach dem zweiten Querweg rechts achten wir auf eine kleine Brücke mit massivem Holzgeländer. Dort biegt ein unscheinbarer **Naturlehrpfad** nach rechts ans Ufer des Hohenauer Teichs ab. Zurück am Hauptweg erreichen wir nach einem Spielplatz wieder das **Lainzer Tor**.

Die rund 23 Meter hohe Hubertuswarte

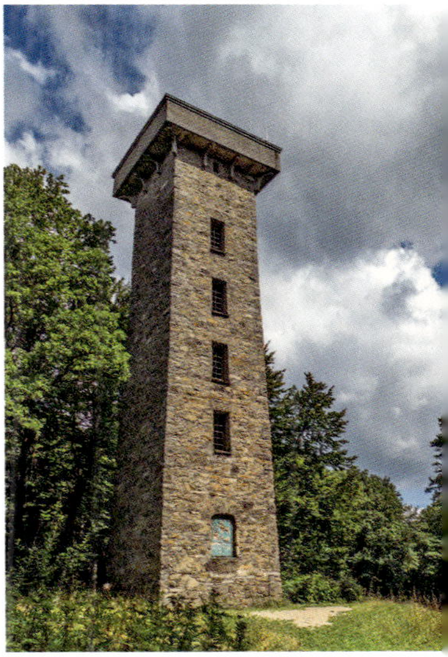

33 Im Maurer Wald

Steinzeitgruben und Sterngarten

Leicht | 4,8 km | 125 Hm | 1.30 Std.

Tourencharakter
Asphalt-, Erd- und Schotterwege

Ausgangs-/Endpunkt
Bushaltestelle Lindauergasse (Linie 60A). GPS: 48.14499, 16.25809

VOR
Keine Möglichkeit unterwegs

Einkehr
Gasthof zur Schießstätte (März bis November Mi./Do. Ruhetag)

Im Liesinger Wienerwald kommt eine geologische Änderung zum Tragen: Statt Flysch tritt hier Kalkstein an die Oberfläche – auf der Antonshöhe wurden schon vor 7000 Jahren Hornstein und Radiolarit abgebaut. Einen modernen Kontrapunkt der Tour bildet die Wotrubakirche.

Wiesen und Wälder Wir beginnen die Tour mit leichtem Anstieg über die Anton-Krieger-Gasse, bis wir zum Parkplatz und dem **Infopunkt** über den **Maurer Wald** kommen. Am oberen Rand der **Kasernwiese** gelangen wir entlang einer Mauer zum Waldrand. Nun wenden wir uns am Rande der Wiese links abwärts zum **Hannes-Minich-Gedenkstein** und setzen den Weg rechts zwischen einer Infotafel und einem Spielplatz fort. Der Weg führt flach neben der **Pappelteichwiese** entlang. Ein Pfad führt schräg links zum **Pappelteich**, der trotz des Betonbettes eine Bedeutung als Biotop hat. Zurück am Hauptweg erreichen wir über eine waldige Biegung die **Todtenwiese**, die netter aussieht, als sie heißt (Todt = veraltete Schreibweise für Tod). Kurz vor deren Ende zweigen wir rechts auf einen Schotterweg ab. Der Weg leitet erst nordwestlich durch Hochwald und biegt dann nach Nordosten, vorbei an drei Rastplätzen. Bei einem kreuzenden, breiten Forstweg setzen wir geradeaus fort und

An der Todtenwiese entlang

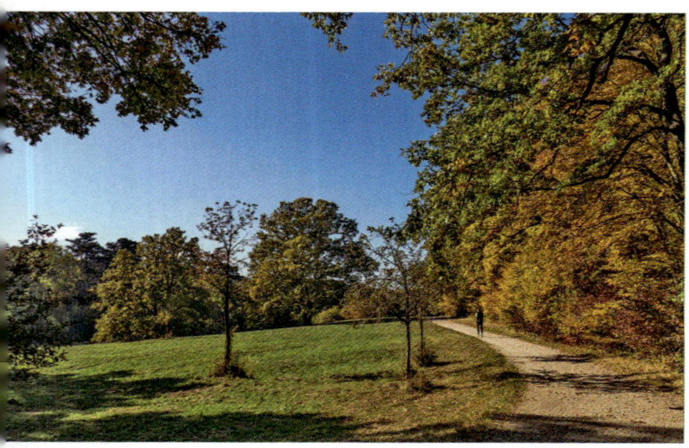

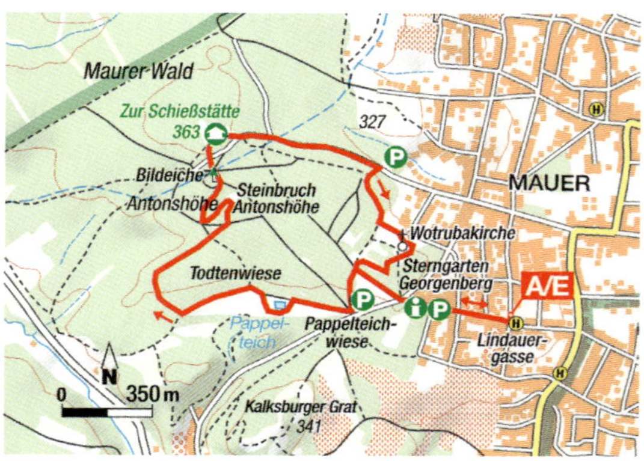

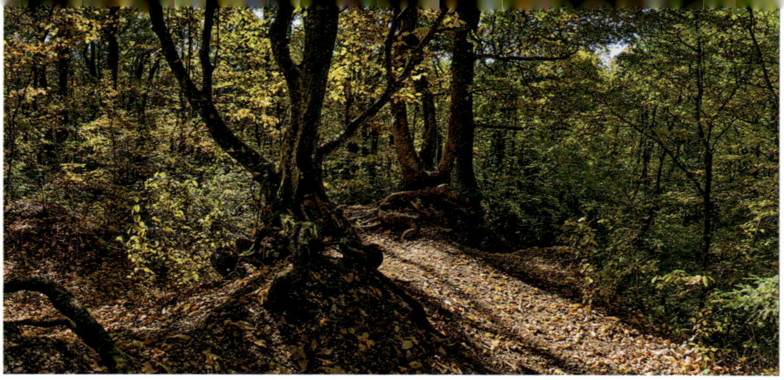

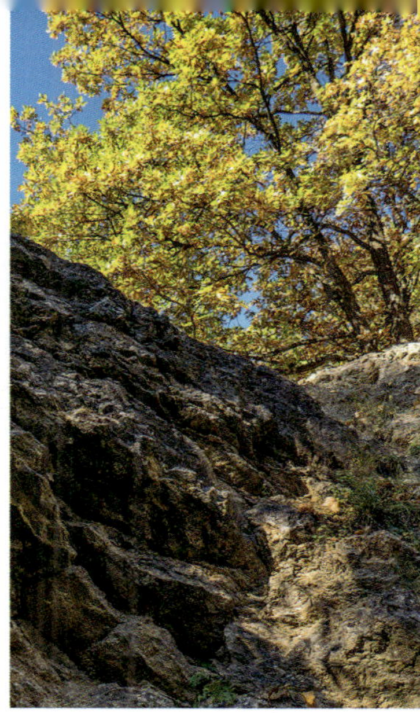

passieren einige umgefallene Bäume, ehe wir eine weitere, breite Forststraße erreichen. Dort achten wir auf einen schräg links gegenüber abzweigenden Pfad, der zum ehemaligen **neolithischen Steinbruch** führt. Rechts daneben leitet ein Begleitpfad entlang, der sich auf eine steil abfallende Böschungskante hinauf schwingt.

Felsen an der Antonshöhe

Links: Durch mystischen Wald am Kammweg

Pfade durch mystischen Wald Entlang dieses Böschungsdammes, der sich über dem verwachsenen Steinbruch nach Nordwesten windet, schlängelt sich ein gut begehbarer Pfad zwischen urigen Eichen und anderen Bäumen mit bizarren, teils ausgewaschenen Wurzeln. Kurz bevor sich der Weg entgegen dem Uhrzeigersinn um den Steinbruch biegt, folgen wir links einem steil hinabführenden Steig, der uns zu den Felsen unterhalb der **Antonshöhe** (356 m) bringt. Wir befinden uns nun inmitten des ältesten Industriedenkmals Wiens aus der Jungsteinzeit. In dem **prähistorischen Steinbruch** wurden seinerzeit Hornstein und Radiolarit abgebaut, woraus Klingen, Schaber und Pfeilspitzen gefertigt wurden. Die Fund- und Abbaustellen auf der Antonshöhe sind mittlerweile vom Wald zurückerobert worden und stehen heute unter Natur- und Denkmalschutz.

Der Steig leitet uns in südwestlicher Richtung auf eine kleine Lichtung, wo wir uns links halten, um einen felsigen Geländesprung zu einem Platz mit Feuerstelle zu überwinden. Setzen wir die Richtung fort, so mündet links eine talartige Mulde ein. Hier halten wir uns aber geradeaus zum stärksten Baum im Umkreis. Von dort senkt sich das Gelände neuerlich tief ab. Leicht links davon bleiben wir nun entlang der oberen Geländekante. Bizarr geformte, »magische« Wurzeln geben dem Pfad einen mystischen Charakter. Schließlich fällt die Geländehochkante steil zu einem breiten, querenden Waldweg ab. Hier steuern wir auf einen **Rastplatz** mit Tisch zu.

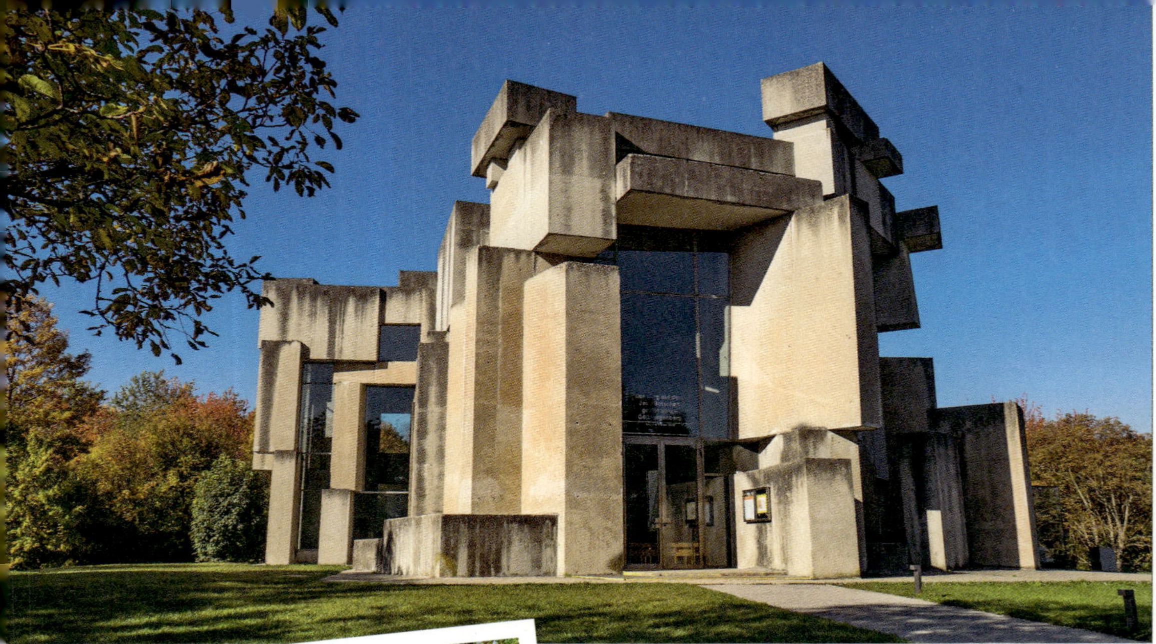

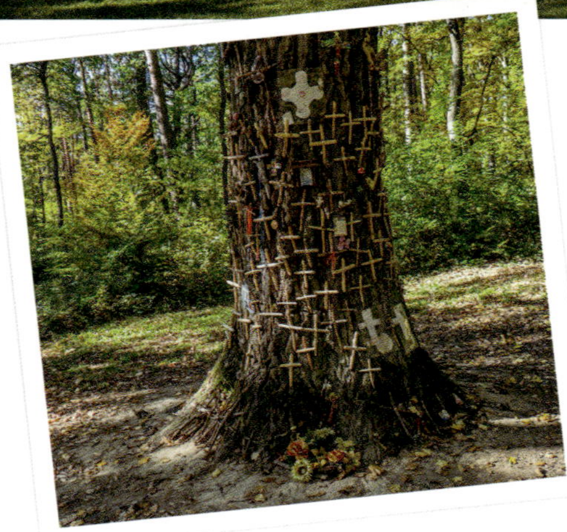

Bildeiche im Maurer Wald

Ganz oben: Die Wotrubakirche – eine Ikone moderner Kirchenarchitektur

Zur Wotrubakirche Genau gegenüber zweigt vom breiten Forstweg ein Pfad aufwärts ab, wo wir die Tour fortsetzen. Dieser ist mit Drahtseil auf Seiten der abschüssigen Steinbruchkante gesichert. Sobald von links ein Weg einmündet, achten wir links auf die **Bildeiche**, die allseits mit vielen Kruzifixen bestückt ist. Zurück am Pfad kommen wir zur Einmündung in den Stadtwanderweg 6, dem wir weiter nordwärts folgen. Bei der folgenden Wegkreuzung halten wir uns an den Wegweiser **»Gasthof zur Schießstätte«**, den wir nach wenigen Metern erreichen (363 m). Von dort treten wir den Rückweg hinunter über den asphaltierten Fahrweg an. Knapp 650 Meter weiter, unmittelbar vor dem letzten Parkplatz, wenden wir uns gegenüber der Fahrverbotstafel nach rechts. Wo sich der Weg in spitzem Winkel aufteilt, nehmen wir die linke Abzweigung und folgen den gelb-roten Pfeilen auf einem Stahlpfosten durch das dschungelartig verwachsene Gelände. Bei der Einmündung in einen Querpfad gehen wir links weiter zum Ottillingerplatz unter der modernen **Wotrubakirche**. Zum Kirchenplateau kommen wir entweder mit dem Aufzug im darunter liegenden Gebäude oder über eine Stiege rechts herum. Nahe dem Aufzug schaut man auf Teile Wiens um die Spittelauer Müllverbrennung, AKH, Peak Vienna (ex Florido Tower) und Millennium Tower.

Wissenswertes

Der **Sterngarten** wird vom Österreichischen Astronomischen Verein betreut und kann unentgeltlich besichtigt werden. Von der Mitte der Plattform aus zeigt der hohe Südmast den Höchststand der Sonne am Beginn der vier Jahreszeiten. Die Lochscheibe am Nordmast markiert den Himmelspol und die 24-Stunden-Bahn des Polarsterns. Die sechs Sonnensäulen bezeichnen die jahreszeitlichen Auf- und Untergänge der Sonne. Info: www1.astroverein.at/freiluftplanetarium

Die Kirche Zur Heiligsten Dreifaltigkeit auf dem Georgenberg, bekannt als **Wotrubakirche**, wurde 1976 nach Entwürfen des Wiener Bildhauers Fritz Wotruba (1907–1975) fertiggestellt. Das katholische Gotteshaus besteht aus 152 geschichteten Sichtbeton-Kuben, in deren Zwischenräume Glasflächen unterschiedlicher Größe eingefügt sind. Der äußerst kontrovers diskutierte Sakralbau gilt heute als eine herausragende moderne Architekturskulptur der Donaumetropole. Info: www.georgenberg.at

Zurück via Sterngarten Im Uhrzeigersinn um die Kirche finden wir den Wegweiser »Sterngarten« zum schmalen Pfad durch das Gebüsch. Geradeaus in südwestlicher Richtung halten wir uns bei der zweiten Wegverzweigung links zu den Masten des **Freiluftplanetariums am Georgenberg**. Die Anlage veranschaulicht die scheinbare Drehung des Sternenhimmels und den Jahresverlauf der Sonnenbahn. Über die Wiese in westlicher Richtung erreichen wir wieder die **Kasernwiese**, wo uns der weitere Weg zurück bereits bekannt ist.

Links: Wienblick von der Wotrubakirche

Sonnensäule im Sterngarten Georgenberg

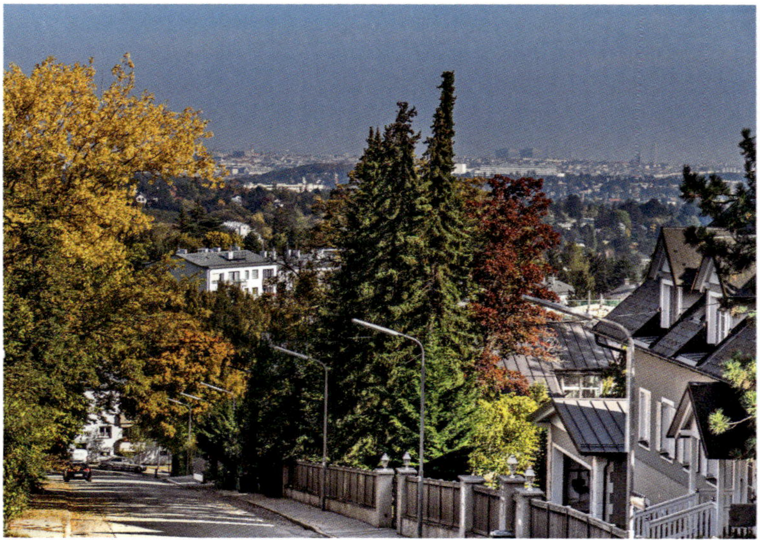

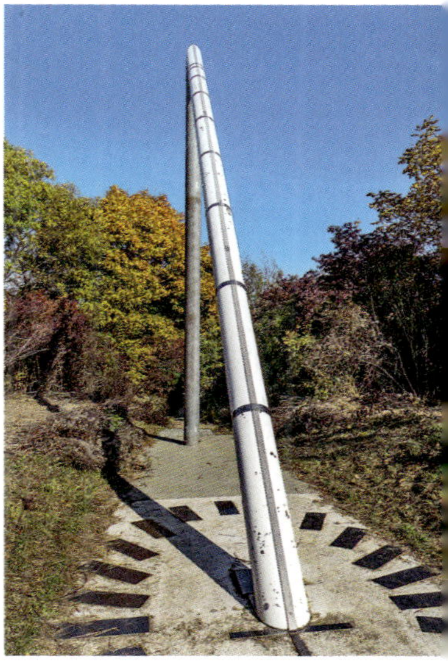

34 Zur Mizzi-Langer-Wand

Vom Zugberg zum naturnahen Liesingbach

Leicht	4,7 km	130/140 Hm	1.30 Std.

Tourencharakter
Asphalt-, Erd- und Schotterwege

Ausgangspunkt
Tram-Haltestelle Rodaun (Linie 60). GPS: 48.13328, 16.26240

Endpunkt
Tram-Haltestelle Breitenfurter Straße/Liesingbrücke (Linie 60)

VOR
An der Willerbrücke kann die Tour bei Bushaltestelle Willergasse/Liesingbrücke (Linie 60A) unterbrochen werden.

Einkehr
Nur am Tourenbeginn in Rodaun Ristorante Gallo Rosso

Wie bei der vorigen Tour bewegen wir uns im südlichen Wienerwald mit Kalkgestein im Untergrund. Das zeigt sich einerseits durch Schwarzföhren in der Vegetation, andererseits durch die Mizzi-Langer-Wand in prallen Felswänden eines früheren Steinbruchs.

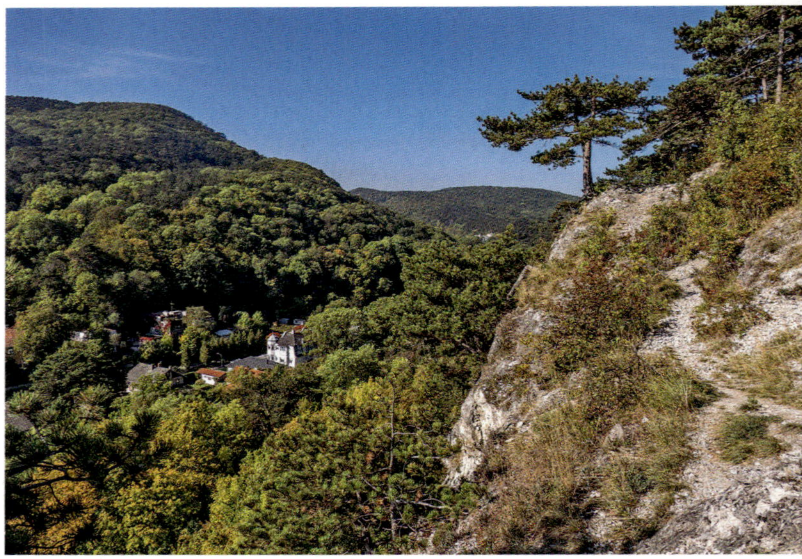

Unterwegs an der Mizzi-Langer-Wand

Bergkirche und ehemaliges Schloss Rodaun Von der Endstation der 60er-Tram in **Rodaun** wenden wir uns zurück zur Ketzergasse, wo uns der Wegweiser »Stadtwanderweg 6« am Brückengeländer über die **Dürre Liesing** nach links leitet. In beherrschender Lage zieht die Bergkirche Rodaun alle Blicke auf sich. Nach dem Ristorante Gallo Rosso biegen wir gegenüber dem Billa links in die steile, schmale Willergasse (Wegweiser »Bergkirche«). Gemeinsam mit dem Stadtwanderweg 6 kämpfen wir uns aufwärts, bis wir rechts einen von zwei Statuen flankierten, ebenso steilen Aufgang zur Kirche erreichen. Oben schließt neben der **Bergkirche** der fast ebene Rodauner Kirchenplatz

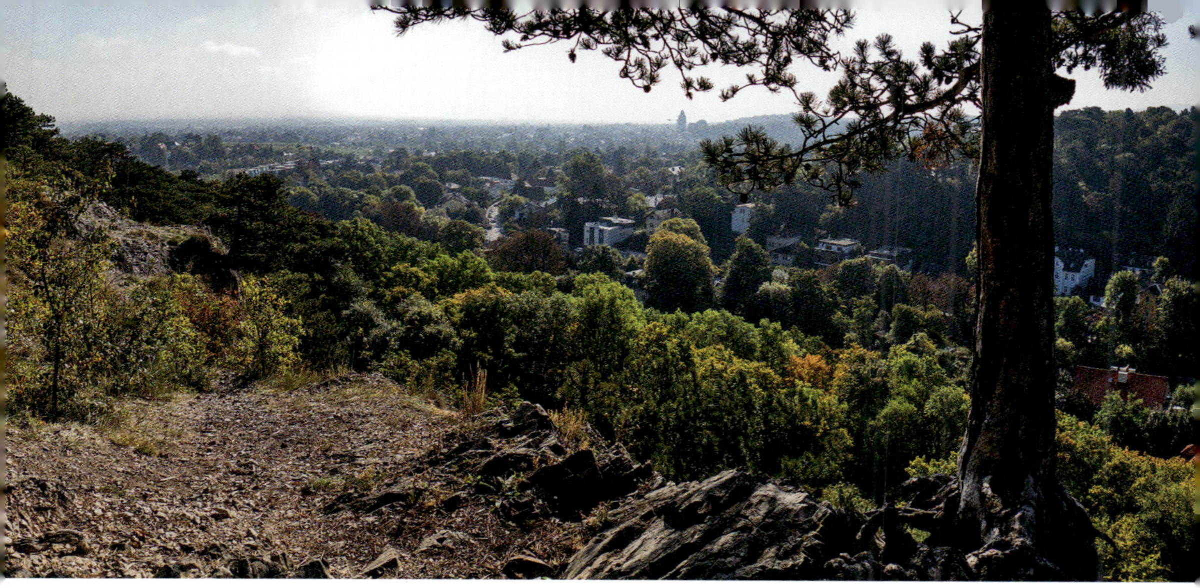

an. Dahinter erweckt die Toranlage aus 1578 des **ehemaligen Schlosses Rodaun** unser Interesse. Die Gebäude aus einer offenbar wehrbaren Zeit werden heute vom Institut und Schulzentrum Santa Christiana genutzt. Danach kehren wir wieder zu den Infotafeln am Ende des Kirchenplatzes zurück, die uns über die Bedeutung des 654 Hektar großen Landschaftsschutzgebiets Liesing aufklären.

Aussicht von der Mizzi-Langer-Wand

Über die Mizzi-Langer-Wand und Zugberg Hier startet unsere eigentliche Wanderung zum Zugberg als durchwurzelter, steiniger Waldweg. Nach der Einmündung des Zustiegsweges vom Parkplatz trennen wir uns beim nächsten Wegweiser vom Stadtwanderweg 6, indem wir unmittelbar davor nach links abzweigen. Auf diesem Weg wandern wir stets geradeaus in angenehmer Steigung zu einer aussichtsreichen Anhöhe bei der **Mizzi-Langer-Wand**. Der Ausblick zum Wehrturm der Pfarrkirche Perchtoldsdorf lässt sich noch steigern, wenn wir zur oberen Felskante hinuntersteigen und dem deutlichen Pfad entlang der Felsen folgen. Bei einer Sitzbank erreichen wir wieder den Höhenweg über den flachen Bergkamm, der in der Folge mit weiteren Rastbänken ausgestattet ist. Der Gipfel des **Zugberges** (325 m) fällt kaum in Erscheinung. Bald mündet unser Weg wieder in den Stadtwanderweg 6. Vorbei an weiteren Rastplätzen und namenlosen

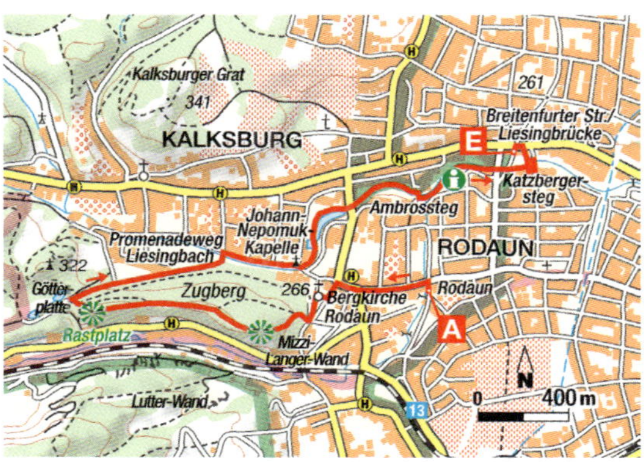

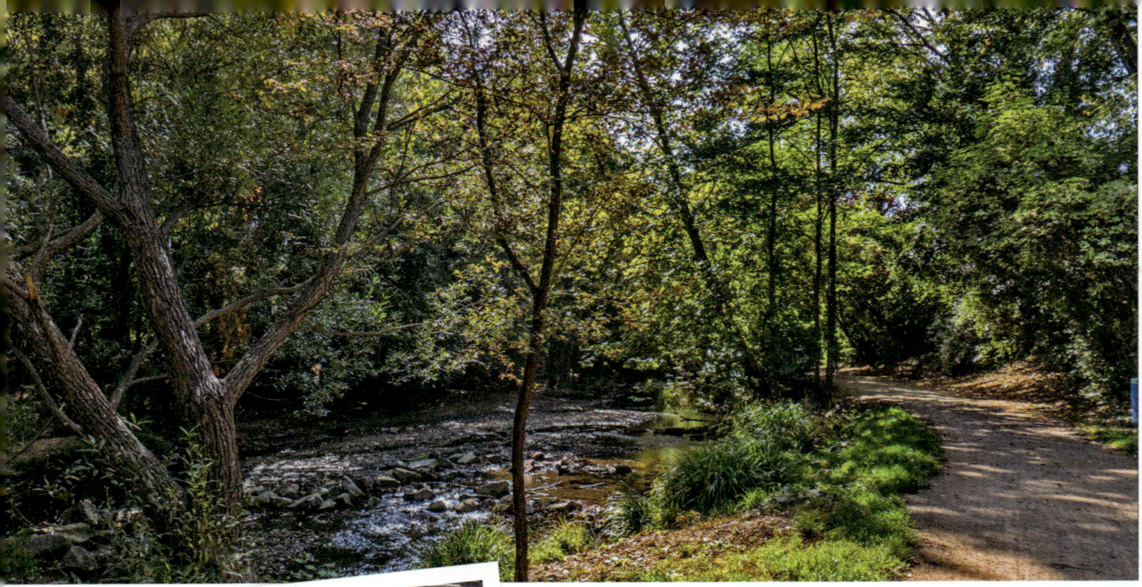

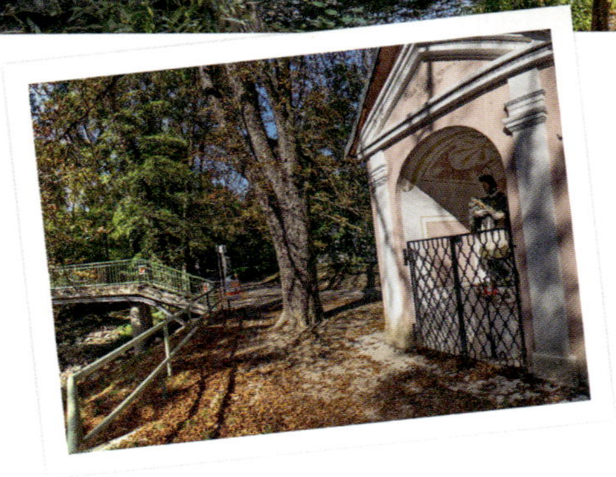

Die kleine Johann-Nepomuk-Kapelle

Ganz oben: Uferweg an der naturnahen Liesing

Nebengipfeln mit Durchblicken auf den Steinbruch von Kaltenleutgeben senkt sich der Weg schließlich ins Tal ab, bis wir die Mauer des **Kollegiums Kalksburg** (Schulzentrum und Internat) erreichen. Dort wenden wir uns rechts, wo wir zur Schranke vor der Ketzergasse kommen.

Am Liesingbach Über die **Haselbrunner Brücke** überschreiten wir den Liesingbach zum Beginn des **Promenadeweges** am linken Ufer. Diesem folgen wir rechts in Richtung »Liesingbachradweg Liesinger Platz«. Bis zur **Johann-Nepomuk-Kapelle** begleitet uns der Stadtwanderweg 6, doch wir bleiben am linken Ufer. Bei einem Brückensteg wechselt der Liesingbachradweg auf das rechte Ufer, während wir die **Hugo-von-Hofmannsthal-Promenade** auf der linken Seite wählen. Die Reiche Liesing erweist sich in diesem Bereich als erfreulich naturnahes Gewässer, wie man es in Wien suchen muss! Eine Querschnitt-Aufweitung verleiht dem Bach zusätzliche Freiheitsgrade, sodass die Breitenentwicklung schön anzusehen ist. Bald gelangen wir an einer Schranke vorbei und unterschreiten eine Straßenbrücke. Nach einer neuerlichen Schranke wechseln wir das Bachufer über den **Ambrossteg**. Die Eingriffe der Renaturierung sind in diesem Bereich noch relativ jung, vor allem im Vergleich zur Strecke davor. Neben dem Retensionsbecken kommen wir zur Einmündung der **Dürren Liesing**, einem Zubringer durch die Kalkzone, dessen Wasser im Gegensatz zur Flyschzone im Untergrund versickert.

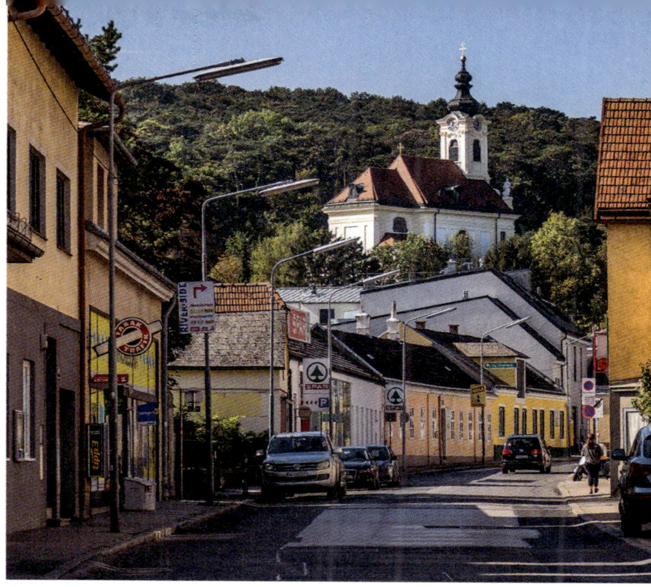

Bergkirche Rodaun über der Ketzergasse

Über einen **Brückensteg** gelangen wir zu einer Weggabelung, wo man zwischen dem bachnahen Kiesweg links, oder dem Weg oberhalb einer Geländekante wählen kann. Beide Wege führen wieder bei einer Infotafel zusammen, die sich mit der naturnahen Gestaltung aus dem Jahr 2015 beschäftigt. Danach folgt ein fast schluchtartig wirkender Abschnitt, der mit Trittsteinen inmitten eines gemauerten Einschnittes ausgelegt wurde und bei Nässe rutschig sein kann. Auf diese Weise unterqueren wir die Kaiser-Franz-Josef Straße, die Straßenbahnbrücke und den Katzbergersteg. Rund 40 Meter weiter führen Stufen über die steile Böschung, an deren oberem Ende wir zum **Katzbergersteg** zurückgehen. Über die Brücke erreichen wir die Breitenfurter Straße, wo wir uns links wenden. Vor der Straßenbahnbrücke führen Stiegen zur Straßenbahnlinie 60 in Richtung Westbahnhof, nach der Brücke in Richtung Rodaun, wo wir die Tour beenden.

Wissenswertes

Maria »Mizzi« Langer-Kauba, die Inhaberin des ältesten Sportgeschäfts in Wien, kletterte in den 90er-Jahren des 19. Jahrhunderts mit ihrer Bergsteigergruppe »Langer-Platte« in der 40 Meter hohen Felswand des Rodauner Hauptdolomit-Steinbruchs. Damals hatte die »Mizzi-Langer-Wand« aufgrund der Nähe zum Stadtgebiet die Bedeutung, die heute der weiter entfernte Peilstein für Wiener Kletterer einnimmt. Doch Mizzi Langer war nicht nur eine der ersten Bergsteigerinnen Österreichs, sondern war auch die einzige Teilnehmerin beim ersten Schirennen der Welt, das der Schipionier Matthias Zdarsky 1905 am Muckenkogel bei Lilienfeld veranstaltete. Unter den 23 Läufern des Torlaufes ging die 33-Jährige als Siegerin in ihrer Klasse hervor, übertraf viele körperlich überlegene Männer und war damit die erste Schirennläuferin Österreichs. In ihren vom Maler Gustav Jahn illustrierten Katalogen gab sie Anleitungen zur Schifahrtechnik von Matthias Zdarsky.

Die **Bergkirche Rodaun** geht auf eine befestigte Burgkirche aus dem 14. Jahrhundert zurück, die jedoch bei der Zweiten Türkenbelagerung Wiens (1683) vollkommen zerstört wurde. Der heutige Bau des Barockjuwels stammt aus dem Jahr 1745 und wird gern als Hochzeitskirche genutzt. Info: www.bergkirche-rodaun.at

35 Schlosspark Schönbrunn

Brunnen, Gloriette und Tiergarten

Leicht	6,6 km	105/100 Hm	2.30 Std.

Tourencharakter
Überwiegend Feinkieswege und Asphaltwege

Ausgangspunkt
U-Bahn-Station Schönbrunn (Linie U4). GPS: 48.18603, 16.31888

Endpunkt
U-Bahn-Station Hietzing (Linie U4)

VOR
Die Tour kann von Ende März bis Ende Oktober mithilfe der Schönbrunner Panoramabahn oder des Zoo-Bummelzugs verkürzt werden.

Einkehr
Café Gloriette, Gasthaus Tirolergarten, Restaurant Kaiserpavillon, Fastfood-Läden im Tiergarten

Info
Schloss und Schlosspark Schönbrunn: www.schoenbrunn.at, ganzjährig geöffnet, Betrieb Brunnen Mai bis Mitte Okt. 10:00 bis 16:00 Uhr; Gloriette mit Aussichtsterrasse nur vom 1. März bis 2. Nov. Tiergarten Schönbrunn: www.zoovienna.at, ganzjährig geöffnet. Für Schlosspark und Tiergarten gilt Hunde- und Radfahrverbot.

Das UNESCO-Weltkulturerbe Schönbrunn bildet mit dem bedeutendsten und größten Schloss Österreichs, dem ältesten, noch bestehenden Tiergarten der Welt und dem barocken, 160 Hektar großen Schlosspark einen Ort der Superlative, für den ganz Wien berühmt ist.

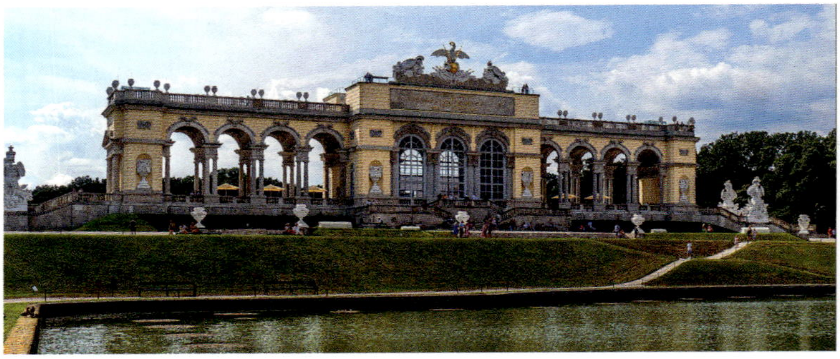

Großes Parterre und Brunnenanlagen Vom U-Bahnausgang halten wir uns in Richtung »Schloss/Palace« neben Busparkplatz und WC-Anlage zur Ampel an der Schönbrunner Schlossstraße. Vom Schutzweg kommen wir rechts zum Haupteingang von **Schloss Schönbrunn**. Vor dem Hauptgebäude schwenken wir rechts zu einem Durchgang und dann links durch ein eisernes Tor zum **Kammergarten**. Dort queren wir zwei Rosenlaubengänge und erreichen die Lichte Allee. Links gelangen wir vor die gartenseitige Schlossfassade, während sich gegenüber die Barockgärten des **Großen Parterres** bis hin zum Gloriettenhügel erstrecken. Am Ende der Blumenbeete wenden wir uns rechts zur diagonalen Obeliskenallee. Vom **Najadenbassin** öffnen sich Blickachsen zum Obeliskbrunnen, zur Römischen Ruine und zum **Taubenhaus**. Letzteres wählen wir als unser nächstes Ziel, das wir in südwestlicher Richtung erreichen. Von dort nach Südosten finden wir Durchgänge, die uns über die Ruinenallee hinweg zum **Brunnenhaus** mit dem »Schönen Brunnen« leiten. Gleich daneben liegt in östlicher Richtung der **Engelsbrunnen**.

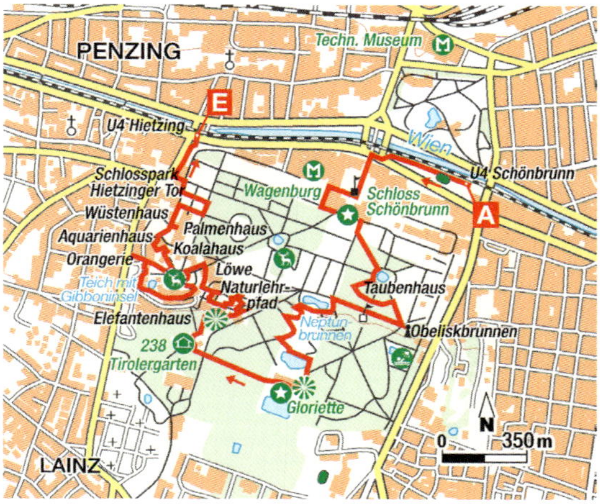

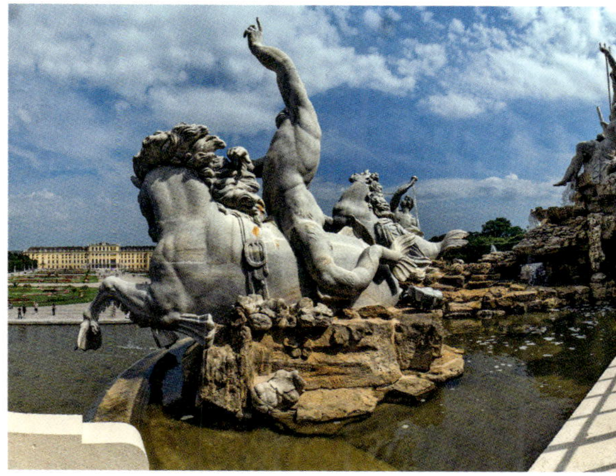

Neptunbrunnen mit Schloss Schönbrunn

Linke Seite: Die frühklassizistische Gloriette wurde 1775 fertiggestellt.

Zurück in der Obeliskenallee setzen wir unsere Besichtigung in südöstlicher Richtung zum **Obeliskbrunnen** mit der Sybillengrotte fort. Von dort folgen wir am Fuße des Schönbrunner Berges der Rustenallee (Wegweiser »Schöner Brunnen«) zur **Römischen Ruine** und weiter zum **Neptunbrunnen**. Alle drei Monumentalbrunnen wurden vom Hofarchitekten Maria Theresias in den 1770er-Jahren geschaffen.

Wissenswertes

Der Legende nach entdeckte Kaiser Matthias im frühen 17. Jahrhundert bei der Jagd eine Quelle, die im Jahr 1640 als »Schöner Brunnen« gefasst wurde. Zwei Jahre später wurde die Katterburg, ein Vorgängerbau des **Schlosses Schönbrunn**, nach dem Brunnen benannt. Nach Zerstörung durch die Osmanen in der Zweiten Türkenbelagerung wurde das Schloss unter Kaiser Leopold I. wiederaufgebaut. Doch erst unter Erzherzogin Maria Theresia wurden die Umbauten vollendet, die Gloriette errichtet und der Schlosspark mit Monumentalbrunnen ausgestattet. Die Gerüchte über Maria Theresias unterirdische Fluchttunnel zwischen Schloss und Ober St. Veit ließen sich bisher nicht bestätigen. Jedoch befinden sich unter der Gloriette ausgedehnte Tunnelanlagen bis hinunter zum Neptunbrunnen. Dies hatte seinen Ursprung in einem »mit Booten befahrbaren Vergnügungssystem« und diente zum Teil der Wasserversorgung des Neptunbrunnens. 1809 besetzte der französische Kaiser Napoleon Bonaparte Österreich und residierte in Schönbrunn. Nach Sieg und Niederlage musste Kaiser Franz I. im Rahmen des Friedens von Schönbrunn Ländereien am Meer abgeben. Später bewohnten Kaiser Franz Joseph und seine »Sisi«, Kaiserin Elisabeth, das Schloss. Schönbrunn bildete auch den Schauplatz der berühmten »Sissi-Trilogie« mit Romy Schneider. 1996 wurden Schloss und Gärten Schönbrunn in die UNESCO-Welterbeliste aufgenommen.

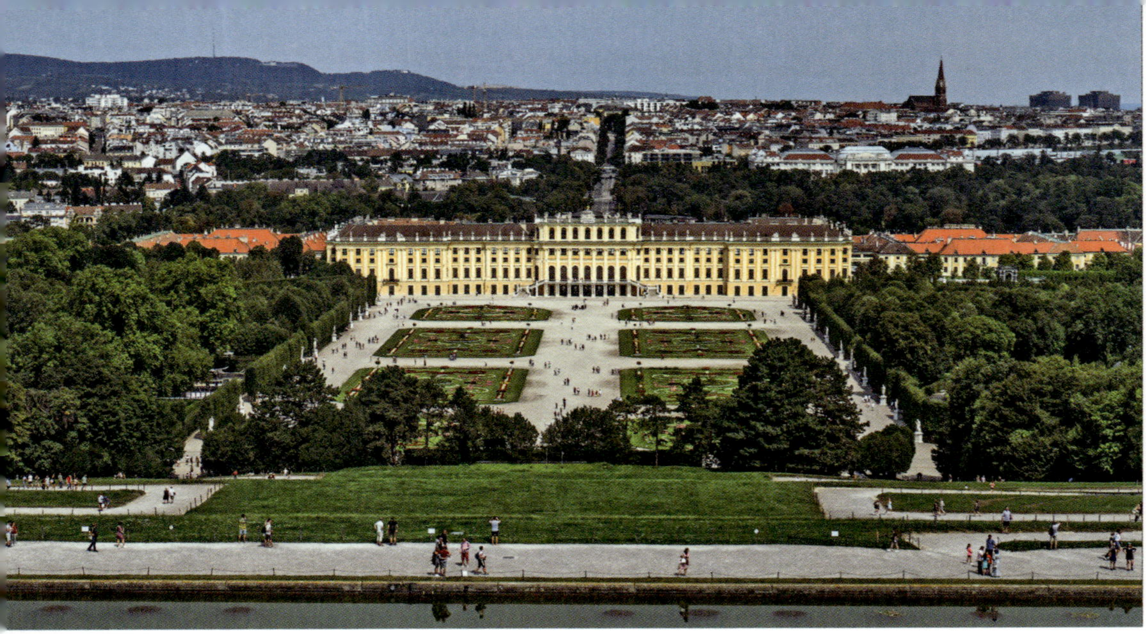

> **Panorama**
> *von der Terrasse der Gloriette:*
>
> Im Nordwesten: Jubiläumswarte – Otto-Wagner-Kirche – Schloss Wilhelminenberg; im Norden: Hermannskogel – Sieveringer Steinbrüche – Kahlenberg – Leopoldsberg – Schloss Schönbrunn – AKH; im Nordosten: Donauturm – DC Tower – Stephansdom – Haus des Meeres – Karlskirche; im Osten: Wasserturm Favoriten – Vienna Twin Tower

Zur Gloriette Am Weg zur Gloriette besichtigen wir noch die Figurengruppe um den Meeresgott Neptun von der oberen Hinterseite des Brunnens aus. Dann ersteigen wir den Serpentinenweg hinter dem Brunnen, der zum **Gloriette-Teich** emporführt. Die prachtvolle Aussicht über Wien kann man noch steigern, wenn man die Stiegen der Gloriette von der Ostseite her besteigt und gegen einen geringen Obolus das Dach der **Gloriette** (258 m) besucht.

Oben: Schloss Schönbrunn von der Gloriette

Durch den Tiergarten Über die Gloriettestraße am Bergplateau des Schönbrunner Berges verlassen wir die Gloriette in westlicher Richtung. Nach rund 300 Meter erreichen wir rechts den **Kiosk** des **Tiergartens**. Gegenüber befindet sich das **Gasthaus Tirolergarten** und der **Tirolerhof**, ein original übersiedelter Bauernhof aus Brandenberg in Tirol. Beim Querweg, wo wir Rinder und Norikerpferde sehen, halten wir uns rechts, dann links zum 160 Meter langen **Baumkronenpfad**, der als schwankender Steg teils 10 Meter über dem Waldboden entlangführt. Am Asphaltweg biegen wir entsprechend dem »Rundweg-Trail« nach rechts ein und folgen den Spuren am Boden scharf links in Richtung »WC«. Am **Erlebnispfad »Am Wasser«** gelangen wir

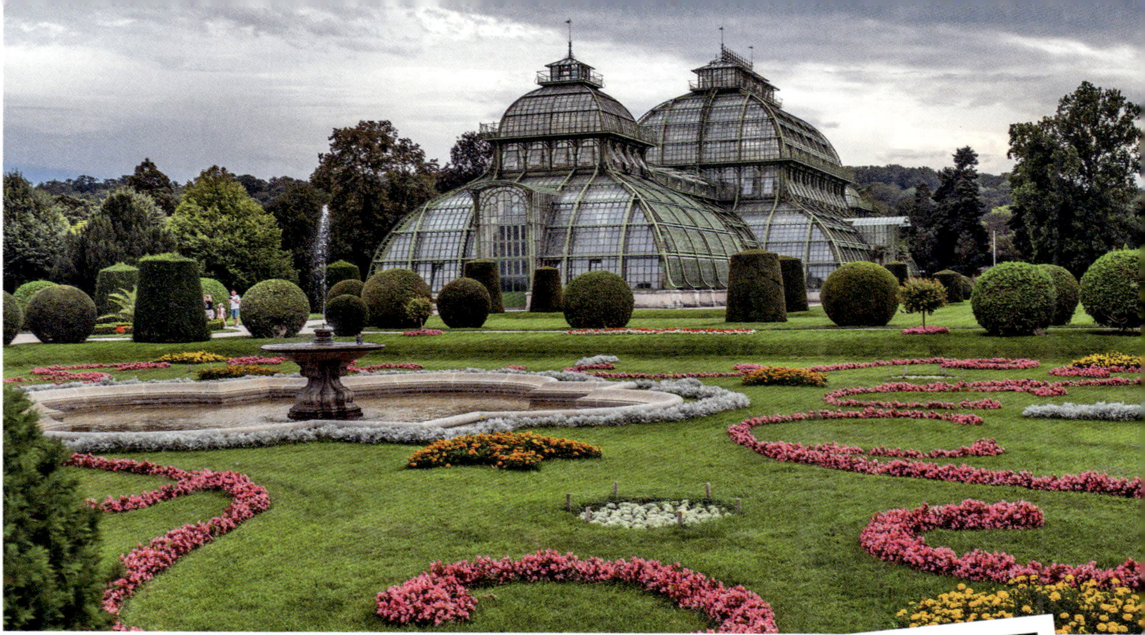

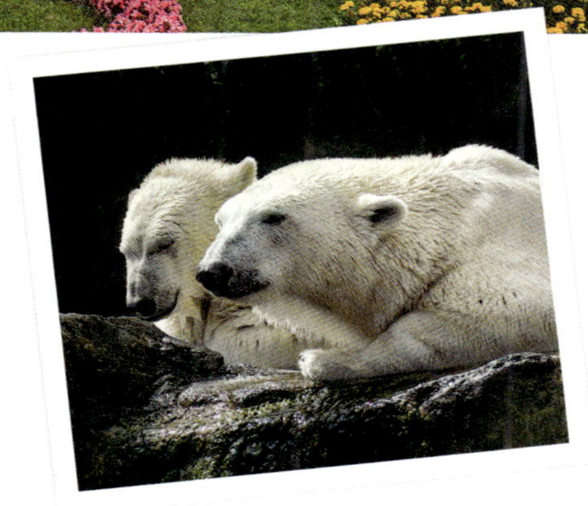

in Serpentinen an einem Freiluftaquarium hinunter. Der weitere Verlauf ist als Vorschlag nur grob umrissen: Vom **Regenwaldhaus** streben wir über die **Eisbärenwelt Franz-Joseph-Land** westwärts zu den stets aktiven Mähnenrobben und Pinguinen im **Polarium**. Nördlich schließen die **Raubkatzengehege** mit Tiger und Löwen an. Von dort richten wir uns dem **Restaurant Kaiserpavillon** zu, wo wir bei den Flusspferden und Geparden vorbeikommen. Dann queren wir vom **Affenhaus** südlich des Pavillons zum **Elefantenhaus** und besuchen den Teich mit der Gibboninsel, wo wir uns nordwärts zum **Giraffenhaus** begeben. Dort können wir durch eine Unterführung links einen Abstecher zu den Orang-Utans machen. Danach wenden wir uns wieder dem Kaiserpavillon zu, schwenken links zu den Roten Pandas und streben nach dem **Koalahaus** dem Tierpark-Ausgang Hietzing beim **Aquarienhaus** zu.

Eisbären im »Franz-Joseph-Land«

Ganz oben: Das imposante Palmenhaus aus dem 19. Jahrhundert

Am Schluss Vorbei am **Palmen- und Wüstenhaus**, die man beide gebührenpflichtig besichtigen kann, legen wir noch eine Umrundung der blumengeschmückten Springbrunnen ein. Schließlich kommen wir zur querenden Finsteren Allee, die uns links zum **Hietzinger Tor** des Schlossparks leitet. Bei der **Lindt Chocolate Boutique** biegen wir rechts ein. Rund 150 Meter entlang der Hietzinger Hauptstraße erreichen wir den Schutzweg vor der U-Bahn-Station auf der **Kennedybrücke**.

36 Liesingbachbegleitweg

Im Zukunftsidyll Alterlaa

Leicht | 4,3 km | 35 Hm | 1.30 Std.

Tourencharakter
Asphalt- und Schotterwege

Ausgangs-/Endpunkt
Haltestelle Josef-Österreicher-Gasse (Bus Linien 60A, 66A). GPS: 48.14740, 16.30203

VOR
Man kann die Tour an folgender Station unterbrechen: von Kirche Alterlaa über Kaufpark Alterlaa zur U-Bahn-Station Alterlaa (Linie U6)

Einkehr
Restaurants im Kaufpark Alterlaa, sonst keine

Mit 9000 Einwohnern zählt der Wohnpark Alterlaa zu den größten Satellitenstädten Österreichs. Durch die bis 2027 zu realisierende Renaturierung der Liesing wird der Erholungswert im umliegenden Grüngebiet sicher noch gesteigert.

Die südliche Uferseite Über die Erlaaer Straße westwärts kommen wir bei einer Litfaßsäule zum Asphaltweg **»Riegermühle«**, dessen Name an die abgebrannte Getreidemühle am Liesingbach erinnert. Am **Liesingbachbegleitweg** wenden wir uns rechts entlang, vorbei an einem Trinkwasser-Brunnen und Spielplätzen mit FreeGym-Trainingsgeräten. Am Wegesrand entdecken wir die Kunstwerke **»Stahl(h)art«**, ein Projekt der Agendagruppe Kunst. Die **Brücke** an der **Gregorygasse** unterqueren wir und beim nachfolgenden **Alterlaasteg** verlassen wir den Liesingbachbegleitweg rechts über den abzweigenden Asphaltweg, von dem wir gleich wieder rechts auf einem Pflasterweg um eine feuchte Mulde biegen.

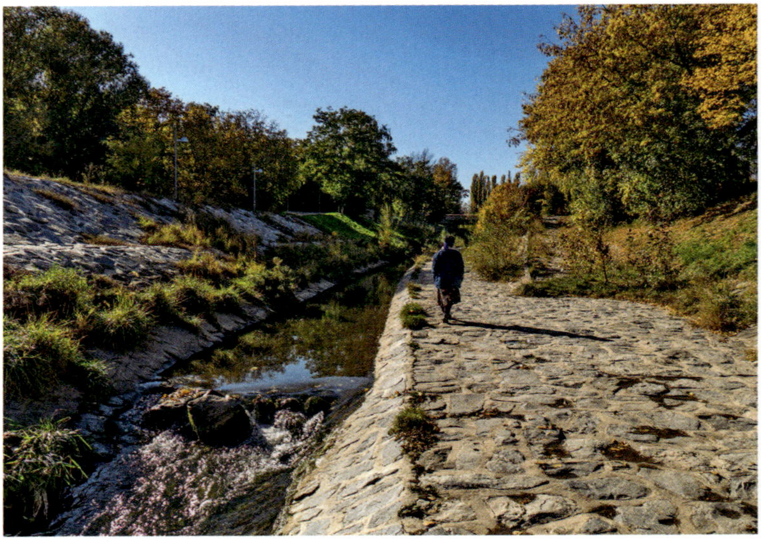

Am hartverbauten Gerinne des Liesingbaches

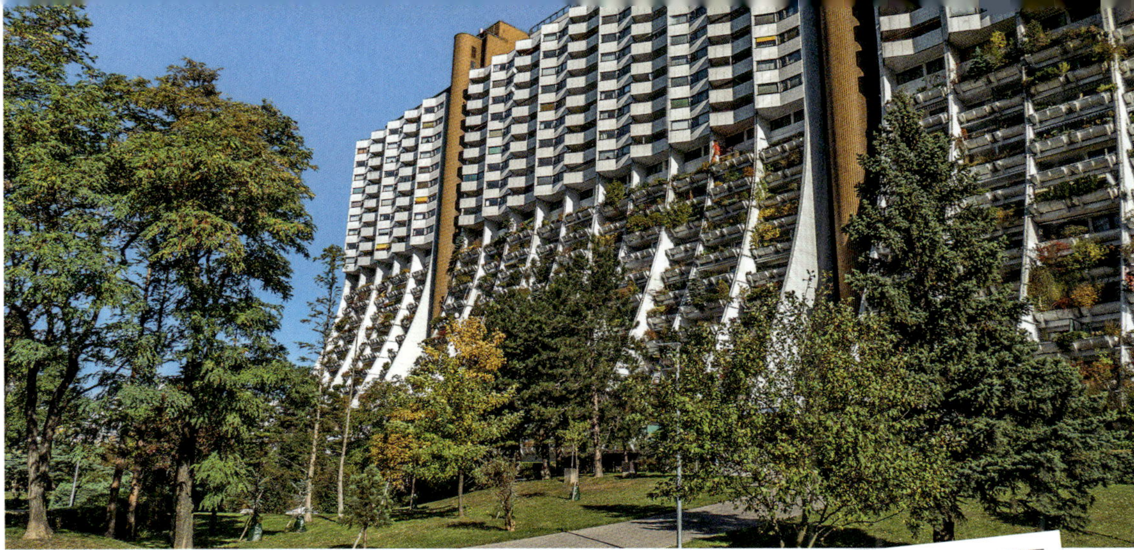

Durch den Harry-Glück-Park Hier treten bereits die beiden Wohnblocks C des **Wohnparks Alterlaa** ins Blickfeld. Beim querenden Asphaltweg halten wir uns links am Rand einer Wiese entlang und am nächsten Querweg rechts. In Richtung der Lücke zwischen den Wohnblocks, in der sich eine niedrigere Tennishalle befindet, schlängelt sich nun ein Weg hinauf. Kurz rechts leitet uns ein Wegweiser »Durchgang« über die Südseite der Halle hindurch zu einem schönen Rastplatz vor der **Kirche**. Nun suchen wir uns einen Weg in der Mitte des überraschend grünen **Harry-Glück-Parks** zwischen den nördlichen B- und C-Wohnblocks, sodass wir an deren Ende beim Rodelhügel auf einen Querweg stoßen. Diesem folgen wir nach rechts zum Robinson Kinderspielplatz, den wir gegen den Uhrzeigersinn umrunden. So gelangen wir wieder zum **Liesingbachbegleitweg**, dem wir diesmal nach links zur **Osrambrücke** folgen.

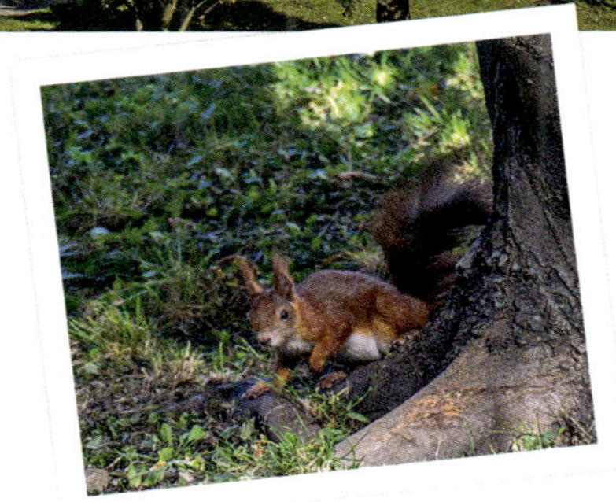

Eichhörnchen auf Futtersuche

Ganz oben: Wohnblock B des Wohnparks Alterlaa

Die nördliche Uferseite Nach Überschreitung der Brücke nehmen wir sogleich den links abzweigenden Pfad, der uns direkt hinunter zum gepflasterten Bachbett der **Liesing** leitet. Dann unterqueren wir den **Alterlaasteg** und die **Gregorygassenbrücke**. Kurz vor dem Gerbersteg steigen wir die Rampe hinauf zum Liesingbachbegleitweg. Vorbei am künftigen Stadtpark Atzgersdorf (derzeit Campingplatz) und an einem Pensionisten-Wohnheim kommen wir über die Einwölbung der Liesing links zurück zum Weg **»Riegermühle«** und damit zur Bushaltestelle an der Erlaaer Straße.

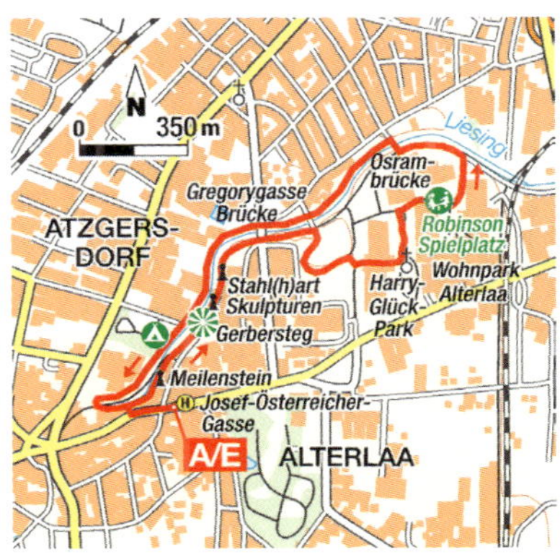

37 Am Wienerbergteich

Naturoase aus alter Ziegelgrube

Leicht | 4,4 km | 90/70 Hm | 1.20 Std.

Tourencharakter
Überwiegend Schotterwege, Asphaltwege

Ausgangspunkt
Tram-Haltestelle Wienerfeldgasse (Linie 11). GPS: 48.15835, 16.36027

Endpunkt
Tram-Haltestelle Sahulkastraße (Linie 11)

VOR
Keine Möglichkeit unterwegs

Einkehr
McDonald's (beim Nordwestausgang), Wienerfelder Schenke

Info
Erholungsgebiet Wienerberg: www.wien.gv.at/umwelt/wald/erholung. Es gilt Leinenpflicht für Hunde.

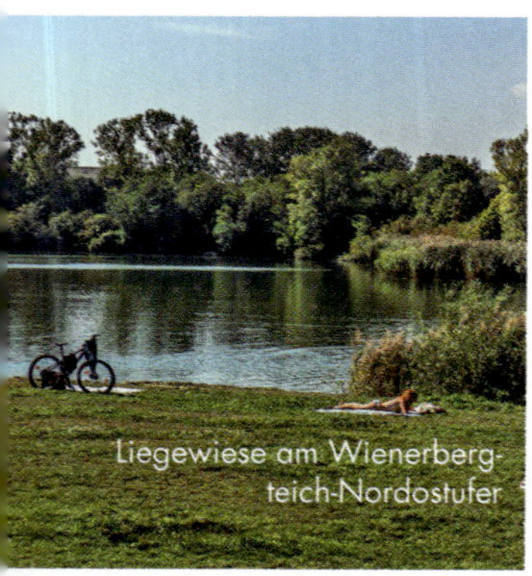

Liegewiese am Wienerbergteich-Nordostufer

Während die frühere Ziegelgrube und Mülldeponie am Wienerberg noch in den 1970er-Jahren einer Mondlandschaft glich, konnte das Industriegebiet während der 1980er- und 1990er-Jahre in ein 123 Hektar großes, naturnahes Erholungsgebiet umgewandelt werden.

Zum Infopunkt Auf dem Schutzweg über die Neilreichgasse gelangen wir zum Beginn des **Erholungsgebietes Wienerberg** (Infotafel). Hinter einem Hundeauslaufplatz beginnt der Waldsaum eines eingezäunten Waldspielplatzes, um den sich der Schotterweg rechts nach Norden biegt. Bei einer neuerlichen Wegkreuzung setzen wir unseren Weg geradeaus fort. Mit Blick zum Favoritener Wasserturm und der Wienerberg-City kommen wir zum **Forsthaus** der Stadt Wien. Dahinter bleiben wir bei der Weggabelung am höher führenden Weg rechts, der sich in einem Linksbogen zum **Aussichtsplatz** und **Infopunkt** (237 m) mit einer Reihe von Infotafeln wendet. Am Horizont zeigen sich Anninger, Burg Liechtenstein, Hoher Lindkogel mit Schneeberg (an klaren Tagen), Perchtoldsdorf mit Parapluiberg und der Wohnpark Alterlaa. Hier ist auch das Tor zum »Amt für Weihnachtsdekoration« aus der Anfangssequenz der ORF-Kult-Sitcom »MA2412« ausgestellt.

Wienerbergteich Nun wählen wir links den abwärts führenden Kies-Asphalt-Weg. Sobald sich der Weg nach einem Hundeauslaufplatz deutlich nach Süden dreht und rechts von der Wienerberghöhe ein Weg einmündet, wenden wir uns links weiter und am südlichen Ende der Wiese rechts. Auf einer aussichtsreichen Hochkante befinden sich einige **Sitzbänke** mit Wienerbergteichblick. Weiter in nordwestlicher Richtung, bis links ein abwärtsführender Weg die Verbindung zu einem parallel, weiter unten verlaufenden Weg herstellt. Diesem folgen wir in Ufernähe nach links. Die kleinen, verschlungenen Pfade in Uferrichtung lassen wir unbeachtet, da sie zu Uferplätzen im FKK-Bereich führen!

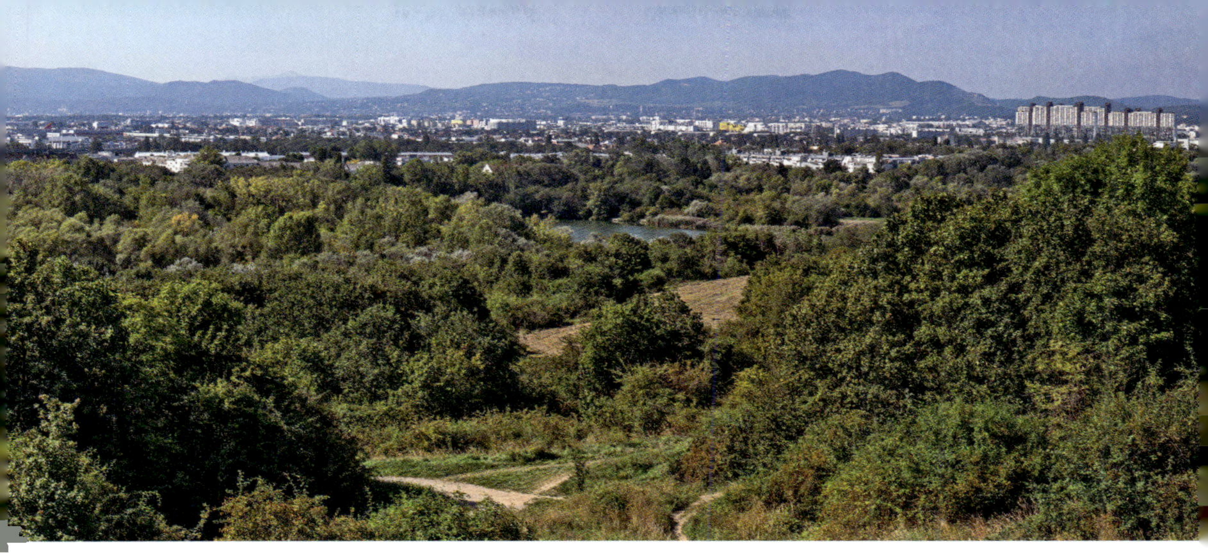

Blick über das Erholungsgebiet Wienerberg

In Kürze erreichen wir den **Rastplatz mit Liegewiese** direkt am Nordostufer des **Wienerbergteichs**. Nun bleiben wir am ufernahen Hauptweg und umrunden den Teich im Uhrzeigersinn, was für uns bedeutet, dass wir uns möglichst rechts halten. Nach einer **Infotafel** über den Lebensraum Wasser zweigt am Südufer ein uferbegleitender, schmaler Nebenweg rechts ab, dem wir weiter folgen. Durch das Dickicht kommen wir zu einer kleinen Wiese, wo sich mehrere Pfade treffen. Bei einem umgestürzten Baum wählen wir links einen Pfad, der auf eine größere **Liegewiese** mit schönem Blick zum Twin Tower hinausführt. Vom **Rastplatz Süd** bleiben wir weiterhin auf den schmalen Uferpfaden durch das Schilf, bis wir wieder den breiten Hauptweg erreichen. Hier überschreiten wir einen Nebenarm des Wienerbergteichs, der aber weitgehend hinter Schilfbeständen versteckt liegt.

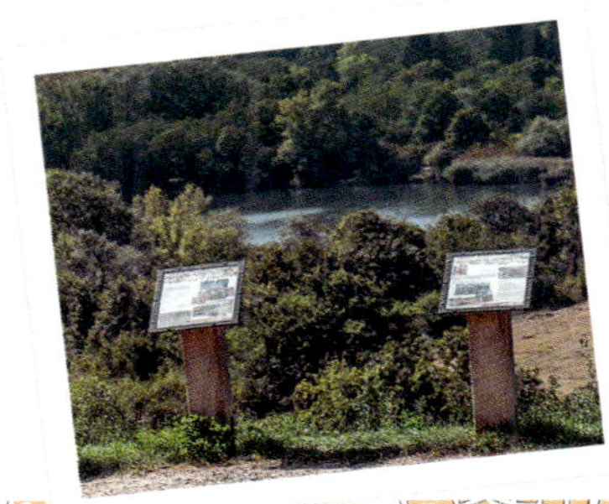

Unten: Aussichts- und Infopunkt im Norden des Erholungsgebietes

Retourweg Der Weg dreht nun an der Westseite des Sees in nördliche Richtung, die wir an mehreren Abzweigungen vorbei bis hinauf zum **Wilfried-Kirchner-Weg** verfolgen. Unmittelbar vor dem nordwestlichen Parkausgang befindet sich eine **Übersichtstafel**. Dort wenden wir uns nach rechts und folgen dem Höhenweg bis hinüber zum **Infopunkt**. Danach nehmen wir geradeaus den begrünten Weg zwischen Einfamilienhäusern hindurch, bis wir wieder die Neilreichgasse erreichen. Schräg rechts gegenüber liegt die Straßenbahn-Haltestelle **Sahulkastraße**. Wer hungrig geworden ist, kann die Wienerfelder Schenke (Neilreichgasse 139) ausprobieren.

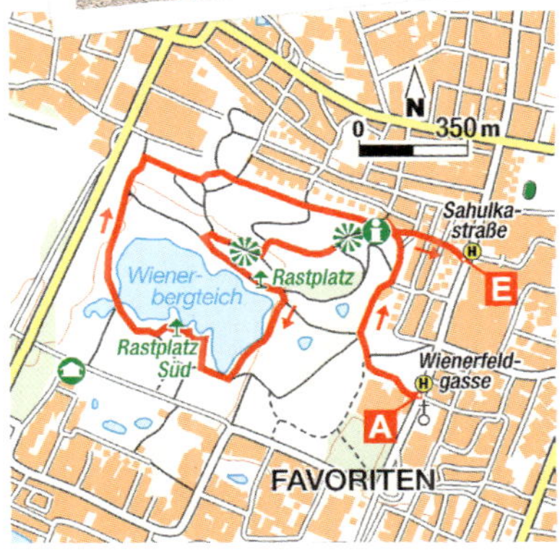

38 Kurpark Oberlaa

Teichwildnis im gepflegten Park

Leicht | 4,4 km | 105 Hm | 1.30 Std.

Tourencharakter
Überwiegend Asphaltwege, Pflasterwege

Ausgangs-/Endpunkt
U-Bahn-Station Oberlaa (Linie U1). GPS: 48.14263, 16.40166

VOR
Die Tour kann bei der Kurparkdiele/Bushaltestelle Kurpark Nordeingang (Linie 68A) abgebrochen werden.

Einkehr
Kurparkdiele, Kurkonditorei Oberlaa, Kebapladen

Info
Kurpark Oberlaa: www.wien.gv.at/umwelt/parks/anlagen. Die Öffnungszeiten am Tor 2 schwanken je nach Saison von 6:00 bis 18:00/22:00 Uhr. Es gilt Leinenpflicht für Hunde, Schwimmen ist verboten.

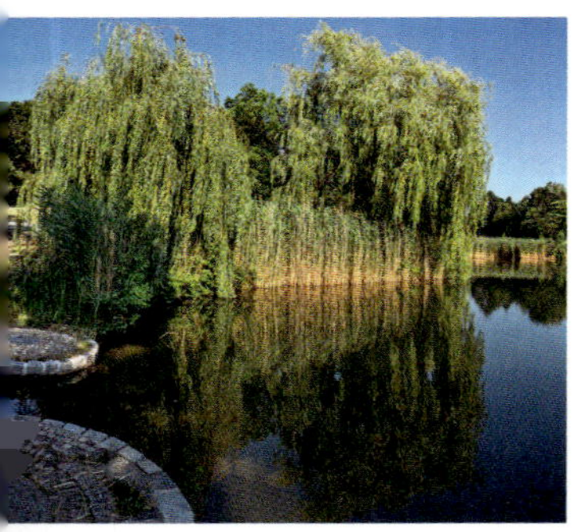

Auch am Areal des Kurparks Oberlaa befand sich einst ein Ziegelwerk, ehe 1974 die Wiener Internationale Gartenschau ins Leben gerufen wurde. Heute faszinieren wunderbare Wasserlandschaften im 60,8 Hektar großen Park, der zu den größten in Wien zählt.

Durch den Kurgarten zum Seerosenteich Der Kurgarten bezaubert mit schön angelegten Blumenbeeten um den Kurteich. Um dorthin zu kommen, verlassen wir die U-Bahn durch die Tunnelröhre, die uns kurz vor der Therme Wien entlässt. Dort wenden wir uns rechts und bei der **Kurkonditorei Oberlaa** links, wo wir zum **Kurteich** gelangen. Rechts liegt das Tor 2 zum Kurpark. Kurz ansteigend umrunden wir den Teich entgegen dem Uhrzeigersinn, wobei wir durch den **Kurgarten** spazieren. Kurz oberhalb des Tores 1 erreichen wir wieder den Hauptweg, dem wir in Richtung »Tiergehege« weiter folgen. Nach einer Lagerwiese folgt eine Fußgängerbrücke, die den Hauptweg überspannt. Unmittelbar davor zweigen wir links ab. Vorbei am unspektakulären Labyrinth erreichen wir ein **Tiergehege** mit Alpakas, Zwergziegen und Schafen. Rechts zweigt ein unbezeichneter Weg direkt neben der Einzäunung ab. Runde Steinplatten leiten uns treppenartig abwärts zum **Seerosenteich**, den wir überschreiten.

Über den Treppengarten Beim Querweg wenden wir uns links, verlassen diesen aber kurz vor einem gepflasterten Brunnenplatz, wo ein unscheinbarer Erdpfad rechts durch das Gebüsch zum Südufer des **Schwanensees** führt. Rechts kommen wir an betonierten Wellengebilden und an einem Ruinengebäude vorbei. Dann halten wir uns über runde Steinplattenstufen links zum Weg entlang dem Seeufer. Schon von weitem hört man das Wasserrauschen vom **Treppengarten**. Urige Bäume und Kaskaden aus vom Wasser überspülten Stufen schaffen eine romantische Atmosphäre. Über Stufen gelangen wir hinauf zur **Kurparkdiele**, dem höchsten Punkt unserer Runde, und einem WC.

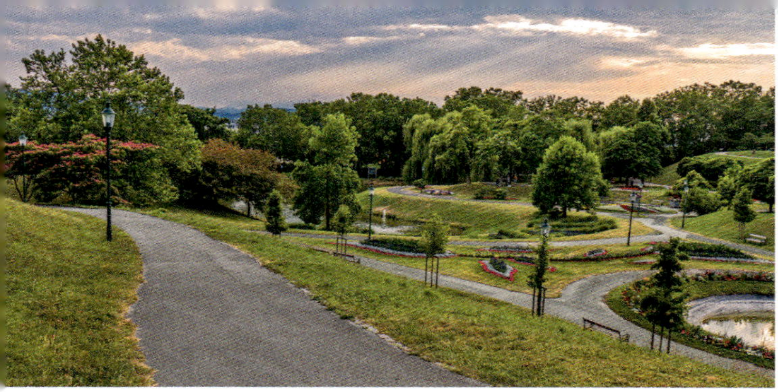

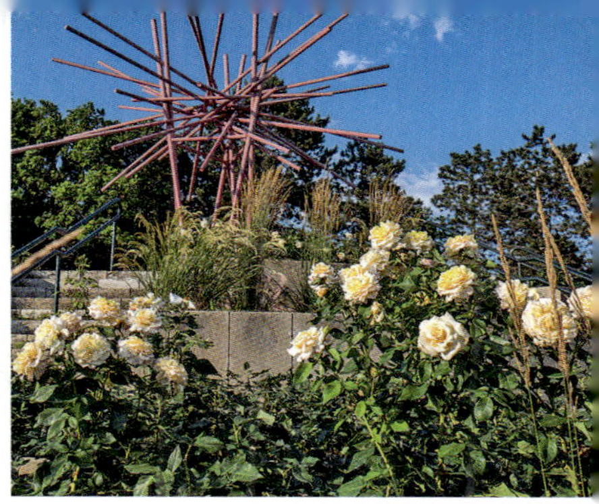

Moderne Skulptur am Rosenberg

Links: Bequemer Weg durch den Kurpark Oberlaa

Über Filmteich und Rosenhügel Dort folgen wir dem Wegweiser »Filmstadt« in südöstlicher Richtung. In Kürze zweigt links ein Weg in östlicher Richtung ab, der neben einem Bachlauf abwärts zum kleinen **Astilbenteich** führt. Wir bleiben auf der rechten Seite und biegen unmittelbar nach Treppen links und sogleich wieder rechts in einen gepflasterten Weg, sodass wir ans Nordufer des **Filmteichs** kommen. In den 1920er-Jahren wurde hier in der Nähe der Monumental-Stummfilm »Sodom und Gomorrha« gedreht. An einer urigen **Holzplattform** mit Rastplätzen vorbei begleiten wir das Ufer im Uhrzeigersinn und gelangen zu einem weiteren **Rastplatz** am **Südufer**. Am Ende des Teiches ignorieren wir die Abzweigung mit Brücke und setzen unseren Rundweg bis zur nächsten Querung geradeaus fort. Dort biegen wir rechts ein, überqueren die Teiche der Teichkette auf einem Asphaltweg und wählen dann den gepflasterten Weg, der schräg links einmündet und mit einer Kehre zum Fuß des Rosenhügels hinaufführt. Scharf links ersteigen wir den **Rosenberg**, den eine bizarre Skulptur krönt. Weiter in südlicher Richtung steuern wir eine Infotafel mit Plan neben einer **Uhren-Skulptur** an. Am Querweg halten wir uns links weiter.

Am Retourweg Mit kurzen Durchblicken zu einem Teich der Teichkette und über eine Liegewiese hinweg zum Anninger kommen wir zum **Papagenobrunnen**. Danach achten wir auf den Wegweiser **»Japanischer Garten«**, wo wir nach rechts biegen. Dieser eingezäunte Themengarten ist mit einer Steinbrücke und zwei Steinlaternen ausgestattet. Südlich und dann links erreichen wir den **Brunnengarten** mit einer Wasserbeckenkette. Danach folgen wir dem Hauptweg nach Süden, der in einer Rechtsbiegung zur meteorologischen **Wettermessstation** führt. Über den Kurgarten kommen wir wieder zum Tor 2 und **Kurteich**. Der weitere Rückweg ist uns bereits bekannt.

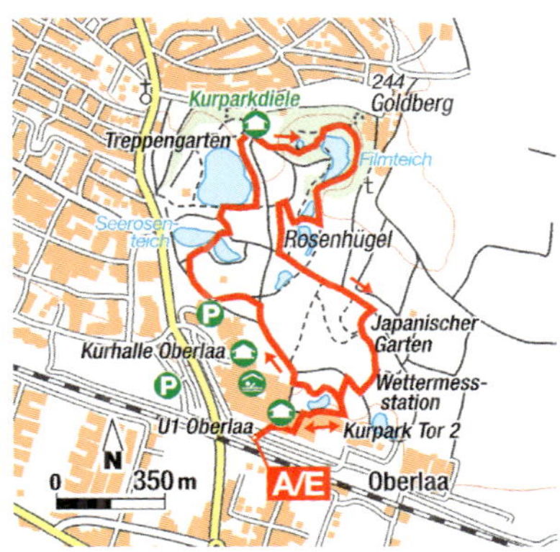

Linke Seite: Am Seerosenteich

39 Am Zentralfriedhof

Vom Geplünderten zum Unvergessenen

Leicht | 6,1 km | 45/30 Hm | 2.00 Std.

Tourencharakter
Überwiegend Asphaltwege, Erd- und Wiesenwege

Ausgangspunkt
Bushaltestelle Florian-Hedorfer-Straße (Linie 73A). GPS: 48.16535, 16.43170

Endpunkt
Tram-Haltestelle Zentralfriedhof 2. Tor (Linie 71)

VOR
Die Tour kann per Bus-Linie ZF, die einen eigenen Rundkurs im Zentralfriedhof fährt, abgekürzt werden.

Einkehr
Konditorei & Café Oberlaa, Restaurant Zentral (schräg gegenüber Tor 2)

Info
Wiener Zentralfriedhof: www.friedhoefewien.at/wiener-zentralfriedhof, geöffnet je nach Jahreszeit von 7:00/8:00–17:00/18:00/19:00 Uhr. Radfahren ist erlaubt, Hunde sind verboten. Letzteres gilt auch für Unteren Garten Schloss Neugebäude.

Unter Kaiserin Maria Theresia wurden viele Teile des Schlosses Neugebäude, wie Arkadensäulen und Brunnen, abgebrochen und für Schönbrunn verwendet. Unsere Tour führt auch durch den Zentralfriedhof, in dem viele Prominentengräber zu sehen sind.

Erholungsgebiet Simmering Von der Bushaltestelle wandern wir die Florian-Hedorfer-Straße aufwärts bis zur Tafel »**Erholungsgebiet Simmering**«, wo ein Naturlehrpfad links zu einem **Infopunkt mit Rastplätzen** hinunterführt. An dieser Stelle zeigt sich besonders der Wechsel der niedrigeren Praterterrasse zur 11 Meter höheren Stadtterrasse, deren Hochkante unseren Weg südseitig begrenzt. Vorbei an den abgetreppten Genossenschafts-Wohnbauten folgt links nach dem Ende einer Hecke eine Wiesenfläche, auf die wir nun wechseln. Unter einer Hochspannungsleitung hindurch gelangen wir zum **unteren Garten** des trutzig wirkenden **Schlosses Neugebäude**. 2010 wurde die Grünfläche in Anlehnung an den ursprünglichen Renaissancegarten des 16. Jahrhunderts mit Rasenbodenwellen und abwechselnden Lavendelfeldern in Wellenform neu gestaltet, Hängematten und Holzliegen laden zur Rast ein. Nach einer kleinen Runde durch den Garten kehren wir wieder zum Tor zurück und wenden uns dem schmalen, aufwärtsführenden Pfad neben dem Schloss zu.

Um den Oberen Garten Nun umrunden wir die turmbewehrte Mauer des ehemaligen **oberen Gartens** entlang Neugebäudestraße und Weg 4 der Gartensiedlung. An der Südseite biegen wir um einen Parkplatz nach links und passieren einen Sport- und Sandplatz. Vor dem **Eingang** der **Feuerhalle Simmering** und des **Urnenhains** liegt die als Naturdenkmal ausgewiesene doppelte Rosskastanienallee, über die wir rechts zur Simmeringer Hauptstraße gelangen. Am Gebäude der Bestattung Wien vorbei überschreiten wir die Anton-Mayer-Gasse und wenden uns bei der Ampel rechts über die Simmeringer Hauptstraße.

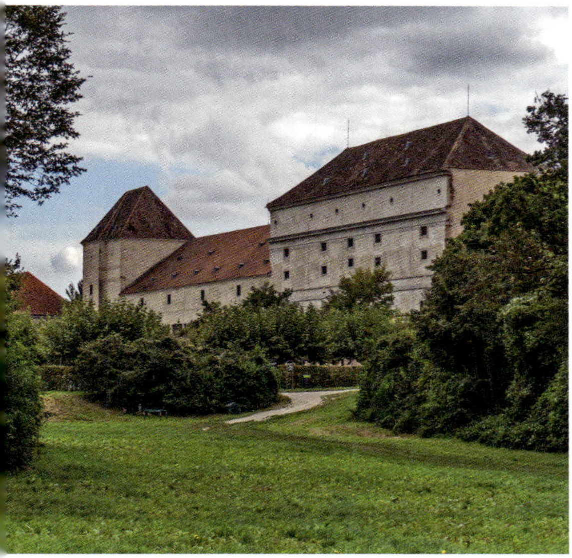

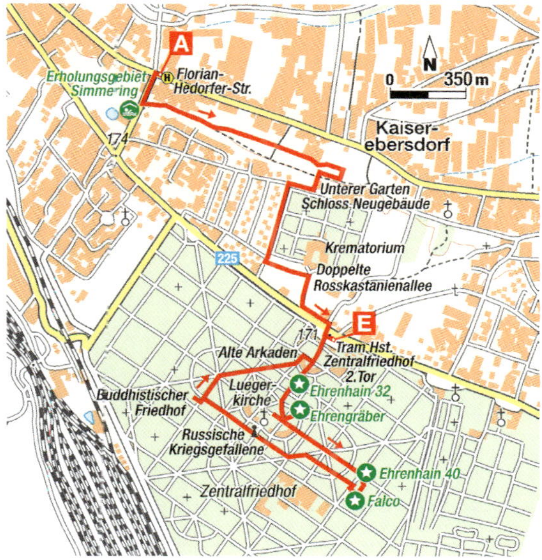

Schloss Neugebäude

Zu den Ehrengräbern im Zentralfriedhof Nun steuern wir auf die Pylonen des **Hauptportals** (Tor 2) des **Zentralfriedhofs** zu, die vom Architekten Max Hegele stammen. Rechts befindet sich die **Café-Konditorei Oberlaa**. Wir halten uns entlang der Hauptachse, die an den **Alten Arkaden** hindurchführt, der ältesten

Wissenswertes

Genau an dem Ort, an dem zur Ersten Türkenbelagerung im Jahr 1529 die Zeltburg des Sultans Süleyman I. stand, ließ Kaiser Maximilian II. das **Schloss Neugebäude** als stattliches Lustschloss mit herrlichem Lustgarten errichten. Der Sage nach war es eine getreue Nachbildung der Zeltburg in Erinnerung an den Triumph über die Osmanen. Mit ersten Verfallserscheinungen wurde bereits im 17. Jahrhundert Kupfer vom Schloss für die Wiener Hofburg verwendet. Danach begann der Niedergang der weitläufigen Anlage: Niedergebrannt durch aufständische Kuruzzen ließ Maria Theresia im 18. Jahrhundert Teile für den Bau der Gloriette und der Parkanlage des Schlossparks Schönbrunn übersiedeln. Im Oberen Garten, der ursprünglich mit seltenen Pflanzen aus dem Orient, einer Märchenlandschaft mit Labyrinth sowie Brunnen, Teichen und Grotten ausgestattet war, befindet sich heute die Feuerhalle Simmering mit dem Urnenhain. Erst seit dem neuen Millennium starteten erste Maßnahmen zur Revitalisierung des Schlosses, sodass die Anlage für Veranstaltungen wie Mittelalterfest, Weihnachts- und Ostermarkt, Kirtag und Sommerfest genutzt werden kann. Einmal im Monat werden Führungen durch das Schloss angeboten. Info: www.schlossneugebaeude.at

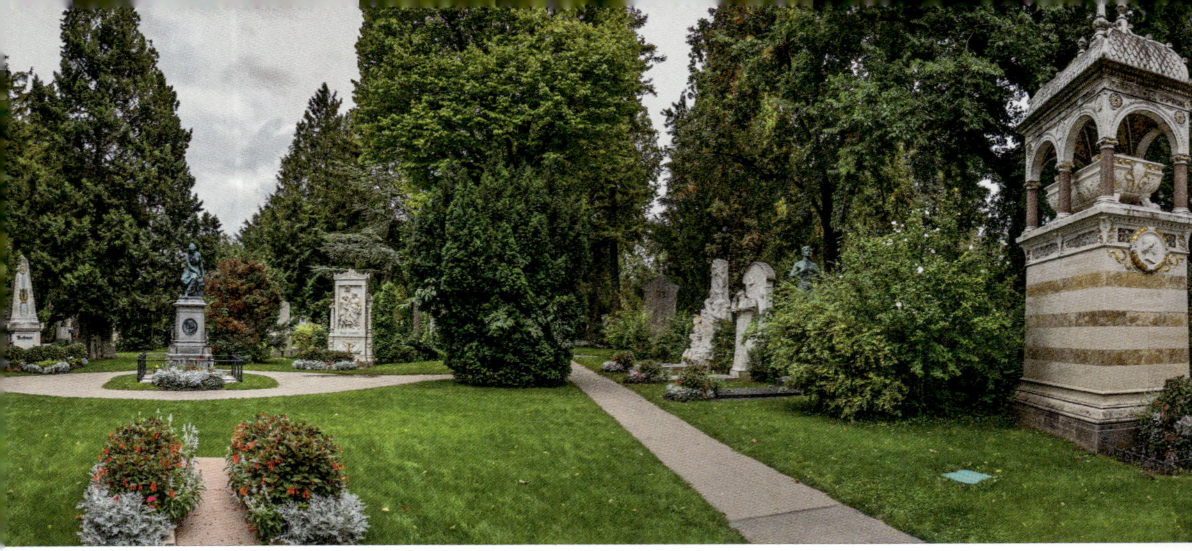

Im Ehrenhain 32A fanden berühmte Komponisten ihre letzte Ruhe.

Gruftanlage im Zentralfriedhof aus dem Jahr 1880. Mit fast drei Millionen Toten gilt der Friedhof als größte Begräbnisstätte Europas, flächenmäßig wird er nur von Hamburg und London übertroffen. Rund 80 Meter von den Alten Arkaden weist die Tafel »Musiker« zu den Gräbern im **Ehrenhain 32A** nach links. Dort befinden sich die letzten Ruhestätten **berühmter Komponisten** wie Ludwig van Beethoven, Franz Schubert, Johann Strauss und Johannes Brahms. An Wolfgang Amadeus Mozart hingegen erinnert nur ein Grabdenkmal ohne Grab. Imposant ist auch das Grabmal von Dr. Carl Ritter von Ghega, dem Erbauer der Semmeringbahn. Zurück am Hauptweg erreichen wir vor der prächtigen Friedhofskirche die **Präsidentengrüfte**, wo die Österreichischen Bundespräsidenten begraben liegen. Von dort wenden wir uns links zum Diagonalweg, wo wir das Grab des ehemaligen Bundeskanzlers Bruno Kreisky finden. Den übernächsten Querpfad schlagen wir links ein und folgen stets links dem Gang ent-

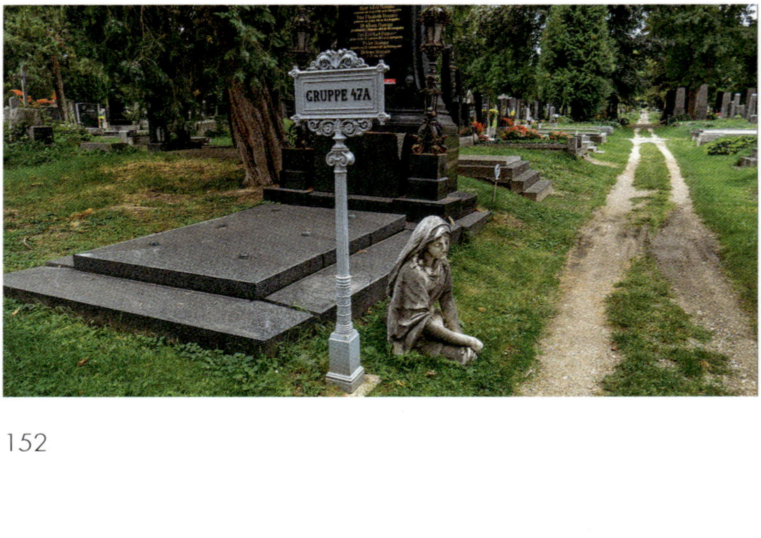

Zentralfriedhof Gruppe 47A

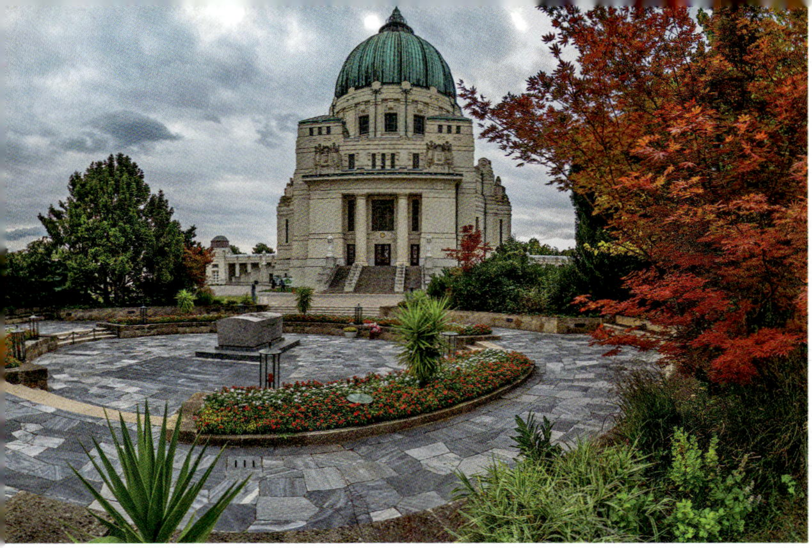

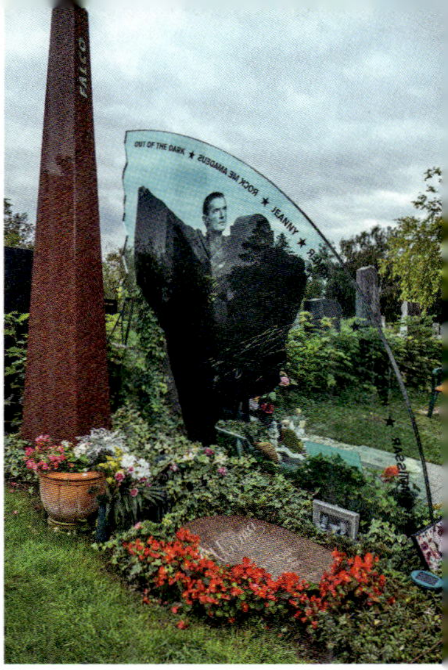

Das Falco-Grab zieht nach wie vor Fans an.

Links: Die Luegerkirche mit Präsidentengräbern davor

lang der Hecken, sodass wir den **Ehrenhain 32C** genauer inspizieren. Hier befinden sich die Gräber von Paul Hörbiger, Curd Jürgens, Karl Farkas und Hans Moser. Im angrenzenden Achtelkreissegment sind weitere Ehrengräber (Udo Jürgens, Manfred Deix u.a.) zu sehen.

Zum Falco-Grab Danach wenden wir uns der **Dr.-Lueger-Gedächtniskirche** zu und werfen einen Blick ins Innere des Jugendstil-Meisterwerks von Max Hegele. Dann setzen wir den Querweg in Richtung »Gedenkstätte Gr. 40« weiter nach Südosten fort. Nach einem Rondeau schwenken wir am Ende des Waldfriedhofs rechts diagonal zum **Ehrenhain der Gruppe 40**. Dort halten wir uns zuerst links und setzen rechts bis zur Hinterseite fort, wo wir zum **Grab** des berühmten Austropop-Musikers und Komponisten **Falco** kommen.

Tor 2 des Zentralfriedhofs

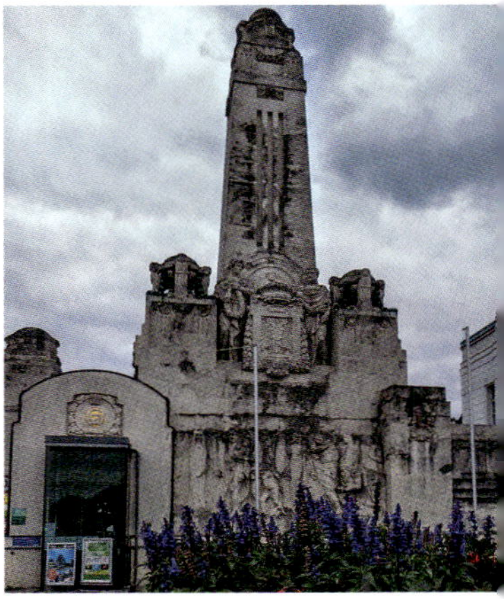

Nun kehren wir zum mittleren Querweg der Gruppe 40 zurück, über den wir zum Waldfriedhof gehen. Ein Pfad setzt dort in nordwestlicher Richtung durch den Wald an. Wir behalten die Richtung bis zum vierten kreuzenden Weg bei. Dort links bis zur nächsten Wegkreuzung. Zwischen zwei Monumentalgräbern hindurch setzen wir die Besichtigung in nordwestlicher Richtung fort, vorbei an russischen Kriegsgräbern südlich der Friedhofskirche. Bei **Gruppe 48A** erreichen wir den **buddhistischen Friedhof** mit Stupa. Dem Diagonalweg folgen wir in nordöstlicher Richtung zu einem Rondeau, wo wir gemäß dem Wegweiser »Tor 2« zu den **Alten Arkaden** kommen. Gleich hinter dem Tor 2 erreichen wir die Straßenbahn-Haltestelle.

40 Im Laaer Wald

Von der Löwygrube zum Volksparkteich

Leicht | 5,1 km | 80/75 Hm | 1.45 Std.

Tourencharakter
Erd-, Wiesen-, Schotter- und Asphaltwege

Ausgangspunkt
Bushaltestelle Max-Mauermann-Gasse (Linie 15A). GPS: 48.16309, 16.40947

Endpunkt
U-Bahn-Station Alaudagasse (Linie U1)

VOR
Die Tour kann an folgenden Haltestellen abgekürzt werden: Bushaltestelle Theodor-Sickel-Gasse (Linie 68A/B), Bushaltestelle Neulandschule (Linie 15A).

Einkehr
Restaurant Zum Werkelmann (März bis Weihnachten geöffnet), Fastfood-Lokale Böhmischer Prater, McDonald's

Info
Öffnungszeiten Böhmischer Prater: von März bis November; Laaer Wald: Tore geöffnet von 8 Uhr bis Einbruch der Dunkelheit. Die Löwygrube ist zum Großteil Hundeauslaufzone, im Laaer Wald besteht Hunde- und Radfahrverbot.

Ebenso wie am Wienerberg und in Oberlaa hat es am Laaer Berg Ziegeleien Favoritens gegeben. Nach der Aufforstung entstand eine wahre Waldwildnis inmitten der Stadt – der Laaer Wald. Einen gepflegten Gegensatz dazu bildet der Volkspark Laaerberg.

Fernsicht von der Löwygrube Von der Bushaltestelle gehen wir über die Bitterlichstraße und ein kleines Stück aufwärts, bis sich rechts eine Einfahrt zu einer Abzäunung hin öffnet. Dort durchschreiten wir das Tor neben der **Orientierungstafel »Löwygrube«** und halten uns am linken Wiesenrand aufwärts zu einer Anhöhe, bis wir auf einen befestigten Weg treffen. Rechts kommen wir zum höchsten Punkt (228 m) des **Aussichtshügels** mit **Rastplätzen** und vereinzelten Bäumen, wo sich ein herrlicher Ausblick öffnet: Kahlenberg, Leopoldsberg, Donauturm, DC Tower, TrIIIple Tower, Gasometer, Luegerkirche, Raffinerie Schwechat und Flughafen-Tower liegen vor uns ausgebreitet. Nun halten wir die Höhe und wandern links über Wiesen in nordwestlicher Richtung weiter. Am oberen Ende einer Seilrutsche achten wir auf einen talartigen Einschnitt ostwärts, wo

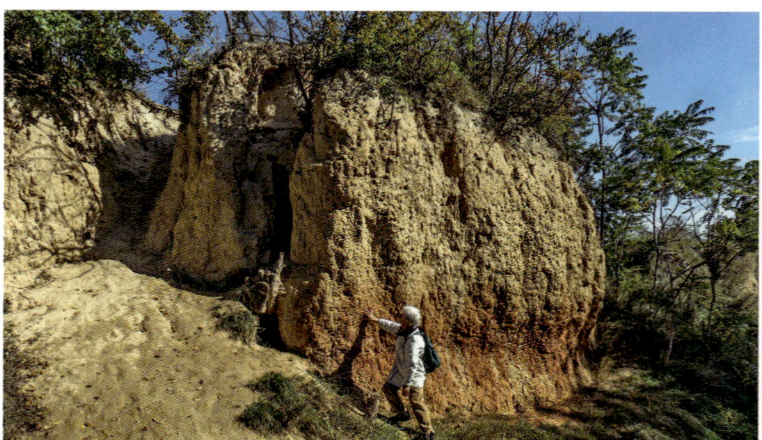

Lösswände in der Löwygrube

sich eine auffällige, steil abfallende, unter Naturschutz stehende **Lösswand** befindet. Dabei handelt es sich um ein Relikt einer Abbauwand der ehemaligen Rudolfziegelöfen des Ziegelwerksbesitzers Jacob Löwy. Wer will, kann zum Rastplatz unter der Wand hinuntersteigen, um diese näher zu inspizieren. In der Folge mündet unser Pfad in den breiteren Stadtwanderweg 7, der von Süden heraufzieht.

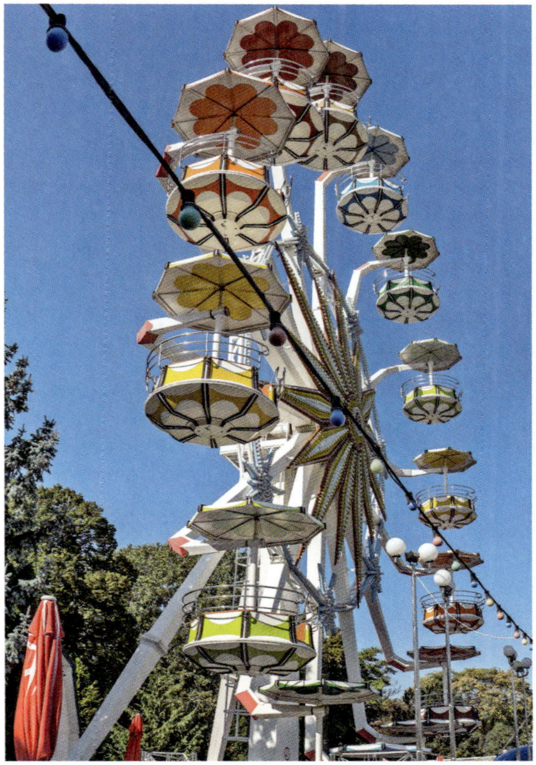

Riesenrad im Böhmischen Prater

Durch den Böhmischen Prater Vorbei an einem Waldspielplatz und einem Parkplatz kommen wir zum **Böhmischen Prater**, einem seit 1882 bestehenden Vergnügungspark, der einst von böhmischen Anbietern für böhmische Arbeiter in den Ziegeleien gegründet wurde. Die angebotenen Fahrgeschäfte entlang der Fußgängerzone eignen sich auch für kleinere Kinder und umfassen Ringelspiele, Minigolf, eine große Rutsche, Wilfert's Riesenrad, Autodrom, das älteste Karussell Europas aus 1890 u.a. Für das leibliche Wohl sorgen Fastfood-Lokale und das **Restaurant Zum Werkelmann** mit schönem Gastgarten. Am Ende der Fahrgeschäfte erreichen wir links das versperrbare **Tor** zum **Erholungsgebiet Laaer Wald** mit Orientierungstafel, wo wir den Waldpfad beschreiten.

Im wilden Laaer Wald Nach wenigen Metern folgt ein **Infopunkt** mit mehreren Infotafeln über die Geschichte des Gebietes und die Flora. Dann kommen wir zu einem Querweg, dem wir uns links anschließen. Am Weg durchschreiten wir ein kunstvoll gestaltetes Holztor eines rumänischen Schnitzmeisters. Bei Abzweigungen halten wir uns stets rechts, wo sich der Weg um den **Butterteich** windet, dessen Anblick wegen des dichten Waldes versagt bleibt. Um einen Blick auf den Teich werfen zu können, muss man den abwärts leitenden Zugangsweg zu einer

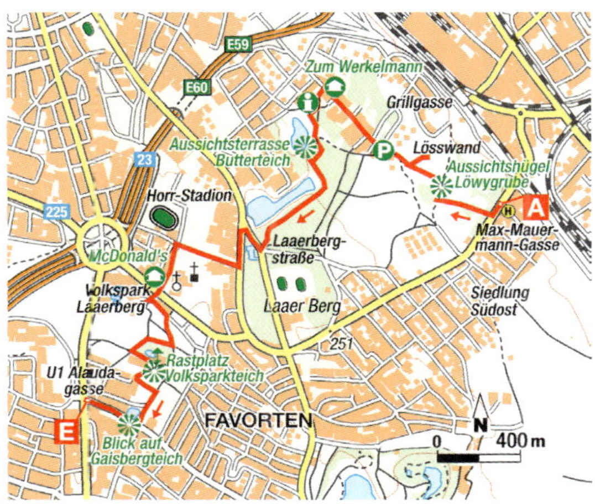

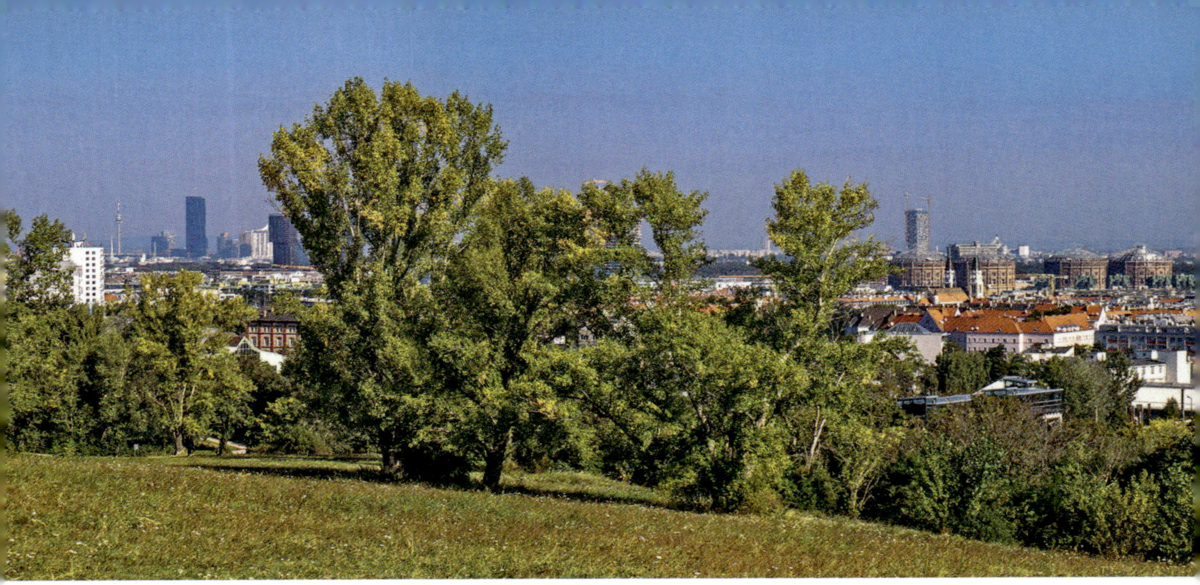

Am Löwygrube-Aussichtshügel

Aussichtsterrasse beschreiten. Zurück am Hauptweg folgen wir der Tafel zur Laaerbergstraße. Auch den **Blauen Teich** kann man zwischen den vielen Baumstämmen nur erahnen. Stets rechts haltend gelangen wir dann zum **Tor Laaerbergstraße** in der Abzäunung.

Durch Siedlungsgebiet Entlang der stark befahrenen Laaerbergstraße wenden wir uns rechts bis zum Schutzweg, den wir überqueren und links in die Theodor-Sickel-Gasse einbiegen.

Wissenswertes

Unter Maria Theresia wurden zentrumnahe Ziegeleien im 18. Jahrhundert ins Umland verbannt. So entstanden aufgrund der Tegelvorkommen am Laaerberg zwei Abbaugruben der Wienerberger Ziegelwerke sowie die **Löwygrube** des Unternehmers Jacob Löwy. Heute stellen Butterteich, Blauer Teich (vormals Pfeifenteich) und das Naturdenkmal Abbauwand in der Löwygrube die letzten Reste aus der industriellen Zeit des Laaerbergs dar. Eine Fläche von 32 Hektar wurde aus 270.000 Pioniergehölzen und standortgerechten Eichen, Ulmen und Ahornen aufgeforstet, womit das Erholungsgebiet Laaer Wald entstand. Die Wälder und Schilfzonen sind heute Refugium für 59 Vogelarten, aber auch für Eidechsen, Amphibien und Insekten wie Gottesanbeterin und Schmetterlinge. Aus Vogelschutzgründen dürfen die Ufer der Teiche nicht betreten werden! Die Löwygrube mit ihren 16,4 Hektar erinnert eher an die ursprünglich unbewaldete Laaer Heidelandschaft. Freie Wiesen mit malerischen kleinen Baumgruppen schenken zudem einen unerwartet schönen Ausblick von der höchsten Schotterterrasse des Wiener Beckens. Info: www.wien.gv.at/umwelt/parks/anlagen

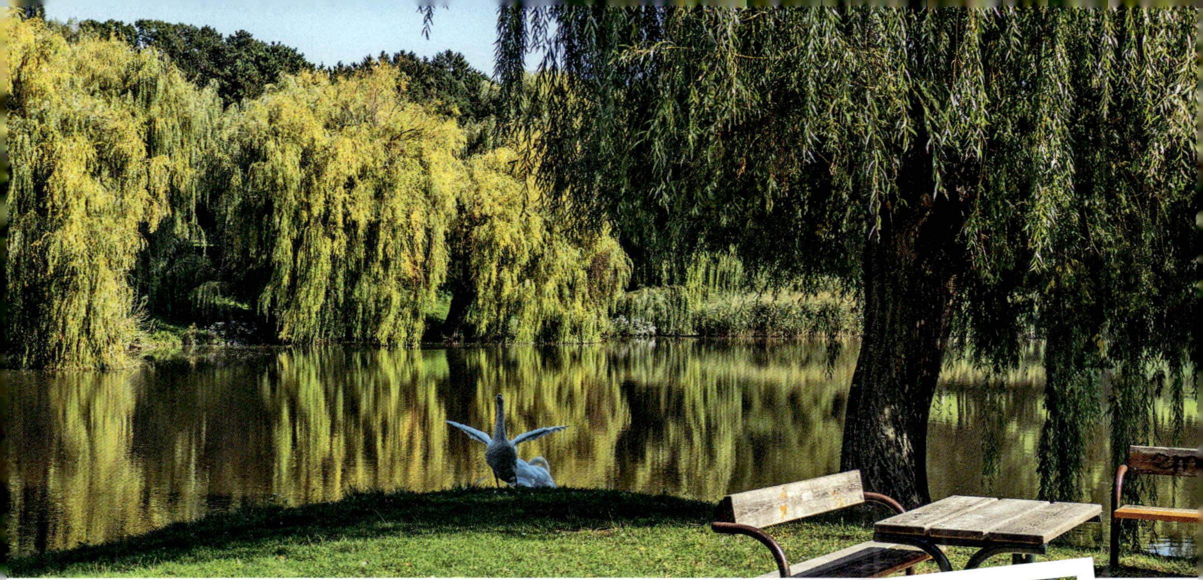

Gemeinsam mit Stadtwanderweg 7 schwenken wir nach rund 150 Metern rechts in den Schwarzerweg ein, der an mehreren Sportplätzen vorüberführt. Unmittelbar vor der **Generali Arena** des FC Austria Wien biegen wir in die Fischhofgasse nach links und überschreiten zwischen McDonald's und Neulandschule die Endlichergasse.

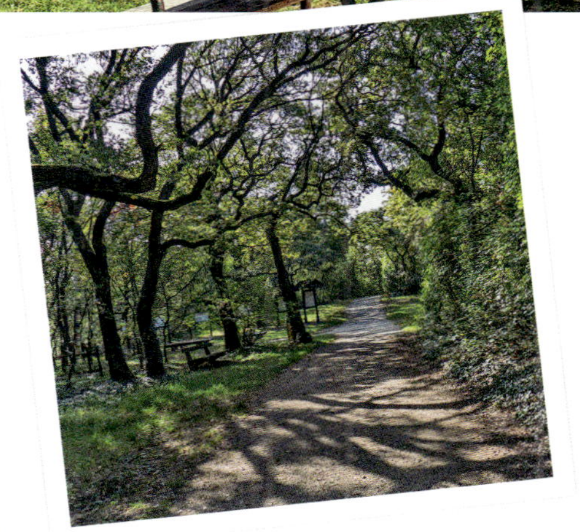

Im gepflegten Volkspark Laaerberg Über Stufen wechseln wir in den **Volkspark Laaerberg** (Infotafel zum DiscGolf Parcours mit 9 Bahnen) und wandern am links einbiegenden Weg weiter. Bei einer Sitzgruppe mit Trinkwasserbrunnen biegen wir nun rechts über den Hangweg abwärts. Dann nehmen wir den zweiten Querweg rechts, wo wir zwischen urigen Weiden und einem Spielplatz hindurch gehen. Nun umrunden wir den schönen **Volksparkteich** am südlich herumführenden Weg, der einen schön gelegenen **Rastplatz** mit bestem Ausblick zum Teich gewährt. Nach dem Brückensteg schlagen wir den Weg rechts ein. Vorbei am Spielplatz mit Tischtennistischen wenden wir uns kurz vor einem Gebäude nach links zu einer Toilettenanlage. Dort biegen wir rechts ein und erreichen neben dichter Vegetation eines versteckten Teiches die Alaudagasse. Erst dort haben wir Einblicke auf den **Gaisbergteich**. Der Alaudagasse folgen wir rechts weiter, bis wir an der Ecke Favoritenstraße den Eingang der U-Bahn-Station **Alaudagasse** erreichen.

Beim Infopunkt Laaer Wald

Ganz oben: Rastplatz am Volksparkteich mit Schwänen

Zugabe

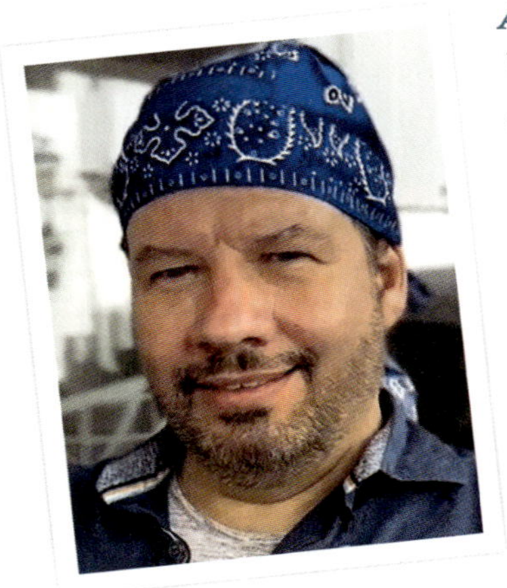

Ausflüge nach Niederösterreich *Wenn man die Touren im Wiener Stadtbereich erkundet hat, dann bietet auch die nahe niederösterreichische Umgebung reichlich Betätigungsfelder. Zu nennen wäre hier besonders der schöne Naturpark Föhrenberge im Kalkstein-Wienerwald zwischen Perchtoldsdorf, Alland und Mödling mit seiner felsigen Umrahmung der Hinterbrühl. Wer lieber ohne Steigungen wandert, der kann im Schlosspark Laxenburg ebene Wege auf kaiserlichen Spuren beschreiten und sogar eine Runde mit dem Boot drehen. Alpine Fanatiker können dagegen die Peilsteinwände umrunden oder sich an einen der zahlreichen Klettersteige der Hohen Wand wagen. Bei nicht allzu großer Hitze lohnt sich auch ein Ausflug in die Wachau nach Dürnstein, Weißenkirchen, Spitz an der Donau oder zur Burgruine Aggstein, die zu den schönsten Wehranlagen in Österreich zählt.*

Und wenn es regnet? *Außer den altehrwürdigen Natur- und Kunsthistorischen Museen gibt es eine ganze Reihe hochkarätiger Ausstellungen in Wien, wie z.B. in der Albertina, Hofburg und dergleichen. Daneben wären Wirkungsstätten von Künstlern zu nennen, wie das Mozarthaus oder das Beethovenmuseum. Eine der meistfotografierten Locations in Wien ist das Hundertwasserhaus. Nur wenige wissen, dass auch das nahe Museum Kunst Haus Wien von Friedensreich Hundertwasser persönlich gestaltet wurde. Wer das morbide und mystische Wien kennenlernen möchte, besichtigt die Katakomben unter dem Stephansdom oder die Michaeler- oder Kapuzinergruft. Wiener Geschichte im Rahmen eines spektakulären Erlebnisses bietet die Time Travel Vienna. Das Museum der Illusionen unterhält ebenfalls große und kleine Besucher bestens. Eine breite Palette an Unterhaltung ist somit auch bei schlechtem Wetter garantiert.*

In diesem Sinne wünsche ich Ihnen eine schöne, erlebnisreiche Zeit bei der Erkundung der spannenden Donaumetropole Wien.

Andreas Adelmann

Register

Impressum

Verantwortlich: Sabine Klingan, Julia Vogl
Redaktion, Lektorat und Layout: Christian Steinmaßl
Repro: LUDWIG:media
Kartografie: Bruckmann Verlag GmbH, Heidi Schmalfuß
Herstellung: Bettina Schippel
Printed in Slovenia by Florjancic

★★★★★

Sind Sie mit diesem Titel zufrieden? Dann würden wir uns über Ihre Weiterempfehlung freuen. Erzählen Sie es im Freundeskreis, berichten Sie Ihrem Buchhändler, oder bewerten Sie bei Onlinekauf. Und wenn Sie Kritik, Korrekturen, Aktualisierungen haben, freuen wir uns über Ihre Nachricht an den J. Berg Verlag, Postfach 40 02 09, D-80702 München oder per E-Mail an lektorat@verlagshaus.de.

Unser komplettes Programm finden Sie unter www.j-berg-verlag.de

In diesem Buch wird aus Gründen der besseren Lesbarkeit das generische Maskulinum verwendet. Weibliche und anderweitige Geschlechteridentitäten werden dabei ausdrücklich mitgemeint, soweit es für die Aussage erforderlich ist.

Empfehlung der Redaktion
Sie sind auf der Suche nach weiterführender Literatur? Dann empfehlen wir Ihnen den Titel »Wandern in München« von Werner Glanz. Oder Sie werfen einen Blick in die Zeitschrift »BERGSTEIGER«. Hier werden Sie bestimmt fündig.

Bildnachweis: Alle Bilder im Innenteil stammen vom Autor.
Umschlagvorderseite: Spielplatzteich im Donaupark (Tour 16)
Umschlagrückseite: Weinberge über Wien (Tour 23)

Die Deutsche Nationalbibliothek verzeichnet diese Publikation in der Deutschen Nationalbibliografie; detaillierte bibliografische Daten sind im Internet über http://dnb.de abrufbar.

Infanteriestraße 11a
80797 München

ISBN 978-3-86246-834-8